CEDU쎄듀는 A **C**omprehensive **E**nglish e**DU**cation(종합적 영어교육)의 약자입니다.

펴낸이	김기훈 l 김진희
펴낸곳	(주)쎄듀 l 서울시 강남구 논현로 305 (역삼동)
발행일	2015년 2월 5일 제2개정판 1쇄
내용문의	www.cedubook.com
구입문의	콘텐츠 마케팅 사업본부
	Tel. 02-6241-2007
	Fax. 02-2058-0209
등록번호	제 22-2472호
ISBN	978-89-6806-039-7

logical
speedy
Reading Skill
Reading
Player

논리와 속도를 키워주는 수능형 리딩스킬

The READING PLAYER 개념편

The 리딩플레이어

이 책 을 만 든 사 람 들

김 기 훈

現 ㈜ 쎄듀 대표이사
現 메가스터디 영어영역 대표강사
前 서울특별시 교육청 외국어 교육정책자문위원회 위원
저서 | 천일문 〈입문편 · 기본편 · 핵심편 · 완성편〉 / 어법끝 / 문법의 골든룰 101
천일문 GRAMMAR / 첫단추 BASIC〈독해편 · 문법어법편〉
어휘끝 / 쎄듀 본영어 / 절대평가 PLAN A/ 독해가 된다 시리즈
The 리딩플레이어 / 빈칸백서 / 오답백서 / 리딩 플랫폼
첫단추 시리즈 / Sense Up! 모의고사 / Power Up! 모의고사
수능실감 EBS 변형 독해 모의고사 등

쎄듀 영어교육연구센터
쎄듀 영어교육센터는 영어 콘텐츠에 대한 전문지식과 경험을 바탕으로
최고의 교육 콘텐츠를 만들고자 최선의 노력을 다하는 전문가 집단입니다.

오혜정 센터장 · 한예희 선임연구원

마케팅 | 콘텐츠 마케팅 사업본부
영업 | 문병구
제작 | 정승호
표지 디자인 | 이승현
내지 디자인 | 구수연

preface

이 책을 내며

지식은 새의 날개와 같다는 말이 있다.
새는 둥지를 뛰쳐나와 하늘을 날기 시작하면서 세상을 바라볼 수 있다. 더 높이 날수록 세상을 더 정확하고 객관적으로 볼 수 있듯이, 사람도 더 많이 배움으로써 세상을 더 잘 볼 수 있을 것이다. 영어독해에 있어서 이 새의 날개와 같은 역할을 하는 것이 바로 리딩스킬이라고 저자는 생각해 왔다. 단어와 구문밖에 보지 못하던 둥지에서 나와 독해를 독해답게 할 수 있도록 만들어주는 존재인 것이다.

글은 마치 사람의 몸처럼 잘 짜인 유기체와 같다. 얼핏 보면 단어의 연결에 불과하지만, 그 단어 하나하나와 문장 하나하나, 그리고 단락들마다 고유한 역할이 있고 이들을 튼튼히 묶어주는 흐름이 존재한다. 리딩스킬을 통해 그러한 역할과 흐름을 잘 파악하여 글을 전체적으로 조망할 수 있다면, 어려운 단어 몇 개, 복잡한 구문 몇 개에 휘청거리지 않고 무사히 문제를 풀어갈 수 있다.

본 교재는 2013년 개정 발행된 The Reading Player 〈개념정리편〉과 〈실전적용편〉의 2차 개정판이다. The Reading Player는 기본적인 어휘와 구문 실력을 갖춘 학생들이 수능을 보다 효과적으로 대비할 수 있도록 이와 같은 리딩스킬의 개념을 쉽게 체화하고 이를 실전에 적용할 수 있도록 하는 데 그 목적을 두고 있다. 〈개념편〉을 학습한 뒤, 〈적용편〉에서는 좀 더 심화된 지문과 문제를 통해 이를 제대로 적용하였는지를 검증해보는 학습 코스로 설계되어 있어 누구라도 손쉽게 실전에 적용할 수 있을 것이다. 수험생들이 가장 어려워하는 최신 장문, 밑줄 어휘, 빈칸 완성, 요약문 완성 문제 또한 강화하고 그에 해당하는 문제풀이 전략을 제시함으로써 수능형 리딩스킬의 정도(正道)뿐 아니라 유형별 학습전략까지도 구체적으로 제시하였다.

여러분들에게 좀 더 높이 날 수 있는 날개를 달아주기 위해 잠 못 들고 고민한 그 많은 시간이 결코 헛되지 않으리라 생각하며 도와주신 모든 분께 머리 숙여 감사드린다.

저자

how to use

이 책의 구성과 특징

1 Introduction 기출지문의 이해

수능에 대한 정확한 분석 없이는 수능형 리딩스킬을 제대로 연마할 수 없다. 기출지문의 특성과 글의 종류를 한눈에 살펴본 후, 정답률 최하위권의 문제에 수능형 리딩스킬이 적용된 예를 분석하면서 본 학습을 위한 준비운동을 하자.

2 모르는 단어를 추측하기 위한 Essential Words List

아무리 많은 단어를 외워도 수능에서는 반드시 모르는 단어가 나오기 마련이므로, 이에 효과적으로 대비할 수 있도록 의미 추론 능력을 기를 수 있는 준비를 하는 코너이다. 모르는 단어가 너무 많으면 단어의 뜻을 추측하는 것이 애초에 불가능한 법. 필수 어휘를 익힌 뒤, 지문에 있는 추론해야 할 어휘의 뜻을 짐작해보자.

3 스킬 맛보기

해당 유닛의 학습내용을 예습해보는 코너이다. 구체적인 리딩스킬 적용방법을 순서대로 익히면서 학습 목표가 분명해지고 문제풀이에 보다 집중 할 수 있을 것이다.

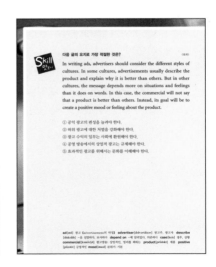

4 스킬 연마하기

지문과 문제는 수능의 철저한 분석을 통해 엄선하였고, 핵심스킬 Note는 학습을 좀 더 능동적으로 할 수 있도록 도와준다. 이와 더불어 Guess it!에서는 지문에서 추론한 단어의 뜻을 체크해보고 수능직결구문에서는 수능에 자주 등장하는 주요 구문들을 되짚어 볼 수 있는 좋은 기회를 제공해줄 것이다.

5 핵심 Point 리뷰

핵심 Point는 유닛에서 학습한 내용을 한눈에 정리할 수 있도록 구성한 것으로서, 핵심이 되는 부분에 위치한 빈칸을 채워보며 학습내용을 보다 확실히 정리할 수 있다. 또한 리뷰테스트를 통해 유닛에서 배운 핵심내용을 다시 한 번 문제에 적용하며 익힐 수 있도록 구성하였다.

6 등급 Up! 어휘·어법 테스트

해당 유닛에 나온 어휘와 어법뿐만 아니라 수능에 출제될 만한 쓰임을 가지고 있는 것들을 추가적으로 골라 수능에 출제되는 유형과 유사한 형태로 수록해 놓았다.

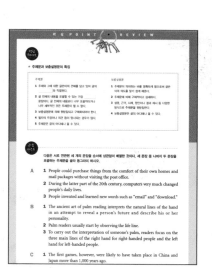

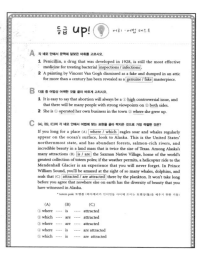

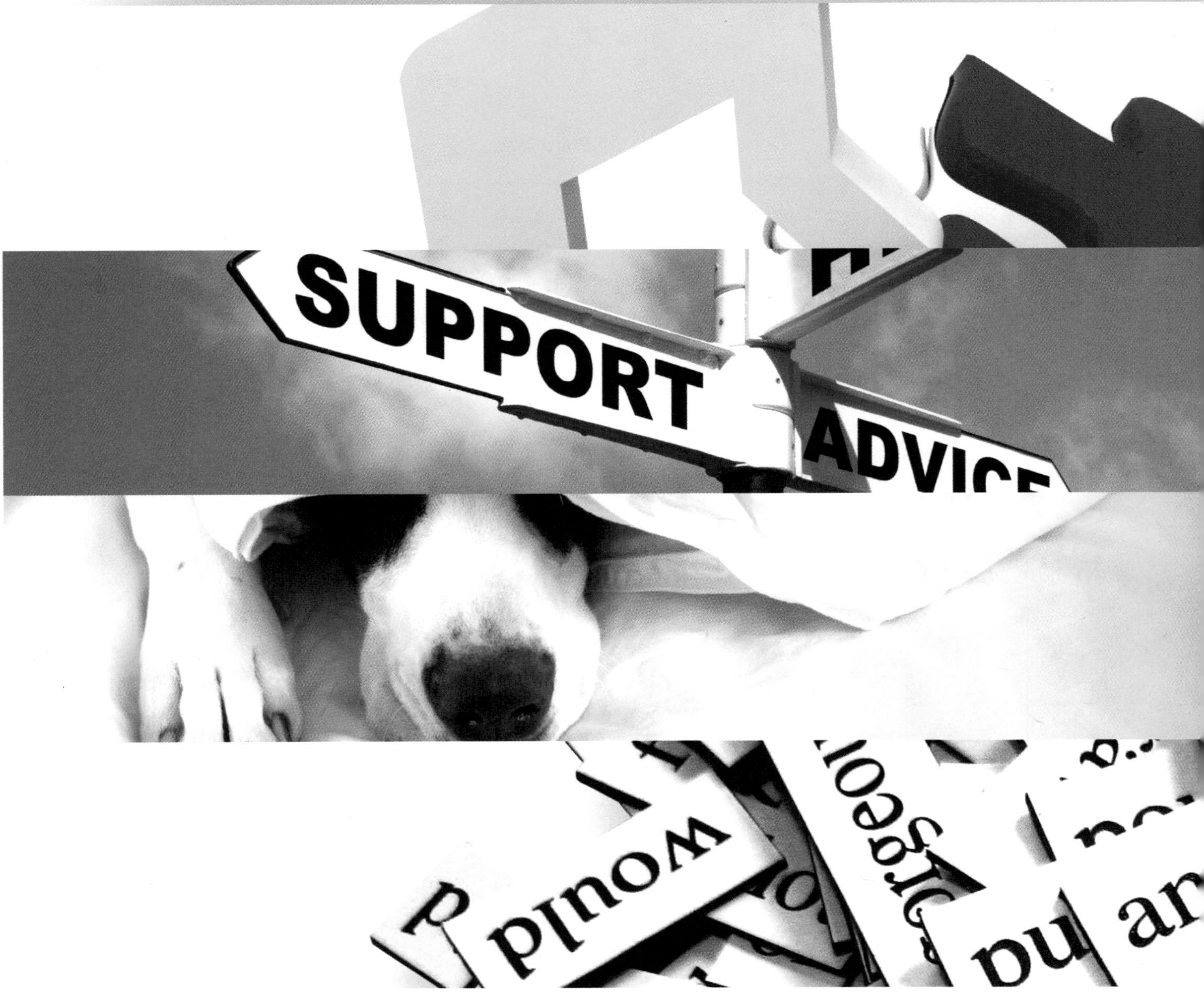
SUPPORT
would

contents

introduction

수능에서 가장 중요한 평가 목표 중의 하나는 사고력이다.
사고력을 신뢰도 있게 측정해내고자
지문과 문제는 치밀하게 구성된다.
독자들에게 가능한 한 쉽게 이해될 수 있도록 쓰이는
다른 평범한 영문들과는 차이가 있다.

출발선에서 출발신호를 기다릴 때의 시선은
땅바닥이 아니라 결승지점에 두어야 하듯이,
무언가를 하려 할 때는 언제나 목표를 바르게 향해야 한다.
사고력을 기르기 위해 선행되어야 할 것은 바로
출제되는 지문을 올바르게 이해하는 것이다.

Introduction
기출지문의 이해

① **기출에 나오는 내용 소재**

A 기초 학술문

수능영어영역 읽기 · 쓰기는 주로 **인문, 과학, 예술, 사회, 문화 등의 기초 학술문**에 해당하는 내용이 출제된다. 또한, 언어영역과 마찬가지로 **범교과적 소재**를 대상으로 하여 출제된다. 범교과란 탈교과와 유사한 개념으로서, 교과서에서 다루어지지 않는 내용을 말한다. 그러므로 정규 학교 교육과정에서 배운 내용 소재, 우리나라 고등학생이라면 익히 알고 있을만한 상식 등은 거의 등장하지 않는다. 오히려 **기존 상식이나 통념과는 다른 연구결과나 주장 내용**이 자주 등장한다. 이는 사전 배경지식의 도움을 받아 지문을 쉽게 이해할 가능성을 최소화하여 문항의 타당도를 확보하기 위한 이유에서이다.

● **기초 학술문**
  - 인문, 사회, 정치, 경제, 역사, 지리, 교육 등
  - 과학, 기술, 컴퓨터, 정보통신, 우주, 해양, 환경, 탐험 등
  - 예술, 문학, 인류학, 철학 등
  - 노동, 직업, 진로, 양성 평등, 고령화, 복지, 인구문제, 청소년 문제 등
  - 문화, 공중도덕, 질서의식, 민주시민, 봉사정신, 협동정신 등에 관한 내용

● **범교과적 기초 학술문 내용**
  - 외래종의 뱀들이 유입되어 생태계가 위기에 처한 플로리다 주의 한 지역
  - 사막의 진흙을 이용해서 만든 거주지의 장점
  - 전 세계 생물 다양성 개체 수의 추이
  - 상사가 직원들의 신뢰를 얻는 방법 등

● **통념에 어긋나는 기초 학술문 내용**
  - 오늘 할 일을 미루지 말라는 통념에 반하여, 오늘 안 해도 되는 것은 내일로 미루라는 내용
    (서두르면 우아함을 잃을 수 있으므로)

B 유익하고 유의미한 소재

학생들을 대상으로 하는 시험이므로 장차 도움이 될 수 있는 유익한 소재가 많이 선정된다. 심경이나 분위기를 묻는 지문을 제외하고는, 밝고 긍정적인 방향이나 결론으로 내용이 전개된다. 따라서 주제나 요지 등을 묻는 문제의 선택지들도 오답매력도를 높이기 위해 대부분 내용이 바람직한 것들로 구성된다.

● **선택지의 예**

① 바람직한 식품 구입 태도
② 대형 식품점 이용의 장점
③ 식품 원산지 확인의 필요성
④ 식품 구매 목록 작성의 이점
⑤ 아동을 위한 식단 개선 방법

① 각국의 언론인들이 환경 보호 단체를 지원해야 한다.
② 어린이들에게 환경 보호의 중요성을 가르쳐야 한다.
③ 환경을 보호하기 위해 세계 각국의 협력이 필요하다.
④ 과학자들이 환경 보호 운동에 앞장서야 한다.
⑤ 환경 보호를 위해 환경법 개정이 우선되어야 한다.

간혹, 선택지 내용만으로도 답이 될 수 없을 것으로 예측되는 경우도 있다.
아래 예를 보자.

1-1 다음 글의 빈칸에 들어갈 말로 가장 적절한 것을 고르시오. 〈수능〉

> [1]When people began to bind books with pages that could be turned rather than unrolled like papyrus, the process of _____ changed. [2]Now the reader could easily move backward in the text to find a previously read passage or browse between widely separated sections of the same work. [3]With one technological change, cross-referencing became possible, while the physical space needed to house a collection of books was sharply reduced. [4]Page numbers became a possibility, as did indexes; tables of contents became workable references.
>
> *papyrus 파피루스

① abusing technology
② locating information
③ eliminating documents
④ spelling words
⑤ creating characters

1 위 글의 주제문은 몇 번째 문장이겠는가?

2 선택지 ①~⑤ 중, 부정적인 내용이어서 주제문을 구성하기에 적절하지 <u>않은</u> 것을 <u>모두</u> 고르시오.

C 추상적 소재

상위권 수험생들 간에 시험의 변별력 확보를 위해 비유적 표현을 추론하는 문항이 출제되는 비율이 높아지고 있다. 어구의 의미를 단어 의미대로 직역할 것이 아니라 문맥상의 의미를 추론해낼 수 있는 추상적 사고력이 요구된다.

아래 예를 보자.

1-2 다음 글의 빈칸에 들어갈 말로 가장 적절한 것을 고르시오. 〈모의〉

The spread of prosperity, the single-family home, the invention of television and computers have all made it possible for us to live private lives unimaginable to previous generations. We no longer live in close quarters with our neighbors, we can move about without crowding into buses or trains; we do not have to go to theaters or share our tastes with our neighbors. However, the same technologies that help separate us from the crowds also make it possible to monitor and record our behaviors. Although fewer people have intimate knowledge of our lives, many people mostly unknown to us know something about us. The very technology that was supposed to free us from mass society has turned out to be as much a fishbowl as an information highway. In modern society, we have discovered that _____.

① people cannot use public transportation because of crowding
② technology makes us independent from natural environments
③ more people become indifferent to the spread of prosperity
④ cooperating with people leads to wrong conclusions
⑤ being free often means also being naked

1 위 글의 a fishbowl 과 연결되는 의미를 가진 어구는?

① 대중들에게 노출된 상태   ② 우물 안과 같은 좁은 세계

아래 첫 문장과 같이, 연결사 없이 이어진 앞뒤 문장은 논리적 관계를 파악하는 사고 과정이 필요하다. 그러므로 연결사가 주어진 두 번째 문장보다 상대적으로 내용 이해가 더 힘들다.

The new shoes are lighter and softer. They're more comfortable to wear.
원인   결과

⇒ The new shoes are lighter and softer. Therefore, they're more comfortable to wear.
                                        그 결과

그런데, 기출을 보면 이렇게 연결사가 빠져 있는 문장이 종종 사용된다. 문장과 문장 간의 논리적 관계를 파악할 수 있는 사고력이 요구되는 것이다. 특히, 주제문과 보충설명 간의 관계를 알려주는 것과 같은 중요한 연결사 자리인 경우 주제문 파악이 좀 더 까다로워진다고 볼 수 있다.
다음 장의 예를 보자.

Even if you often lose your keys, forget where you parked your car, or cannot find important papers, your memory stores more information than all the libraries in the world. You forget an event, and then twenty years later something will bring back that memory — a smell, a sound, a person, or a picture — and instantly your mind will recall every detail about the event. Think of how many voices you recognize on the telephone. Once, a friend whom I hadn't talked to in twenty years called me. All he said was "Hello," and before he said his name I knew who it was.

① things that make us happy
② etiquettes of telephone talk
③ the power of human memory
④ the meaning of true friendship
⑤ the process of storing information

1 위 글에서 주제문에 해당하는 문장의 첫 두 단어를 쓰시오.

2 위 글에서 보충설명 문장들이 시작되는 문장의 첫 두 단어를 쓰시오.

3 위 지문의 주제문과 보충설명 문장 사이에 들어갈 연결사로 가장 적절한 것은?

① As a result   ② By contrast   ③ By the way
④ Nevertheless   ⑤ For instance

〈모의〉

Many animals are nearly helpless when young. [A] Young birds must be taught to fly. Thousands of young seals drown every year. They never learn to swim naturally. The mother has to take the baby seal out under her flipper and show it how. Birds sing without instruction; however, they do not sing well unless they are able to hear older members of their species. [B] The young elephant does not seem to know at first what its trunk is for. It seems to get in the way until the baby's parents show it what to do.

① 동물의 모성애 표현 방식
② 동물 세계에서의 학습의 역할
③ 어린 동물을 위한 먹이의 종류
④ 어린이들이 동물을 좋아하는 이유
⑤ 야생에서 어린 동물이 접하는 위험

1 위 글에서 주제문에 해당하는 문장의 첫 두 단어를 쓰시오.

2 위 글에서 보충설명 문장들이 시작되는 문장의 첫 두 단어를 쓰시오.

3 [A]에 들어갈 연결사로 가장 적절한 것을 고르시오.

① Nevertheless
② For instance
③ By the way
④ As a result
⑤ By contrast

4 [B]에 들어갈 연결사로 가장 적절한 것을 고르시오.

① Thus
② By contrast
③ Similarly
④ Nevertheless
⑤ For instance

7차 교육과정이 반영된 2005학년도 이후부터 영문을 유창하게 이해해 나가는 것뿐만 아니라 정확하게 이해할 수 있는가를 측정하는 비율도 높아졌다. 특히 **주제문이나 문제 해결에 중요한 단서가 포함된 문장이 아주 복잡한 구조이거나 어려운 어휘를 포함하고 있는 경우**가 많아지고 있다. 따라서 평소 어휘와 구문학습이 꾸준하게 이루어져야 한다. 하지만, 지문 안의 모든 요소를 완벽하게 분석하고 파악하려는 완벽주의 또한 바람직하지 못하다. 아래의 예를 살피며 어렵고 복잡한 어휘와 구문에 대처하는 법을 파악해보자.

A 어려워지고 있는 어휘 대처법

3-1 다음 글의 요지로 가장 적절한 것을 고르시오. 〈수능〉

The specific combinations of foods in a cuisine and the ways they are prepared constitute a deep reservoir of accumulated wisdom about diet and health and place. In Latin America, for example, corn is traditionally eaten with beans; each plant is deficient in an essential amino acid that happens to be abundant in the other, so together corn and beans form a balanced diet in the absence of meat. Similarly, corn in Latin America is traditionally ground or soaked with limestone, which makes available a B vitamin in the corn, the absence of which would otherwise lead to a deficiency disease. Very often, when a society adopts a new food without the food culture surrounding it, as happened when corn first came to Europe, Africa, and Asia, people get sick. The context in which a food is eaten can be nearly as important as the food itself.

*limestone 석회암

① 같은 종류의 채소라도 재배 지역에 따라 영양소가 다르다.
② 음식 문화의 전파는 문명의 전파 경로와는 관련이 없다.
③ 지역 특산물 재배는 지역 경제 활성화에 도움이 된다.
④ 채소를 곁들인 육류의 섭취는 다이어트에 효과적이다.
⑤ 전통 음식 문화는 지역의 재료와 환경적 특성의 소산이다.

해답 및 해설 **3쪽**

1   ▬▬▬ 표시된 단어들은 어려운 어휘들에 속한다. 이런 식으로 본인에게 어려운 어휘들을 지워보자.

2   이 단어들을 빼고 지문을 읽어도 정답이 도출되는지 확인해보자.

B 복잡해지고 있는 구문 대처법

3-2 다음 글의 요지로 가장 적절한 것을 고르시오.   〈수능〉

How much one can earn is important, of course, but there are other equally important considerations, neglect of which may produce frustration in later years. Where there is genuine interest, one may work diligently without even realizing it, and in such situations success follows. More important than success, which generally means promotion or an increase in salary, is the happiness which can only be found in doing work that one enjoys for its own sake and not merely for the rewards it brings.

① 성공하기 위해서는 성실한 자세가 필요하다.
② 일의 즐거움에서 얻는 행복이 중요하다.
③ 개인의 이익보다 전체의 이익이 우선한다.
④ 성공하면 그에 상응하는 보상이 뒤따른다.
⑤ 승진을 위해서는 철저한 자기 관리가 필요하다.

1   위 글에서 주제문에 해당하는 문장의 첫 두 단어를 쓰시오.

2   주제문의 주어를 쓰시오.

3   주제문에서 가장 중요한 정보에 해당하는 곳에 밑줄을 그으시오.

영어 단락은 주제문이 먼저 나오고 보충설명이 이어지는 구조가 대부분이며, 이렇게 구성된 단락이 이해하기 쉽다.

```
┌─────────────────┐
│     주제문       │
└─────────────────┘
         ↓
┌─────────────────┐
│  보충설명 문장   │
└─────────────────┘
┌─────────────────┐
│  보충설명 문장   │
└─────────────────┘
┌─────────────────┐
│  보충설명 문장   │
└─────────────────┘
```

그런데, 기출지문을 분석해보면 주제문이 단락의 첫 문장이 아닌 경우가 절반을 훌쩍 넘는다. 또한, 주제문에 대명사나 비유 표현을 심어 놓아 주제문의 내용 파악이 어렵거나 주제문이 아예 명시되어 있지 않아 전체 내용을 종합해서 추론해야 하는 지문도 점차 많아지고 있다.

4-1 다음 글의 요지로 가장 적절한 것을 고르시오.　〈모의〉

Many times we set goals and plan to achieve them. Then later we find we don't have the strength to follow through. Why does this happen? It's because we haven't counted the cost. Let's suppose you set a goal to get better grades in school this year. Fine and good. But now, before you begin to plan, count the cost. For instance, you might have to spend more time doing math and grammar, and less time hanging out with your friends. You might also need to give up watching TV or playing computer games. You should take all those things into consideration when making plans. Counting the cost will always add a touch of needed reality to your goals.

① 수익을 창출할 수 있는 계획을 세워야 한다.
② 목표를 세분화하여 단계적으로 실천해야 한다.
③ 좋은 성적을 얻으려면 절제하는 생활이 필요하다.
④ 일단 목표를 설정했으면 끝까지 최선을 다해야 한다.
⑤ 계획을 세울 때는 치러야 할 대가도 함께 생각해야 한다.

해답 및 해설 **4**쪽

1 위 글의 주제문을 찾아 밑줄을 그으시오.

2 주제문의 위치는 어디인가?

    ① 글의 첫 문장   ② 글의 중간   ③ 글의 후반부   ④ 글의 첫 문장과 끝 부분

4-2 다음 글의 요지로 가장 적절한 것을 고르시오.

〈모의〉

We know where we are headed and what we want to do. However, quite often, due to forces outside our control, things do not go as we had planned and we have to adjust to a postponement or create a whole new set of circumstances. This is what happens when life throws us a curveball. The fact is that life is unpredictable. For example, your car breaks down and you are late for an appointment. While it is true that you never arrive at that important meeting, you end up spending a few relaxing hours with people you would never have met otherwise. Remember that not only are curveballs the universe's way of keeping us awake which is a gift in and of itself but they are also its method of bringing us wonderful surprises.

① 스포츠는 때때로 삶에 활력을 가져다준다.
② 삶에서의 절제는 자신의 의지에 달려 있다.
③ 삶의 예측 불가능성은 긍정적으로 작용할 수 있다.
④ 현실에 안주하는 것은 실패의 원인이 될 수 있다.
⑤ 계획한 대로 삶을 살아가려는 노력이 필요하다.

1 위 글의 주제문을 찾아 밑줄을 그으시오.

2 위 글에서 curveballs 의 성격을 나타내는 한 단어를 본문에서 찾아 쓰시오.

수능의 출제 의도에 부합하도록 하고 난이도와 길이를 적정 수준에 맞추기 위해 원문을 변형하는 일이 많이 있다.

▶출제 의도에 따라 조정: 필자의 주장이 강하게 드러난 문장은 곧 주제문이다. 그러나 주제문 없이 나머지 부분만으로도 충분히 추론하여 풀 수 있는 경우 주제문을 삭제하기도 한다.
▶난이도 조정: 고등영어 수준을 벗어나는 어려운 어구는 쉽게 고치기도 하고 풀어써 주거나 우리말 뜻을 주석으로 주기도 한다.
▶길이 조정: 적정 단어 수에 맞추기 위해 생략해도 크게 지장이 없는 부분을 삭제하기도 한다.

우선 다음을 보면서 원문을 변형하는 주된 목적을 생각해보자.

● **다음 글을 쓴 목적으로 가장 적절한 것은?** 〈수능〉

Someone who reads only newspapers and books by contemporary authors looks to me like a near-sighted person. He is completely dependent on the prejudices of his times. And what a person thinks on his own without being stimulated by the thoughts and experiences of other people is at best insignificant and monotonous. There are only a few enlightened people with a clear mind and with good taste within a century. What has been preserved of their work belongs among the most precious possessions of mankind. We owe it to a few writers of old times that the people in the Middle Ages could slowly free themselves from ignorance.

① 신문 읽기를 강조하려고
② 고전을 읽도록 권장하려고
③ 중세의 생활상을 소개하려고
④ 문학 비평의 중요성을 알리려고
⑤ 현대 사상의 심오함을 알리려고

Somebody who reads only newspapers and at best books of contemporary authors looks to me like an extremely near-sighted person who scorns eyeglasses. He is completely dependent on the prejudices and fashions of his times, since he never gets to see or hear anything else. And what a person thinks on his own without being stimulated by the thoughts and experiences of other people is even in the best case rather paltry and monotonous.

There are only a few enlightened people with a lucid mind and style and with good taste within a century. What has been preserved of their work belongs among the most precious possessions of mankind. We owe it to a few writers of antiquity that the people in the Middle Ages could slowly extricate themselves from the superstitions and ignorance that had darkened life for more than half a millennium. Nothing is more needed to overcome the modernist's snobbishness.

Albert Einstein (1879-1955), "On Classic Literature"
Written for the *Jungkaufmann*, a monthly publication of the "*Schweizerischer Kaufmaennischer Verein, Jugendbund*"
29 February 1952

1 왼쪽 지문과 비교하여 삭제되거나 바뀌어 표현된 부분을 위 지문에서 찾아 밑줄 그으시오.

2 밑줄 친 부분을 보았을 때, 삭제하거나 바꾸어 표현한 이유는 무엇이라고 생각되는가?

3 마지막 문장을 삭제한 이유는 무엇이라고 생각되는가?

II 기출지문의 종류

각종 경기에 사용되는 공마다 그 모양새와 쓰임이 다르듯 글은 그 종류에 따라 각기 다른 형식과 전개구조를 가지고 있다. 수능에 등장하는 글은 논설문, 설명문, 문학, 실용문 등 그 종류가 다양한데, 글의 종류에 따른 일정한 형식과 각각의 특징을 알아두면 내용 파악을 좀 더 수월하게 할 수 있다.

❶ 논설문

논설문은 정치, 경제, 사회, 문화 같은 분야의 문제에 대해 자신의 주장을 조리 있고 논리적으로 펼쳐 독자를 설득하려는 목적의 글이다. 자신의 주관적이고도 분명한 주장과 이를 뒷받침하는 근거들로 구성된다.

① 주장 제시	History can provide insights into current issues and problems.

② 주장을 뒷받침하는 근거 또는 예시	For example, any attempt to understand the disintegration of Yugoslavia would be incomplete without an examination of the long history of hatred and cooperation between the Muslim peoples. ... 중략

③ 주장의 요약 또는 강조	History is all around us, thus we shouldn't ignore it to understand the present. 〈모의〉

Real environmental change depends on us. We can't wait for world leaders to take action. We must make changes ourselves and I believe we can. When we think of our environment, we have to think of our own responsibilities. We have to be more environment-friendly. We must not buy so many things. We must not throw away so many things. We should carry our own cups. We should eat natural food. Above all, we should get out into nature. Gandhi said many years ago that we must change ourselves first to change the world. Let's first change ourselves and then change the world!

① Find New Energy for Future!
② The World Is Getting Smaller!
③ Have Respect for Your Elders!
④ Saving the Earth Starts from You!
⑤ World Leaders Have to Take Action Now!

❷ 설명문

설명문은 특정 사실이나 정보를 독자들이 이해하기 쉽도록 설명한 글이다. 논설문처럼 자신의 견해나 주장을 표현하는 주관적인 내용은 없고 설명하려는 대상을 정의, 나열, 예시, 비교, 대조, 분류 등의 전개방식을 이용하여 **구체적이고 객관적으로 설명한다.**

① 설명 대상의 제시	Numerous bookstore chains have sprung up throughout the country in recent years, among them: Borders, Super Crown, and Barnes and Noble.
② 구체적인 설명	These businesses are designed to appeal particularly to young adults. Most offer comfortable chairs in which to sit, relax, and read. Some of these stores have a cafe area where specialty coffees, teas, muffins, and other delights are available. The evening hours are often filled with concerts, poetry readings, or other special events.
③ 본문 요약 강조	Bookstores don't just sell books anymore; they sell a lifestyle. They do this because of intense competition and pressing economic issues. 〈모의〉

● *sinju*에 관한 다음 글의 내용과 일치하지 <u>않는</u> 것은?　　　　　〈모의〉

A *sinju* is a stick-shaped memorial tablet made of wood. It is about 20cm long and about 3~4cm wide. The name and a short history of the deceased are written on it. It is treated carefully with respect since it is regarded as the actual deceased person. Usually, it is kept in a small pot. In a crisis, such as disaster or war, those tablets were saved first by the descendants, because a *sinju* was just like their dead parents or grandparents for Koreans. That's why a phrase *sinju* tablet pot means something really important in Korea.

① 나무로 만들어졌다.　　　　　② 고인의 약력이 적혀 있다.
③ 작은 단지에 넣었다.　　　　　④ 위급 시 소각되었다.
⑤ 소중하게 다루어졌다.

확인된 사실이나 시사적인 사안을 보도하는 글이다. 주로 육하원칙에 따라 논리적인 글 전개가 이루어진다. 기사문의 성격에 따라 논설문 또는 설명문과 유사하기도 하나 주장에 대한 논거로써, 주로 최근에 있었던 조사나 실험결과, 전문가의 말 등을 인용하는 경우가 많다.

● **다음 글의 내용을 한 문장으로 요약하고자 한다. 빈칸 (A)와 (B)에 들어갈 말로 가장 적절한 것은?**

〈모의〉

> Online shoppers are now taking more time to click the "buy" button than they were two years ago. They are taking more than half a day longer before making a buying decision and placing an order, according to a recent report on digital window shopping. Since May 2005, the average time between a consumer's first visit to a Web site and an actual buy has increased from 19 to 34 hours. In discussing reasons for the increased time, the report said that online shoppers went from site to site to find better and cheaper products.

⬇

Online consumers have become _____(A)_____ shoppers because they want to _____(B)_____ the products.

	(A)		(B)
①	slower	-----	advertise
②	slower	-----	compare
③	faster	-----	compare
④	faster	-----	exchange
⑤	faster	-----	advertise

수필은 자신이 경험한 일을 1인칭 시점으로 작성한 글이다. 경험이나 일화로 인해 얻은 느낌이나 깨우침을 서술한다. 일정한 형식이 없고 자유롭게 표현한 글이지만, 필자의 경험을 통해 말하려고 하는 요지를 담고 있다. 글의 요지가 무엇인지를 정확하게 파악하면서 읽어 내려가도록 한다.

● **다음 글을 한 문장으로 나타내고자 한다. 빈칸 (A)와 (B)에 들어갈 말로 가장 적절한 것은?** 〈모의〉

A friend of mine wanted to make his wife and family happy by providing a home for them. So, my friend designed and built his dream house by himself. For two years, he worked every spare moment without spending any time with his family members. Saving only thousands of dollars, he constructed his dream house worth over one million dollars. When the house was finished, however, his wife left him suddenly. As you can imagine, his heart broke. The hardest part, he told me, was that he was doing it for his family. My friend was sincere, but he was sincerely wrong. He didn't realize how important relationships are to genuine happiness. He thought the key to happiness was to do or give something wonderful for his family, when what they really wanted was a wonderful relationship with him.

⬇

The plain fact we learn from this is that we won't be truly _____(A)_____ until we have successful _____(B)_____ .

	(A)		(B)
①	happy	-----	relationship
②	rich	-----	investments
③	superior	-----	plans
④	sociable	-----	manners
⑤	diligent	-----	time management

우화는 동식물을 의인화한 흥미로운 짧은 이야기를 통해 삶의 보편적인 교훈을 주려는 글이다. 주로 배경, 사건, 시도, 결과 및 그에 대한 느낌이나 반응 등으로 구성된다. 단순히 줄거리를 파악하는 것에서 더 나아가 함축적으로 전달하고 있는 교훈이나 메시지를 파악해야 한다.

● **다음 글의 요지로 가장 적절한 것은?** 〈수능〉

Old Hawk gestured up at the tall, old cottonwood. It was so large that a grown man could not put his arms around it. "This tree," he said, "has stood guard over our family all its life. Strength is what I feel each time I look at it. Yet, there have been moments when its great strength was also its weakness." "That's hard to believe," Jeremy said. "It's the biggest tree for miles around." Old Hawk pointed at the chokecherry trees in a dry river bed not far away. "Look there," he said, "those chokecherry trees are small and weak in comparison to this cottonwood. But when you were a child, they survived a storm without losing a branch. This old cottonwood, on the other hand, lost several branches. It stood up to the storm, but it could not bend with the wind the way the chokecherry trees could."

① 강한 것이 약한 것을 이긴다.
② 강점이 약점이 될 수도 있다.
③ 신념이 꿈을 실현시킨다.
④ 서식 환경이 나무의 용도를 결정한다.
⑤ 식물은 자연 재해를 막는 데 도움이 된다.

소설은 현실에 있음직한 내용을 지어내어 쓴 허구적인 글이다. 주로 느낌이나 생각을 나타내는 어구 또는 상황을 묘사하는 표현들이 많이 등장한다. 수능에서는 소설의 일부를 발췌하며 그 안에서 사건 배경, 등장인물이나 심리상태 등이 묘사된다. 일부 단어나 어구만으로 섣불리 판단하지 말고 글을 전체적으로 종합해서 이해하도록 한다.

● 다음 글에 드러난 'She'의 심정으로 가장 적절한 것은?　　　〈수능〉

> She is leaning against the window frame, looking out at the beach in front of the house. In the distance down the beach, she sees her son, Matt, slowly coming towards the house. She loves these moments. She looks around the house and smiles. How much she wanted to live in a house near the beach! When Matt was only five or six years old, they would make a long trip from the city to the beach once a month. Now Matt can go out with her into the sea whenever he wants.

① lonely and bored
② happy and satisfied
③ worried and nervous
④ surprised and scared
⑤ curious and interested

해답 및 해설 **8쪽**

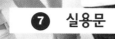

7 실용문

수능에 등장하는 실용문에는 광고문, 공고문, 안내문, 편지 등이 있다. 주로 글의 목적과 내용 (불)일치 여부를 묻는 것이 빈출유형으로 등장한다. 실용문은 대중에게 말하고자 하는 바를 알기 쉽게 전달하고자 하는 것이므로 되도록 쉽게 작성되는 특징이 있다.

7-1 다음 글을 쓴 목적으로 가장 적절한 것은? 〈모의〉

Would you like to become part of an enjoyable and rewarding enterprise experience? You can make a real difference in the lives and potential of young people in your area. With more than 40 years' experience, Young Enterprise(YE) is the UK's leading business and enterprise education charity. Our mission is to inspire and help young people to learn and succeed through enterprise. The active involvement of volunteers is fundamental to the mission. We require volunteer mentors to work with young businessmen and guide them by sharing knowledge and real-life experience. No previous experience is required, just your enthusiasm and commitment. If you are interested in getting involved, please contact us.

① 기업을 광고하려고
② 교육 일정을 홍보하려고
③ 자원봉사자를 모집하려고
④ 후원금 기부를 요청하려고
⑤ 입사 지원 방법을 안내하려고

광고문은 대체로 [독자들의 주목과 흥미 유발 → 제품 장점 설명 등으로 구매 욕구 촉진 → 구매 시 정보 등의 내용] 순서로써, 독자들의 기억에 남도록 전개되는 특징이 있다.

7-2 Weber University Junior Scholars Program에 관한 다음 안내문의 내용과 일치하지 않는 것은?

〈모의〉

Weber University Junior Scholars Program

The Junior Scholars Program has been designed for a winter opportunity for high-achieving students!

Grade Levels: Grades 11 and 12
Term: 3 weeks (Mon., Dec. 1 — Sun., Dec. 21)

Program Description
- Junior scholars earn college credit from a choice of 40 courses.
- In addition to coursework, all students are required to attend a series of seminars on college admissions and interpersonal relationships.
- Social and recreational activities are included.
- Students have the opportunity to participate in various sports activities, and they can also enjoy Weber University's Recreational Sports Center.
- On the second weekend during the term, students go on a field trip to Queens Island.

Contact: Dr. Gregory Smith, Program Director
Phone: 513-529-5825
Email: juniorscholars@web.edu

① 11학년과 12학년 학생들이 3주 동안 참여한다.
② 대학 학점을 취득할 수 있다.
③ 대학 입학과 대인 관계에 관한 세미나에 참석해야 한다.
④ 다양한 스포츠 활동에 참여할 수 있다.
⑤ 과정 첫째 주에 Queens Island로 현장 학습을 간다.

대개는 인물, 배경, 사건의 전개, 문제 발생과 해결 등의 구조로 진행된다.

① 인물/배경

> In 1688, Sir Christopher Wren designed a magnificent town hall for the city of Westminster.

② 사건 전개

> The mayor was afraid that the second floor could come crashing down on his office on the first floor.

③ 문제 발생

> He demanded that Wren add two stone columns for extra support. Wren knew that these columns would serve no purpose, and that the mayor's fears were baseless.

④ 해결

> But he built them, and the mayor was grateful. Years later, a workman saw that the columns stopped just short of ceiling. By building the "dummy" columns, both men got what they wanted. The mayor could relax, and Wren knew people would understand that his original design worked and the columns were unnecessary. 〈모의〉

● 위 글의 제목으로 가장 적절한 것을 고르시오.

① Styles of Various Columns
② An Architect's Wise Solution
③ A Disaster Narrowly Avoided
④ Victory of Science over Superstition
⑤ Ways to Reduce Building Cost

지금까지 살펴본 기출지문의 성격과 수능의 문항 출제목표를 종합해보면, 평범하고 전형적인 영문을 대상으로 하는 시중의 리딩스킬은 잘 적용되지 않을 수 있다. 문제에 따른 목적의식을 가진, 즉 수능에 맞춘 리딩스킬이 필수적이다. 여러 기출 중에서 정답률이 최하위권인 문제 유형을 대상으로 리딩스킬을 어떻게 적용해야 하는지 알아보자.

❶ 빈칸 완성 (빈칸이 첫 문장에 위치) : 정답률 36%

● 다음 글을 읽고, 빈칸에 들어갈 말로 가장 적절한 것을 고르시오. 〈수능〉

The role of ＿＿＿＿＿＿ in communication varies from culture to culture. North American and Arab speakers expect some sort of immediate response to a suggestion or a request. The initial absence of talk is generally interpreted by them as a negative response. But a speaker from Asian culture often uses it to convey his respect for another speaker before offering a response. This kind of cultural difference may also lead to misunderstandings in the language classroom. For instance, American teachers may regard Asian students who are slow to respond as slow to learn, while Asian students may regard American teachers who expect more immediate responses as impatient.

① gestures　　　　　　　　② silence
③ intonation　　　　　　　④ personal distance
⑤ facial expressions

수능형 리딩스킬의 적용	1. 빈칸 완성 문제는 반드시 빈칸을 포함한 문장부터 읽고 정확하게 이해한다. 2. 빈칸이 지문의 첫 문장에 있는 경우, 그 문장은 지문의 주제문이다. 3. 첫 문장 뒤에 이어지는 보충설명(예시, 상술, 부연 등)들을 답이 도출될 때까지 읽어 내려간다.
선택지별 선택 비율	① 19% ② 36% ③ 18% ④ 8% ⑤ 19%
오답 원인 분석	선택비율이 많은 ①, ③, ⑤는 보충설명 부분을 제대로 주제문과 연결하지 않고 평소에 자신이 가진 '상식'에 따라 답으로 선택했을 가능성이 많다. 몸짓이나 억양, 표정 같은 것이 문화마다 다르다는 것은 우리나라 고등학생이라면 익히 아는 '상식'에 해당하기 때문이다. 이중 ①을 선택한 사람 중의 일부는 두 번째 문장의 immediate response를 "즉각적인 대답"이 아닌 "즉각적인 반응", 즉 몸짓의 일환으로 생각한 사람들도 있을 것이다.

해답 및 해설 10쪽

● 다음 글을 읽고, 빈칸에 들어갈 말로 가장 적절한 것을 고르시오. 〈모의〉

Every year, TIME Magazine collects the coolest inventions from all over the world. The Flower Lamp from 'STATIC!' is one of the nominees in 2006. It was created by a Swedish company called 'STATIC!' that explores ways of using design to increase energy awareness and promote greener lifestyles. This elegant flower-shaped light has a secret: it _____ in your household. When it senses that power consumption is low, it rewards you by blooming — its metal petals unfold attractively. If you start using too much electricity, it closes up again. A single lamp can change the way you live!

① turns off the light
② checks power failure
③ generates enough electricity
④ monitors the overall energy usage
⑤ encourages non-polluting energy use

수능형 리딩스킬의 적용	1. 빈칸이 후반부에 있는 경우도 반드시 빈칸을 포함한 문장부터 읽고 정확하게 이해한다. 2. 빈칸 문장 뒤에 이어지는 문장들은 빈칸 문장에 대한 예외 없는 보충설명 부분이므로 이를 통해 추론하면 된다. 3. 1과 2에 해당하지 않는 부분을 읽다가 오답 함정에 빠지지 않도록 주의한다.
선택지별 선택 비율	① 22% ② 12% ③ 14% ④ 41% ⑤ 12%
오답 원인 분석	오답 비율이 가장 높은 ①은 빈칸 바로 앞의 it이 무엇을 뜻하는지 모르고 그냥 찍은 것이다. it이 light인데 light가 light를 끄는 기능을 한다는 것은 생각하기 어렵다. ②는 정전을 확인한다는 내용이고 ③은 전기를 발생시킨다는 내용으로 모두 지문 내용을 거의 이해하지 못한 상태에서 찍은 것이다. 특히, ⑤를 선택한 사람은 빈칸 앞 문장에 나온 promote greener lifestyles를 보고 막연히 환경 친화적인 에너지 사용이라는 내용으로 연결하는 오답 함정에 빠졌을 가능성이 크다.

● 다음 글의 제목으로 가장 적절한 것을 고르시오.　　　　　　　　　〈모의〉

Rangers in Kenya have outfitted elephants with cellphone — and GPS — equipped collars that send warning messages when the pachyderms are about to raid farms. In 2006 the rangers tested the collars on a repeat offender named Kimani, who had broken through electric fences 20 nights in a row and caused thousands of dollars in damage to crops and farm equipment. Most farmers had no idea that their field was being raided until the damage was done. Now Kimani's collar texts his hourly position to a server in Nairobi, where software compares the animal's location with a database of virtual borders established around villages and farms. If Kimani strays across one of those borders, the system alerts researchers and rangers in the area so they can coax him away from trouble.

*pachyderm (코끼리 · 하마 등) 후피동물

① Advantages of Electric Fences
② Hunters: Troublemakers in the Wild
③ Farming Damage Caused by Rangers
④ Collar System against Illegal Hunting
⑤ Elephant Warning via Text Messages

수능형 리딩스킬의 적용	1. 제목은 지문의 주제문을 달리 정리하여 표현한 것이다. 2. 두 번째 문장은 In 2006 ~으로 시작되는 구체적인 상황이므로 첫 번째 문장이 바로 주제문에 해당함을 알 수 있다. 3. 1과 2에 해당하지 않는 부분을 읽다가 오답 함정에 빠지지 않도록 주의한다. 주제문을 부연 설명하는 부분에 사용된 표현은 정답에 쓰일 수 없다.
선택지별 선택 비율	① 16%　② 3%　③ 21%　④ 22%　⑤ 39%
오답 원인 분석	오답 비율이 가장 높은 ④의 Illegal Hunting은 본문에서 다뤄지지도 않은 내용, 즉 동물과 관련된 내용이라는 것만 생각하고 상식에만 근거해 선택했을 가능성이 크다. ①, ②, ③에 등장한 Electric Fences, Trouble, Rangers는 주제문을 부연 설명 하는 두 번째 문장 이후에 등장한 표현으로서 본문의 단어를 사용하여 선택 지를 구성한 것이다. 따라서 정답에 포함될 수 없다.

● 다음 글이 시사하는 바를 한 문장으로 요약하고자 한다. 빈칸 (A)와 (B)에 들어갈 말로 가장 적절한 것은?

〈모의〉

We are familiar with the story of Johnny Appleseed, who traveled the frontiers of America in the 1840s. To reforest the land where earlier pioneers had cut off all trees, he carried a sack of apple seeds and planted them wherever he went. However, it seems that he was as much an innocent polluter as a conservationist. In addition to planting apple seeds, Johnny planted all along his wandering way a weed called dog fennel, believing that this could be used to cure malaria. He was wrong about that. There are only two obvious things about dog fennel: it spreads like any other weed, and it stinks badly. So, for years after Johnny had passed, angry farmers were holding their noses and desperately rooting out dog fennel.

⬇

_____(A)_____ may lead to trouble if combined with _____(B)_____.

	(A)	(B)		(A)	(B)
①	Good intentions	----- false belief	②	Good intentions	----- bad luck
③	Too much pride	----- bad luck	④	Great courage	----- bad luck
⑤	Great courage	----- false belief			

수능형 리딩스킬의 적용	1. 반드시 요약문부터 미리 읽는다. 2. 선택지를 넣어보면서 정답 가능성이 없는 선택지를 소거한다. 3. 본문을 읽으면서 확실한 정답을 가려낸다. 4. 주제문이 명시되지 않은 상황전개 지문은 고난도 문제에 해당한다. 전체 상황을 정확히 이해하고 나서, 이를 잘 함축한 선택지를 골라야만 한다.
선택지별 선택 비율	① 37% ② 25% ③ 11% ④ 14% ⑤ 9%
오답 원인 분석	요약문을 읽고 선택지와 대응해 보면, 무엇인가 긍정적인 내용의 것이 부정적인 것과 결합하여 부정적인 것(trouble)이 된다는 흐름임을 알 수 있다. ③은 (A), (B) 모두 부정적이므로 답이 되기 어렵다. 두 번째 문장의 To reforest ~는 등장인물의 바람직한 의도(Good intentions)에, believing 이하는 false belief에 해당한다고 볼 수 있다.

● 주어진 글 다음에 이어질 글의 순서로 가장 적절한 것은?

〈모의〉

> For twenty years John Gray was just another unknown tour operator guiding customers through remote jungle rivers by sea kayak, pointing out monkeys and rare birds.

(A) That is when the trouble started. Soon greedy businessmen arrived from as far away as Bangkok. Eventually no fewer than nineteen competitors had set up shops, which ruined the place at an alarming rate.

(B) Stunned by their crystalline waters and exotic fish stocks, he launched a classic eco-tourism company, making sure not to upset the fragile ecosystems. The tours were a hit, and word began to spread.

(C) That all changed when the unknown operator discovered a series of attractive tidal sea caves and isolated lagoons about a mile off the coast of Phuket, Thailand. They were absolutely perfect.

*lagoon 석호(潟湖)

① (A) – (C) – (B) ② (B) – (A) – (C) ③ (B) – (C) – (A)
④ (C) – (A) – (B) ⑤ (C) – (B) – (A)

수능형 리딩스킬의 적용	1. 주어진 글과 (A), (B), (C)의 앞부분들을 먼저 읽고, 앞으로 전개될 내용상의 흐름을 최대한 예상해본다. 2. 정관사, 대명사 등의 문법적인 선후 관계를 살핀다. 연결사를 통해 논리적인 선후 관계를 살핀다.
선택지별 선택 비율	① 8% ② 16% ③ 15% ④ 19% ⑤ 40%
오답 원인 분석	이 글은 주어진 글과 (A)~(C)의 앞부분(■■부분)을 통해, 시간 흐름대로 전개될 것으로 예상해볼 수 있다. 그렇다면 '관광 안내인에 대한 소개 → (C) 그 안내인이 새로운 매력적인 관광장소 발견 → (B) 그 안내인이 그곳을 관광상품화하여 널리 알림 → (A) 너무 많은 개발자가 몰려들어 관광장소가 파괴됨' 의 순서로 전개되는 것이 가장 적절함을 알 수 있다. 오답으로 나열된 글의 순서는 모두 논리적으로 맞지 않다.

● 글의 흐름으로 보아, 주어진 문장이 들어가기에 가장 적절한 곳은? 〈모의〉

> On the other hand, there are people who never want to move in the first place.

One person's adjustment to a new culture is not necessarily like another's. (①) In some situations, people are excited about their move. (②) Though they may feel a little sad about leaving important people and places behind, they think of the move as a new adventure. (③) They stay this way without losing the excitement, and difficulties in adjusting often don't show up. (④) Their frustration starts from the day they realize that they have to move to a new place when they are perfectly happy where they are. (⑤) It continues as they find out just how unfamiliar their new home is.

수능형 리딩스킬의 적용	1. 주어진 문장과 글의 첫 문장을 먼저 읽고, 앞으로 전개될 내용상의 흐름을 최대한 예상해본다. 2. 주어진 글 이후의 글의 순서 맞추기 유형과 마찬가지로 정관사, 대명사 등의 문법적인 선후 관계를 살핀다. 연결사를 통해 논리적인 선후 관계를 살핀다.
선택지별 선택 비율	① 4% ② 8% ③ 42% ④ 38% ⑤ 6%
오답 원인 분석	주어진 문장의 연결사인 On the other hand를 통해, 앞 문장의 내용은 이사에 대해 긍정적인 생각을 가진 사람들에 대한 내용일 것이고 뒤 문장의 내용은 이사를 원하지 않는 사람들에 대한 내용임을 알 수 있다. 정답보다 더 많은 비율로 선택된 ③을 고른 사람들은 미리 이런 논리적 예상을 하지 않고 단편적인 어구만 보고 선택했을 가능성이 크다. 즉 주어진 문장의 there are people who never want to move와 ③ 뒤의 They stay this way ~ 가 자연스럽게 연결된다고 착각했을 것이다.

CHAPTER

글 전체를 조감하는 Reading Skills

I

UNIT 01

주제문을 통해
글의 요지 파악하기

글을 읽다가 '아, 이게 바로 이 글의 핵심내용이구나'라는 느낌이 번쩍 드는 문장을 마주친 적이 있을 것이다.
다수의 수능 독해 문제들이 글의 핵심내용 파악과 밀접한 관련이 있으므로 이러한 문장을 찾아내는 실력은 점수와 직결된다.
본 유닛에서는 지문을 구성하는 문장의 특성을 바탕으로, 이러한 문장을 정확하게 찾아 글의 요지를 파악하는 연습을 할 것이다.

자, 그럼 모두 형광펜을 들고 글의 핵심을 담은 문장을 찾아 과감히 표시하도록 하자.

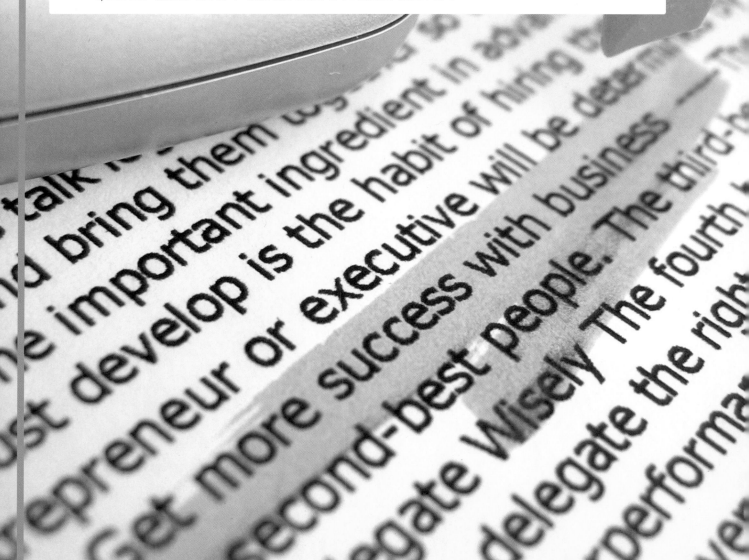

모르는 단어를 추측하기 위한
ESSENTIAL WORDS LIST

모르는 단어가 너무 많으면 그 뜻을 추측하며 읽어 내려가기가 불가능하다.
단어의 뜻을 추론할 수 있는 실력을 기르기 위해서 다음의 필수 어휘를 미리 익혀두자.

①

☐ **way** [wei]　휠씬

☐ **beyond** [bijánd]　~을 넘어서

☐ **when it comes to A**　A에 관한 한

☐ **the tip of the iceberg**　빙산의 일각

☐ **countless** [káuntlis]　셀 수 없는, 무수한

☐ **old-fashioned**　옛날식의, 구식의

☐ **face-to-face**　얼굴을 마주 보는, 면대면의

☐ **engage** [ingéidʒ]　(주의·관심을) 사로잡다[끌다]

☐ **motivation** [mòutəvéiʃən]　동기, 자극

☐ **guarantee** [gæ̀rəntíː]　~을 보장[보증]하다

②

☐ **aspect** [ǽspekt]　측면, 양상, 국면

☐ **distribute** [distríbjuːt]　~을 유통시키다, 배포[분배]하다

☐ **originality** [ərìdʒənǽləti:]　추론해볼 어휘

☐ **equip A with B**　A에 B를 부여하다, 장착하다

☐ **serial** [síəriəl]　일련의; 연속적인

☐ **available** [əvéiləbəl]　이용할 수 있는; 입수할 수 있는

☐ **circulate** [sə́ːrkjulèit]　추론해볼 어휘

☐ **conveniently** [kənvíːniəntli]　편리하게

③

☐ **logic** [ládʒik]　논리(학)

☐ **fall apart**　추론해볼 어휘

☐ **handle** [hǽndl]　~을 다루다[취급하다]; (문제 등을) 처리하다

☐ **discontented** [dìskənténtid]　추론해볼 어휘

④

☐ **productivity** [pròudʌktívəti]　생산성, 생산력

☐ **subject** [sʌ́bdʒikt]　(의학, 심리학 등의) 피실험자; (토론, 이야기 등의) 주제; (학교의) 과목

☐ **accurately** [ǽkjurətli]　정확히

☐ **perform** [pərfɔ́ːrm]　(일, 임무 등을) 실행[수행]하다

☐ **cognizant** [kágnəzənt]　추론해볼 어휘

☐ **rub** [rʌb]　~을 문지르다[비비다]

☐ **pleasurable** [pléʒərəbəl]　만족스러운, 즐거운

☐ **relieve** [rilíːv]　추론해볼 어휘

⑤ ⑥

☐ **precaution** [prikɔ́ːʃən]　추론해볼 어휘

☐ **interaction** [ìntərǽkʃən]　상호작용, 상호의 영향

☐ **acquire** [əkwáiər]　(지식, 학문 등을 노력하여) 얻다[배우다]; (재산, 권리 등을) 취득하다

☐ **peer** [piər]　추론해볼 어휘

☐ **establish** [istǽbliʃ]　(관계 등을) 성립시키다; (학교, 기업 등을) 설립하다

☐ **ensure** [inʃúər]　(성공 등을) 확실하게 하다, 보증하다

☐ **accomplish** [əkámpliʃ]　~을 이루다[성취하다]

☐ **drive** [draiv]　~을 (열심히 하도록) 고무하다, 고취시키다

☐ **gracious** [gréiʃəs]　너그러운, 정중한, 공손한

☐ **defeat** [difíːt]　추론해볼 어휘

다음 글의 요지로 가장 적절한 것은? 〈모의〉

In writing ads, advertisers should consider the different styles of cultures. In some cultures, advertisements usually describe the product and explain why it is better than others. But in other cultures, the message depends more on situations and feelings than it does on words. In this case, the commercial will not say that a product is better than others. Instead, its goal will be to create a positive mood or feeling about the product.

① 공익 광고의 편성을 늘려야 한다.
② 허위 광고에 대한 처벌을 강화해야 한다.
③ 광고 수익의 일부는 사회에 환원해야 한다.
④ 공영 방송에서의 상업적 광고는 규제해야 한다.
⑤ 효과적인 광고를 위해서는 문화를 이해해야 한다.

ad[æd] 광고 《advertisement의 약칭》 **advertiser**[ǽdvərtàizər] 광고주, 광고자 **describe** [diskráib] ~을 설명하다, 묘사하다 **depend on** ~에 달려있다, 의존하다 **case**[keis] 경우, 상황 **commercial**[kəmə́:rʃəl] 광고방송; 상업적인, 영리를 꾀하는 **product**[prάdəkt] 제품 **positive** [pάzətiv] 긍정적인 **mood**[mu:d] 분위기; 기분

왼쪽 기출 지문에 의거하여 다음 과제를 해결하시오.

A 옆 지문에서 글의 핵심이 가장 잘 드러난 문장에 밑줄을 그으시오.

B **가**와 **나**의 문장을 각각 비교해본 후 아래 문제에 답하시오.

가	나
In writing ads, advertisers should consider the different styles of cultures.	In some cultures, advertisements usually describe the product and explain why it is better than others.
	But in other cultures, the message depends more on situations and feelings than it does on words.

1 **가**와 **나**의 차이점을 설명한 것이다. 알맞은 것을 고르시오.

    (1) **가**는 글쓴이가 전달하려는 (① 핵심내용   ② 해결방안)을 나타내는 한편,

    (2) **나**는 그것을 (① 뒷받침   ② 요약)하는 역할을 한다.

    (3) **가**는 **나**보다 더 (① 포괄적, 일반적   ② 제한적, 구체적)이다.

2 **가**와 **나** 중 알맞은 것을 골라 빈칸에 각각 써넣으시오.

하나의 글을 이루고 있는 문장들은 대개, 주제문과 이를 뒷받침하는 보충설명문으로 나눌 수 있다. [＿＿＿＿＿＿]와 같이 글 전체의 내용을 포괄적으로 담고 있는 문장을 **주제문**이라 한다. [＿＿＿＿＿＿]와 같이 구체적인 근거를 들어 주제문을 뒷받침하는 문장을 **보충설명문**이라 한다.

해답 및 해설 **13**쪽

❶ 주제문을 찾아 번호를 쓰시오.

↓

❷ 요지

1 다음 글의 주제로 가장 적절한 것은?

¹If you're smart, you recognize that good communication goes way beyond your computer screen. ²When it comes to exchanging ideas and really being understood in the workplace, e-mail and instant messages are only the tip of the iceberg. ³After all, there are real conversations that happen countless times on any given day in any office. ⁴While any of the tools using computers can be effective, none is as powerful as the old-fashioned, face-to-face conversation. ⁵This is because engaging someone face-to-face allows you to gain their trust and boost their motivation. ⁶Moreover, it is the only way to guarantee that you have the person's complete attention.

* instant message 네트워크상에서 즉석으로 주고받는 것이 가능한 메시지

① 컴퓨터를 통한 효과적 의사소통
② 면대면 대화의 중요성
③ 직장 내 의사소통의 특징
④ 자신의 의견을 잘 표명하는 방법
⑤ 성공하는 직장인의 대화 예절

수능직결구문 다음 문장을 아래와 같이 바꾸어 쓸 때 빈칸에 적절한 어구를 쓰시오.

None is as powerful as the old-fashioned, face-to-face conversation.
→ The old-fashioned, face-to-face conversation is _____ _____ _____.

2 다음 글의 제목으로 가장 적절한 것은?

¹Technology affects all aspects of our lives, including art. ²New technologies are rapidly changing the way digital art is bought, sold and distributed. ³The distribution of digital art is likely to follow the lead of software and music where content is simply paid for online and downloaded onto personal computers. ⁴Like traditional art, limited numbers of digital pieces can be produced and distributed. ⁵To protect their **originality** and value, each piece of art can be equipped with its own secret serial number, and for those who want a hard copy, CD-ROMs will remain available. ⁶Thanks to advancements in technology, digital art can now be **circulated** quickly and conveniently.

*hard copy 하드 카피 (컴퓨터 정보를 눈으로 볼 수 있도록 인쇄[출판]한 것)

① Effects of Technology on Art
② Proper Storage of Digital Art
③ Improved Digital Art Dealing
④ Traditional Versus Digital Art
⑤ The Huge Popularity of Digital Music

핵심 S K i L L N O T E

❶ 주제문을 찾아 번호를 쓰시오. (두 문장임)

↓

❷ 요지

guess it!   **originality** ⓐ 희귀성 ⓑ 독창성
         circulate ⓐ ~을 유통시키다 ⓑ ~을 제작하다

수능직결구문 빈칸에 알맞은 말을 고르시오.
         Technology affects all aspects of our lives, _____ art.
         ⓐ included   ⓑ including   ⓒ includes

❶ 주제문을 찾아 번호를 쓰시오.

↓

❷ 요지

3 다음 글의 내용을 한 문장으로 요약하고자 한다. 빈칸 (A)와 (B)에 들어갈 말로 가장 적절한 것끼리 짝지은 것은?

¹Intelligence is usually measured using an Intelligence Quotient (IQ) test that is based on logic and problem-solving skills. ²Those who have higher IQs are thought to have a better chance at being successful in life. ³Why, though, do some people with very high IQs fail in life while those with just average IQs become very successful? ⁴Why, when faced with failure, do some people fall apart while others learn and become stronger? ⁵The reason is that the latter people have high emotional intelligence. ⁶These people handle themselves very well in social situations. ⁷They are good at self-motivation and managing relationships, and, instead of becoming discontented, they improve themselves after making mistakes.

↓

In addition to logical intelligence, the ability to manage ___(A)___ plays an important role in one's ___(B)___.

	(A)		(B)
①	time	----	happiness
②	habits	----	motivation
③	knowledge	----	decisions
④	feelings	----	progress
⑤	relationships	----	satisfaction

guess it!   **fall apart** ⓐ 무너지다 ⓑ 항의하다
                  discontented ⓐ 논쟁적인 ⓑ 불만스러운

수능직결구문 아래 문장에서 쓰인 while의 뜻으로 알맞은 것을 고르시오.

Why, though, do some people with very high IQs fail in life <u>while</u> those with just average IQs become very successful?
     ⓐ ~하는 동안   ⓑ ~할지라도(although)   ⓒ 반면에, 한편(으로는)

4 다음 글의 빈칸에 들어갈 말로 가장 적절한 것은?

[1]While most believe that hard work is the key to success, a new study has found that taking a break for a self-massage reduces work stress and increases productivity. [2]Subjects in the study were given math problems before and after the massage break, and they were found to complete the problems quicker and more accurately after the break. [3]Fortunately, say the researchers, it is easy to _____ _____. [4]Most people, in fact, perform self-massages without even being cognizant of it. [5]For example, when experiencing a bad headache, people often rub their temples or, after a hard day, rub their own feet. [6]These techniques may not be as pleasurable as a professional massage, but they do help to relieve overall body tension.

① find a good massage service
② visit your local massage center
③ take breaks during work hours
④ perform research on health issues
⑤ act as your own massage therapist

핵 심 SKiLLNOTE

❶ 주제문을 찾아 번호를 쓰시오.

↓

❷ 요지

---

g uess it!　cognizant　ⓐ 인식하고 있는　ⓑ 열망하는
relieve　ⓐ ~을 덜다　ⓑ ~을 예방하다

수능직결구문　다음은 능동태 문장을 수동태로 변환시키는 과정이다. 빈칸을 채우시오.
Researchers gave subjects in the study math problems before and after the massage break.
→ Subjects in the study were given _____ _____ before and after the massage break.

[5-6] 다음 글을 읽고, 물음에 답하시오.

¹Homeschooling can provide many benefits for people who choose not to participate in traditional forms of education. ²Children can, however, develop serious social problems if certain precautions are not taken. ³Social interaction, for example, is thought to be as important in primary school education as the knowledge that students go to school to acquire. ⁴The biggest problem children face when home-schooled is that they lose important opportunities to interact with their peers, so parents must take on the extra ____(A)____ of creating these opportunities.

⁵You can start by getting to know the ____(B)____ where you live. ⁶Find out where the other children in the area live and make a point of getting to know them and their parents. ⁷Once these relationships have been established, organize events that will give your child opportunities to play with the other local children who are of similar age. ⁸Weekend fishing trips or barbecues are welcomed by other parents and enjoyed by children, and field trips that are related to school projects are a great way to allow social interaction and provide education.

⁹Joining local sports teams is often the best way to ensure the proper social development of your child. ¹⁰While playing sports, children spend a lot of time together practicing as a team in order to accomplish shared goals. ¹¹Driven by their desire to succeed, kids form deep ____(C)____ with each other during this time. ¹²In addition, playing sports provides a good setting for children to learn how to become gracious winners and to accept and overcome the disappointment of defeat.

5 위 글의 요지로 가장 적절한 것은?

① 스포츠는 아이에게 강인한 정신력을 길러준다.
② 정부 차원의 홈스쿨링 가정 지원책이 마련되어야 한다.
③ 타인과의 상호작용이 초등 교육의 최우선 목표이다.
④ 홈스쿨링 부모들은 아이의 사회성 발달을 위해 노력해야 한다.
⑤ 홈스쿨링은 학교 교육보다 더 많은 시간과 노력을 필요로 한다.

6 위 글의 빈칸 (A), (B), (C)에 들어갈 말을 짝지은 것 중 가장 적절한 것은?

(A)	(B)	(C)
① responsibility	---- residence	---- goals
② availability	---- residence	---- bonds
③ responsibility	---- neighborhood	---- bonds
④ availability	---- neighborhood	---- goals
⑤ responsibility	---- neighborhood	---- goals

ℊuess it!   **precaution** ⓐ 예방조치 ⓑ 금지사항
peer ⓐ 연장자 ⓑ 또래
defeat ⓐ 탈락 ⓑ 패배

수능직결구문 다음 문장에서 서로 비교하고 있는 대상 두 개를 찾아 밑줄을 그으시오.

Social interaction, for example, is thought to be as important in primary school education as the knowledge that students go to school to acquire.

★ 주제문과 보충설명문의 특징

주제문	보충설명문
1 주제와 그에 대한 글쓴이의 견해를 담고 있어 글의 ☐☐☐☐☐와 직결된다.	**1** 주제문이 의미하는 바를 명확하게 함으로써 글쓴이의 의도를 알기 쉽게 해준다.
2 글 전체의 내용을 포괄할 수 있는 가장 ☐☐☐☐ 문장이다. 글 전체의 내용보다 너무 포괄적이거나 너무 세부적인 것은 주제문이 될 수 없다.	**2** 주제문에 비해 구체적이고 상세하다.
3 보충설명문에 의해 뒷받침되고 구체화되어야 한다.	**3** 설명, 근거, 사례, 원인이나 결과 제시 등 다양한 방식으로 주제문을 뒷받침한다.
4 필자의 주장이나 의견 등이 명시되는 경우가 많다.	**4** 보충설명문은 글의 어디에나 올 수 있다.
5 주제문은 글의 어디에나 올 수 있다.	

다음은 서로 연관된 세 개의 문장을 순서에 상관없이 배열한 것이다. 세 문장 중 나머지 두 문장을 포괄하는 주제문을 골라 동그라미 하시오.

A　**1** People could purchase things from the comfort of their own homes and mail packages without visiting the post office.

　　2 During the latter part of the 20th century, computers very much changed people's daily lives.

　　3 People invented and learned new words such as "email" and "download."

B　**1** The ancient art of palm reading interprets the natural lines of the hand in an attempt to reveal a person's future and describe his or her personality.

　　2 Palm readers usually start by observing the life line.

　　3 To carry out the interpretation of someone's palm, readers focus on the three main lines of the right hand for right-handed people and the left hand for left-handed people.

C　**1** The first games, however, were likely to have taken place in China and Japan more than 1,000 years ago.

　　2 It is thought that the modern version of the game originated in England.

　　3 It is unclear how most sports were created, and soccer is no exception.

해답 및 해설 **17**쪽

A 각 네모 안에서 문맥에 알맞은 어휘를 고르시오.

1 Penicillin, a drug that was developed in 1928, is still the most effective medicine for treating bacterial inspections / infections .

2 A painting by Vincent Van Gogh dismissed as a fake and dumped in an attic for more than a century has been revealed as a genuine / fake masterpiece.

B 다음 중 어법상 어색한 것을 골라 바르게 고치시오.

1 It is easy to say that abortion will always be a ① high controversial issue, and that there will be many people with strong viewpoints on ② both sides.

2 She is ① operated her own business in the town ② where she grew up.

C (A), (B), (C)의 각 네모 안에서 어법에 맞는 표현을 골라 짝지은 것으로 가장 적절한 것은?

If you long for a place (A) where / which eagles soar and whales regularly appear on the ocean's surface, look to Alaska. This is the United States' northernmost state, and has abundant forests, salmon-rich rivers, and incredible beauty in a land mass that is twice the size of Texas. Among Alaska's many attractions (B) is / are the Saxman Native Village, home of the world's greatest collection of totem poles; if the weather permits, a helicopter ride to the Mendenhall Glacier is an experience that you will never forget. In Prince William Sound, you'll be amazed at the sight of so many whales, dolphins, and seals that (C) attracted / are attracted there by the plankton. It won't take long before you agree that nowhere else on earth has the diversity of beauty that you have witnessed in Alaska.

* totem pole 토템폴 (북아메리카 인디언들 사이에 쓰이는 토템상(像)을 세우기 위한 기둥)

	(A)		(B)		(C)
①	where	----	is	----	attracted
②	which	----	are	----	attracted
③	where	----	are	----	attracted
④	where	----	is	----	are attracted
⑤	which	----	is	----	are attracted

해답 및 해설 17쪽

UNIT 02 | 주제문이 없는 글의 요지 추론하기

일상생활에서도 우리는 늘 추론을 한다.
초가 꽂혀 있는 케이크를 보고 '생일'을 연상하듯이,
드러나 있는 것들을 통해 그것이 뜻하는 바를 파악하기란 그리 어려운 일이 아니다.

추론의 근거는 반드시 지문 어딘가에 있다.

모르는 단어를 추측하기 위한

ESSENTIAL WORDS LIST

모르는 단어가 너무 많으면 그 뜻을 추측하며 읽어 내려가기가 불가능하다.
단어의 뜻을 추론할 수 있는 실력을 기르기 위해서 다음의 필수 어휘를 미리 익혀두자.

1

☐	occurrence[əkə́:rəns]	(사건 등의) 일, 발생, 사건
☐	occasional[əkéiʒənəl]	가끔씩의, 이따금의
☐	accumulate [əkjú:mjəlèit]	쌓이다, 모이다; ~을 축적하다
☐	destructive[distrʌ́ktiv]	파괴적인, 해를 끼치는
☐	convert[kənvə́:rt]	**추론해볼 어휘**
☐	nutrient-rich	영양이 풍부한
☐	overall[óuvərɔ̀:l]	전부의, 총체적인

2

☐	ancestor[ǽnsestər]	조상, 선조
☐	biological[bàiəlɑ́dʒikəl]	생물학적인
☐	internal[intə́:rnl]	**추론해볼 어휘**
☐	organ[ɔ́:rgən]	(심장, 신장 등의) 장기
☐	similarity[sìməlǽrəti]	유사점, (복수형) 비슷함
☐	variation[vɛ̀əriéiʃən]	변이, 변형

3

☐	prescribe[priskráib]	(약 등을) 처방하다
☐	medication[mèdikéiʃən]	약물, 약제
☐	put an end to A	A에 대한 종지부를 찍다, A를 끝내다 (=make an end of)
☐	detect[ditékt]	**추론해볼 어휘**
☐	reaction[ri:ǽkʃən]	반응, 태도; 반작용
☐	accurate[ǽkjurət]	정확한
☐	infection[infékʃən]	병균 감염, 공기 전염

4

☐	negotiate[nigóuʃièit]	~을 협상하다, 교섭하다
☐	deal[di:l]	거래; ~을 다루다
☐	innovative[ínouvèitiv]	혁신적인; 창조력이 풍부한
☐	drive[draiv]	추진력; ~을 추진시키다
☐	excel in	~에 빼어나다, 탁월하다; ~보다 낫다
☐	supervision [sù:pərvíʒən]	**추론해볼 어휘**
☐	advance[ədvǽns]	~을 발전시키다, 나아가게 하다; 전진하다
☐	qualification [kwɑ̀ləfikéiʃən]	**추론해볼 어휘**
☐	hesitate to *do*	~하기를 주저하다[꺼리다]

5

☐	uncensored [ʌ̀nsénsərd]	**추론해볼 어휘**
☐	take action	조치를 취하다
☐	conglomerate [kənglɑ́mərət]	**추론해볼 어휘**
☐	consumption [kənsʌ́mpʃən]	소비, 소모
☐	criticism[krítisìzəm]	비판, 비평, 비난

6

☐	brace[breis]	교정기; 버팀대
☐	noticeable[nóutisəbəl]	눈에 띄는, 두드러지는
☐	limp[limp]	**추론해볼 어휘**
☐	struggle to *do*	~하려고 애쓰다[분투하다]

다음 글의 제목으로 가장 적절한 것은?　　　　　　　　〈모의〉

Peasants were people who farmed land that was owned by someone else. In return for the use of the land, the peasant farmers had to pay rent or give the owner half of what they grew. Peasants arose at sunrise to begin working, and they worked in the fields until sunset. Their homes were small, wet, cold, and with little furniture. At night, peasants would sit near the fire for warmth and do housework by candlelight. The food they ate was poor. Their main foods were thin soup and bread. Meat was served only on special days, often not more than once a month.

① Hard Life of Peasants
② Social Status of Peasant Farmers
③ Peasants' Meal, Symbol of Unequality
④ Severe Working Condition of Peasants
⑤ Relation Between Peasants and Land Owners

peasant[pézənt] 소작농 **in return for** ~의 답례로 **rent**[rent] 임차료, 임대료 **warmth** [wɔːrmθ] 온기, 따뜻함 **candlelight**[kǽndllàit] 촛불 **serve**[səːrv] 음식을 내다; ~을 섬기다; ~에게 도움이 되다; ~을 시중들다 **not more than** 기껏해야, 많아야 ~ (=at most)

왼쪽 기출 지문에 의거하여 다음 빈칸에 적당한 우리말을 쓰시오.

A 추론의 근거가 되는 세부 사항

1 소작농의 _____:
다른 사람 소유의 땅에서 농사를 짓는 이들

2 소작농의 _____:
땅을 이용한 대가를 땅 소유주에게 주어야 했음.

3 소작농의 _____:
해가 뜰 때부터 해질 때까지

4 소작농의 _____:
(1) 집이 작고 축축했으며 춥고 가구도 거의 없음.
(2) 불가에 앉아 몸을 녹이고 촛불에 의지해 집 안일을 해야 했음.
(3) 먹는 음식이 변변치 못했음.

B 종합하여 추론하기

요약

5 소작농의 _____:

⬇

제목

Hard Life of Peasants

주제문이 글에 드러나 있지 않을 경우, 이처럼 주요 세부사항을 종합하여 그 내용과 가장 잘 부합하는 것을 선택지에서 고른다.

핵심 SKiLL NOTE

❶ 주요 세부사항

자연적으로 발생하는 소형 화재로 인해

(1) 대형 화재의 가능성은

_____

(2) 토지는

_____

(3) 씨앗은

_____

(4) 자란 씨앗과 풀은

_____

↓

❷ 종합하기

이 소형 화재는

_____

_____

_____

_____

1 다음 글의 제목으로 가장 적절한 것은?

Wildfires that burn through forests every five to 25 years have always been a natural occurrence. Without these occasional small fires, dead branches, leaves and bushes accumulate and can fuel much larger and more destructive fires. These naturally occurring fires also convert dead leaves and branches into nutrient-rich soil that maintains the health of the overall forest. In addition, the heat from these fires is essential for the germination of certain seeds that could not grow without it. Both the seeds and certain grasses which grow rapidly after a fire provide much needed food for wild animals. Due to these factors, forest managers regularly set small fires. *germination 발아, 싹이 틈

① Policies of Today's Forest Managers
② Wildfires: The Intense Power of Nature
③ Benefits of Natural Fires in Forests
④ Mysterious Natural Occurrences
⑤ Maintaining Delicate Forest Resources

guess it! convert ⓐ ~을 변하게 하다 ⓑ ~을 태우다

수능직결구문 다음 밑줄 친 동사의 주어를 찾아 [ ]로 표시하시오.

Without these occasional small fires, dead branches, leaves and bushes accumulate and can fuel much larger and more destructive fires.

해답 및 해설 19쪽

2 빈칸에 들어갈 말로 가장 적절한 것은?

Because all mammals, including humans, share the same ancestors, we also share very similar biological structures. In fact, all mammals have the same internal organs, and we all use the same systems to control them. We all have hearts, kidneys, lungs and livers, and we all use a bloodstream and a nervous system to control these organs. There are, of course, many differences between different mammals' bodies, but there are so many similarities that researching other mammals continues to be _____. Understanding why mice, for example, are more resistant to certain forms of cancer than humans are can help us develop cures for our variation of the disease.

① simple
② challenging
③ confusing
④ worthwhile
⑤ more costly

핵심 S K i L L N O T E

❶ 주요 세부사항

(1) 모든 포유동물은 생물학적 구조가 _____

(2) 쥐가 특정 암에 저항력이 강한 이유를 연구함으로써 _____

↓

❷ 종합하기

포유동물 연구는

---

guess it!　**internal**　ⓐ 실질적인　ⓑ 내부의

수능직결구문　다음 밑줄 친 동사의 주어를 찾아 [ ]로 표시하시오.

Understanding why mice, for example, are more resistant to certain forms of cancer than humans are can help us develop cures for our variation of the disease.

Skill 연마하기

핵 심 S K i L L N O T E

① 주요 세부사항

(1) 불필요한 항생제 처방의 결과:

_____

_____

(2) 실험의 내용:

_____

_____

_____

↓

② 종합하기

_____

_____

_____

_____

_____

3 다음 글의 내용을 한 문장으로 요약하고자 한다. 빈칸 (A)와 (B)에 들어갈 말로 알맞은 것끼리 짝지은 것은?

Antibiotics are strong medicines that can cure many bacterial illnesses. But it is a worry that many doctors prescribe powerful antibiotics before knowing if an illness is caused by a bacteria or a virus. If the illness is caused by a virus, the antibiotics will not help, and the prescribing of unneeded antibiotics is causing harmful bacteria to become resistant to medication. One bio-tech company is developing a test that may help put an end to this problem. The method uses safe types of viruses that actually attack harmful bacteria. The virus is simply mixed in a test tube with the patient's blood, and doctors can easily detect a reaction. The test only takes 2 to 4 hours and it is very accurate because the viruses only attack certain types of bacteria.   *antibiotic 항생제

↓

> A test is being created that can diagnose ___(A)___ infections and ___(B)___ the mistaken prescribing of antibiotics for illnesses caused by viruses.

     (A)   (B)
① deadly   ----   encourage
② bacterial ----   prevent
③ rare   ----   fill
④ virus   ----   ask for
⑤ wound   ----   connect

guess it!   **detect** ⓐ ~을 투입하다 ⓑ ~을 발견하다

수 능 직 결 구 문   밑줄 친 부분의 의미로 알맞은 것은?

If the illness is caused by a virus, the antibiotics will not help.
ⓐ 그 병은 바이러스 때문이다 ⓑ 그 병은 바이러스를 만든다

4 다음 글을 쓴 목적으로 가장 적절한 것은?

Jane has been a part of our international communications team for over six years, and during that time she has performed her duties with the highest standards. Jane's ability to negotiate successful deals with international clients in more than four languages has benefited this company greatly. Jane is an innovative self-starter with the drive and motivation to excel in her work with little or no **supervision**. We will be truly sorry to see Jane go, but we understand and support her decision to advance her career. If you would like to talk more about Jane's **qualifications** and the reasons why I think she would be a good employee for your company, please do not hesitate to call me.

① to thank a customer for a purchase
② to inform about the importance of English
③ to advertise mail-order products
④ to recommend an employee
⑤ to congratulate Jane on her birthday

핵 심 S K i L L N O T E

❶ 주요 세부사항
(1) 제인의 여러 가지 능력:

(2) 우리는

↓

❷ 종합하기

guess it! **supervision** ⓐ 관리 감독 ⓑ 조언, 도움
qualification ⓐ 업적 ⓑ 자질

수능직결구문 다음 밑줄 친 동사의 주어를 찾아 [ ]로 표시하시오.

Jane's ability to negotiate successful deals with international clients in more than four languages <u>has benefited</u> this company greatly.

① 주요 세부사항

(1) _____

_____

_____

_____

(2) _____

_____

_____

(3) _____

_____

_____

↓

② 종합하기

_____

_____

_____

_____

5 다음 글의 요지로 가장 적절한 것은?

One of the basic principles of freedom and democracy is having a media that is **uncensored** by the government. However, doesn't the government actually need to take more action? Today in America almost 100% of the mass media is owned by just six corporations, and they are not so much media companies as major **conglomerates**. They have business interests in everything from arms dealing to oil production. Is it likely that a company making millions from energy consumption will accurately report the negative effects of burning fossil fuels? It is highly unlikely, and because there are so few companies that own all of the media outlets, it is doubtful that we are getting any true political criticism at all.

① 언론은 모든 분야와 사업적 이해관계를 가지기 마련이다.
② 민주주의 사회에서는 언론의 자유가 보장되고 다양해진다.
③ 언론이 거대 기업에 통합되지 않도록 정부의 규제가 필요하다.
④ 미국의 언론매체는 정치와 환경 문제를 중요하게 다룬다.
⑤ 현대 사회에서 언론을 접하지 않고 생활하기는 힘들다.

---

guess it! uncensored ⓐ 검열을 받지 않은 ⓑ 지원받지 않은
conglomerate ⓐ 군수업체 ⓑ 거대 복합기업

수 능 직 결 구 문 다음 문장을 아래와 같이 바꾸어 쓸 때 빈칸에 적절한 어구를 쓰시오.
They are not so much media companies as major conglomerates.
→ They are _____ rather than _____ .

6 다음 글의 요지로 가장 적절한 것은?

My heart ached as I dropped my daughter off for her first day back at school after the accident. As I know how cruel kids can be to others who are "different," and with the permanent brace on her foot and her noticeable limp, I feared the worst for her. When she came home she said that today was "race day" and that she had competed. Tears started coming to my eyes as I thought about my poor girl struggling just to finish the race. Seeing the tears in my eyes, she smiled and said, "It's OK, Daddy, I won. I had an advantage." I immediately thought that I should call the principal to thank her for helping my daughter by giving her an advantage. Before I could finish that thought, though, she said, "Daddy, it was a fair race. My advantage was that I had to try harder!"

① As one sows, so shall one reap.
② A picture is worth a thousand words.
③ Heaven helps those who help themselves.
④ A man is known by the company he keeps.
⑤ Don't count your chickens before they are hatched.

핵 심 S K i L L N O T E

❶ 주요 세부사항
(1)

(2)

(3)

↓

❷ 종합하기

guess it!   limp ⓐ 절뚝거림 ⓑ 사뿐 사뿐 걸어 다님

★ 글의 핵심을 추론하는 순서

1 글을 읽으며 [   ]을 모은다.

2 이를 [   ]하여 요약한다.

3 질문에서 요구하는 것(주제, 제목, 요지 등)에 따라, **2**의 결론과 가장 유사한 선택지를 고른다.

다음 주어진 세부 정보를 종합하여 요약 또는 추론할 수 있는 것을 고르시오.

A

> installing new light fixtures
> replacing old floors
> repairing the roof

1 home improvements

2 daily household chores

B

> to benefit society
> to set a good example
> to help the less fortunate
> to get to know other people

1 reasons to vote in an election

2 reasons to become a volunteer

C

> The windows were broken and had never been replaced.
> The bricks were old and crumbling off the walls.
> The front gate was locked and had rusted shut.

1 There has just been a severe storm.

2 The house was abandoned for a long time.

해답 및 해설 **22**쪽

등급 UP! 🔅 어휘·어법 테스트

A 각 네모 안에서 문맥에 알맞은 어휘를 고르시오.

1 It is a complicated / comprehensive program that covers all the basics students need to know.

2 In the world today, industrial / industrious concerns are making greater efforts to comply with environmental protection laws.

B 각 네모 안에서 어법에 맞는 표현을 고르시오.

1 I was standing just near / nearly enough to hear what they were saying about the plan for next year.

2 Half of all employees admit / admits to calling in sick when they were not really ill.

C (A), (B), (C) 각 네모 안에서 문맥에 맞는 낱말을 골라 짝지은 것으로 가장 적절한 것은?

When it comes to behavior, we are natural copycats. One person in a group yawns or frowns and everyone else is soon doing the same. Some people on the sidewalk stand staring upward, and passersby (A) pause / pass to do likewise. Laughter spreads quickly, even when pre-recorded for a comedy show. Street musicians always put money in their own hats before performing, because people see it and put more in. But our tendency to copy other people can have tragic results. It's well known that suicides (B) decrease / increase following news of a famous suicide. After Marilyn Monroe's suicide on August 6, 1961, the number of suicides in the United States in that month exceeded the yearly August average by *two hundred*. Also, a sudden rise in suicide rates tends to follow (C) fictional / traditional suicides in TV dramas. When many teenage suicides occur in a short space of time, copycat behavior is the likeliest cause.

	(A)		(B)		(C)
①	pause	----	decrease	----	fictional
②	pause	----	increase	----	traditional
③	pause	----	increase	----	fictional
④	pass	----	increase	----	traditional
⑤	pass	----	decrease	----	traditional

해답 및 해설 23쪽

UNIT 03
글의 다양한 전개방식
파악하기

수능에 가장 많이 등장하는 설명문과 논설문은 다양한 방식으로 글을 전개해 나간다.
이를 글의 전개방식이라고 하는데, 이 방식을 알아두면 단락에서 중요한 부분과 덜 중요한 부분이 무엇인지
쉽게 파악할 수 있어 글을 전체적으로 조감하며 읽는 데 많은 도움이 된다.

본 유닛을 통해 시야를 넓혀 숲을 보는 능력을 키우도록 한다.

모르는 단어를 추측하기 위한
ESSENTIAL WORDS LIST
모르는 단어가 너무 많으면 그 뜻을 추측하며 읽어 내려가기가 불가능하다.
단어의 뜻을 추론할 수 있는 실력을 기르기 위해서 다음의 필수 어휘를 미리 익혀두자.

❶

☐ **keep(=stay) in touch**   연락을 주고받다
☐ **visibility** [vìzəbíləti]   시야
☐ **come up with**   추론해볼 어휘
☐ **musical instrument**   악기
☐ **curved** [kə:rvd]   구부러진
☐ **up to**   ~까지, 최대 ~
☐ **peak** [pi:k]   봉우리, 산꼭대기
☐ **tribe** [traib]   부족, 종족

❷

☐ **fatal** [féitl]   치명적인, 불치의
☐ **disorder** [disɔ́:rdər]   장애, 질병; 무질서
☐ **progressive** [prəgrésiv]   점진적인; 진보적인
☐ **muscular** [mʌ́skjulər]   근육의
☐ **afflicted** [əflíktid]   추론해볼 어휘
☐ **stiffness** [stífnis]   추론해볼 어휘
☐ **severe** [sivíər]   심한, 중한

❸

☐ **product** [prádəkt]   제품, 생산품
☐ **nutrition** [nju:tríʃən]   영양물 (섭취)
☐ **serving size**   (음식의) 1회 제공량
☐ **nutrient** [njú:triənt]   추론해볼 어휘
☐ **specific** [spisífik]   특정한; 구체적인

❹

☐ **in an attempt to** *do*   ~하기 위해, ~하려는 노력으로

☐ **transmit** [trænsmít]   (지식, 정보 등을) 전하다, 건네다
☐ **means** [mi:nz]   방법, 수단
☐ **expose** [ikspóuz]   ~을 드러내다, 노출하다
☐ **posture** [pástʃər]   자세
☐ **connotation** [kɑ:nətéiʃən]   추론해볼 어휘
☐ **slouching** [sláutʃiŋ]   추론해볼 어휘

❺

☐ **telecommuter** [téləkəmjù:tər]   재택근무자
☐ **supervision** [sù:pərvíʒən]   감시, 감독, 관리
☐ **outperform** [àutpərfɔ́:rm]   ~을 능가하다
☐ **counterpart** [káuntərpà:rt]   추론해볼 어휘
☐ **efficiency** [ifíʃənsi]   효율, 능률
☐ **drive A to** *do*   A가 ~하게 이끌다
☐ **distraction** [distrǽkʃən]   추론해볼 어휘
☐ **appropriate** [əpróuprièit]   알맞은, 적당한

❻

☐ **regardless of**   추론해볼 어휘
☐ **resign** [rizáin]   일을 그만두다, 사직하다
☐ **part** [pɑ:rt]   추론해볼 어휘
☐ **on good terms**   좋은 관계로, 사이좋게
☐ **departure** [dipá:rtʃər]   (직장을) 떠남; 출발
☐ **say(=bid) farewell to A**   A에게 작별을 고하다

다음 글을 읽고, 빈칸에 가장 적절한 것을 고르시오. 〈수능〉

Professional athletes do not agree on _____.
Some star players believe that their role is to be a great player, not
a role model for young people. They insist, "We're not paid to be
role models." They strongly believe that what they do in their
private lives is their own business. On the contrary, other star
players disagree. They maintain that sports stars are role models
for people even though they may not want to be. They say, "We do
not choose to be role models. We are chosen. Our choice is
whether to be good role models or bad ones."

① what their roles should be
② why sports are so entertaining
③ what makes models popular
④ how they can become star players
⑤ why they only think about their privacy

professional [prəféʃənəl] 프로의, 전문적인 **athlete** [ǽθliːt] 운동선수 **role model** 역할 모델, 이상
적인 인물 **private** [práivit] 사적인; 비밀의 **A's own business** A 자신의 (개인적인) 문제 **on the
contrary** 반면, 이에 반하여 **maintain** [meintéin] ~을 주장하다; ~을 지속하다; ~을 유지하다
whether A or B A인지 B인지

왼쪽 기출 지문에 의거하여 다음 과제를 해결하시오.

A 주제문을 찾아 첫 두 단어를 쓰시오.

B 이 글의 전개 방식을 드러내는 연결어를 찾아 쓰시오.

C 이 글의 전개 방식은?
  ① 절차순   ② 인과   ③ 대조

D 위에서 파악한 전개 방식을 참고하여 이 글의 핵심 내용을 파악하시오.

> **1** 프로 운동선수들은 그들의 역할에 대해 _____ 된 의견을 갖는다.
>
> **2** 항목 1: Some star players
>   스포츠 스타는 _____ 이 아니라 훌륭한 선수가 되는 것이라고 생각
>   한다.
>
> **3** 항목 2: other star players
>   스포츠 스타는 자신이 원치 않더라도 이미 대중들의 _____ 이라고
>   주장한다.

❶ 주제문을 찾아 첫 두 단어를 쓰시오.

❷ 이 글의 전개 방식은?
☐ 열거 ☐ 정의 ☐ 비교

1 다음 글에서 전체 흐름과 관계 <u>없는</u> 문장은?

In the search for ways to keep in touch over long distances, many cultures around the world developed the same ideas. ① These often involved reducing messages to a visual code that the sender and the receiver could recognize. ② But people in places like mountains or jungles, where visibility can be very low, came up with some unusual ways of keeping in touch — using musical instruments. ③ The alphorn, a curved wooden horn that can be up to 20 feet long, has been used for hundreds of years to communicate between Alpine peaks. ④ In North America, native American tribes were famous for their runners who carried messages on foot. ⑤ The Maya also used horns, made from conch shells, to send signals over long distances.

* conch 소라고둥

guess it!   **come up with**   ⓐ 지지 않고 맞서다   ⓑ 생각해내다

수 능 직 결 구 문   다음 문장의 네모 안에서 어법에 맞는 표현을 고르시오.

The alphorn, a curved wooden horn that can be up to 20 feet long, has been used for hundreds of years to communicate / communicating between Alpine peaks.

2 다음 글에서 전체 흐름과 관계 없는 문장은?

Parkinson's disease is a fatal brain disorder that develops when the brain cells that produce the chemical dopamine start to die. ① Dopamine acts as a chemical messenger to help control muscle activities, so when the brain stops producing it there is a progressive loss of muscular control. ② First, those who are **afflicted** by the disease start to feel **stiffness** in the limbs and joints. ③ And social relationships are as hard to bear as physical problems. ④ Then, as the disease progresses further, the patients suffer from tremors and experience great difficulty when trying to walk. ⑤ In the later stages, they have difficulty speaking and have severe memory loss.

*dopamine 도파민 **tremor 경련

핵 심 S K i L L N O T E

❶ 주제문을 찾아 첫 두 단어를 쓰시오.

❷ 주제문에서 이 글의 전개방식을 예측할 수 있게 해 주는 부분에 밑줄을 그으시오.

❸ 글의 전개 방식을 드러내는 연결어에 모두 동그라미 하시오.

❹ 이 글의 전개 방식은?
□ 예시   □ 분류   □ 절차순

guess it! **afflicted** ⓐ 치료받는 ⓑ 고통받는
stiffness ⓐ 가벼움, 부드러움 ⓑ 뻣뻣함, 단단함

수능직결구문 밑줄 친 단어를 문맥에 맞게 알맞은 형태로 고치시오.

Dopamine acts as a chemical messenger to help control muscle activities, so when the brain stops <u>produce</u> it there is a progressive loss of muscular control.

❶ 주제문을 찾아 첫 세 단어를 쓰시오.

_____

_____

❷ 이 글의 전개 방식은?
□ 비교   □ 통념 제시 → 반박

3 다음 글의 제목으로 가장 적절한 것을 고르시오. 〈모의〉

Look at the label on any product package and you will see a nutrition information section that gives a serving size for that food. Most people believe this serving size is telling you the amount you should be eating. However, it is simply a guide to help you see how many calories and nutrients you get from eating a specific quantity of that food. Sometimes the serving size on a package will be a lot less than you are used to eating. In some cases, it is perfectly OK to eat more than the serving size. For example, it is no problem to eat more frozen vegetables than the serving size because most vegetables are low in calories and fat yet high in nutrition.

① Truth about Serving Sizes
② Need for Food Label
③ How to Serve Your Guest
④ Good Eating Habits
⑤ Nutrition: Key to Health

---

guess it!   **nutrient** ⓐ 섭취량 ⓑ 영양분

수능직결구문   1. 밑줄 친 어구를 어법상 바르게 고치시오.

Sometimes the serving size on a package will be a lot less than you <u>used to eating</u>.

2. 다음 문장을 한 군데만 끊어 읽을 경우, 가장 알맞은 곳에 / 로 표시하시오.

Most vegetables are low in calories and fat yet high in nutrition.

4 다음 글의 제목으로 가장 적절한 것은?

In our attempts to express ideas and feelings, human beings have created complex sets of sounds that form spoken languages. Researchers suggest, however, that 80% of all human communication is transmitted through other means. Our true feelings and beliefs are often exposed by the unconscious use of gestures, facial expressions and postures, all of which have specific connotations within a particular context. For example, someone who stands with hands on hips is often angry or upset. People who are in lower social positions often make little eye contact with their superiors. People who lack confidence tend to have slouching postures, while those who are confident tend to display a posture that is more upright.

① Exposing True Feelings
② The Importance of Eye Contact
③ Similarities Between Languages
④ What Your Body Says
⑤ How to Look Confident

핵 심 S K i L L N O T E

❶ 주제문을 찾아 첫 두 단어를 쓰시오.

❷ 글의 전개 방식을 드러내는 연결어에 동그라미 하시오.

❸ 이 글의 전개 방식은?

□ 예시   □ 정의   □ 비교

guess it!   **connotation** ⓐ 명시적 의미, 명칭 ⓑ 숨겨진 의미, 함축
slouching ⓐ 앞으로 꾸부정한 ⓑ 똑바른

수능직결구문   다음 문장의 네모 안에서 어법에 맞는 표현을 고르시오.

Researchers suggest, however, that 80% of all human communication be / is transmitted through other means.

❶ 주제문을 찾아 첫 두 단어를 쓰시오.

❷ 글의 전개 방식을 드러내는 연결어에 모두 동그라미 하시오.

❸ 이 글의 전개 방식은?
□ 통념 제시 → 반박
□ 문제 제기 → 결론

5 다음 글의 요지로 가장 적절한 것은?

Many people believe that telecommuters, due to a lack of supervision, are less productive than workers who sit in an office every day. In fact, though, telecommuters have been found to outperform their in-office counterparts in employee efficiency and productivity reports. Telecommuters work with no direct supervision, so they feel an added sense of responsibility, which drives them to work harder and perform better. In addition, working from home means that they are not bothered by the various distractions that often occur in office settings. Lastly, when working at home, people are free to make schedules that fit their particular lifestyles, working and resting when they think appropriate.

① 작업 환경의 변화는 근로자에게 부담을 준다.
② 통신 기술의 발달로 인해 재택근무가 늘어났다.
③ 업무 효율성을 높이려면 공정한 평가가 필요하다.
④ 사무실 환경이 개선되면 업무 생산성이 높아진다.
⑤ 재택근무자들의 업무 효율성과 생산성이 높다.

guess it! counterpart ⓐ 직장 동료 ⓑ 상대방
distraction ⓐ 작업 환경 ⓑ 주의를 산만하게 하는 것

수능직결구문 밑줄 친 단어를 문맥에 맞게 알맞은 형태로 고치시오.

In fact, though, telecommuters have been found <u>outperform</u> their in-office counterparts in employee efficiency and productivity reports.

6 다음 글의 목적으로 가장 적절한 것은?

〈모의〉

You are going to quit working for your company and are ready to give a notice two weeks in advance to your employer. What's the best way to say good-bye? **Regardless of** the circumstances of your leaving, your first responsibility is to let your employer know that you are resigning. You need to **part** on good terms and you don't want your boss to hear rumors of your departure. The next step is to say farewell to co-workers and to let them know that you are moving on to a new position, retiring, or doing something else. It's appropriate to send a farewell by email. You can include contact information, so that you can stay in touch.

① 강제적인 구조조정에 항의하려고
② 바람직한 사직 방법에 대해 조언하려고
③ 출장 시 유의해야 할 사항을 안내하려고
④ 업무에 대한 책임감을 갖도록 충고하려고
⑤ 입사 후 인간관계 유지 방법을 알려주려고

핵심 SKiLL NOTE

❶ 이 글의 전개 방식에 해당되는 것을 모두 찾으시오.
☐ 통념 제시 → 반박
☐ 질문 → 응답
☐ 열거
☐ 예시

guess it! **regardless of** ⓐ ~에 상관없이 ⓑ ~에도 불구하고
part ⓐ 협력하다 ⓑ 헤어지다

A 글의 전개 방식 파악이 중요한 이유

1 중요한 부분과 상대적으로 덜 중요한 부분이 구분되어 글의 핵심 내용을 파악하기 쉬워진다.

2 글의 전체 구조를 쉽게 알 수 있어 핵심 내용의 위치를 빠르게 파악할 수 있다.

B 글의 전개 방식을 알려주는 단서

1 ☐ 의 특정 어휘나 어구에서 앞으로의 전개 방식이 드러나기도 한다.

2 글의 흐름을 바꾸는 ☐ 는 전개 방식을 알려주는 주된 단서가 된다.

C 전개 방식을 알려주는 단서 및 전개 방식에 따른 글의 구조

전개 방식	단서가 되는 주제문 특징	단서가 되는 연결어	글의 구조
열거	several, many, different 등 여러 사례가 있음을 나타내는 어구가 있다.	first of all, secondly, and, also, another	주제문 연결어와 사례의 반복
예시	구체적인 사례를 들어 언급할 것이라는 내용이 나온다.	for example, for instance, as an illustration, specifically	주제문 연결어 구체적 사례
비교	some similarities, have a lot in common 등 대상 간에 공통점이 있다는 것을 언급한다.	in comparison, similarly, likewise, in the same way	대상 A의 특징 연결어 대상 B의 특징 (공통점)
대조	differ, contrast, have different 등 대상 간에 차이점이 있다는 것을 언급한다.	in contrast, on the contrary, on the other hand, unlike, however, whereas, but, yet	대상 A의 특징 연결어 대상 B의 특징 (차이점)
원인	cause, effect, result in[from], bring about, generate, produce 등과 같이 인과 관계를 나타내는 어휘를 포함한다.	because, the main reason for this, thanks to	결과/결론 연결어 원인/이유
결과		as a result, consequently, therefore, hence, for this reason, thus	원인/이유 연결어 결과/결론
절차순	function, develop, process, steps, stages 등 절차나 과정을 나타내는 어휘를 포함한다.	first, in the beginning, at this stage, then, after, next, finally, in the end	주제문 연결어+항목 1 연결어+항목 2 …
시간순	역사적 사건, 인물의 생애 등을 소개하는 경우가 많다.	in the 1960s, on April 28, 2000, after the 16th century	
통념 제시 → 반박	옆과 같은 연결어에 이어지는 문장이 주제문 역할을 한다.	in fact, though, actually, surprisingly	일반적인 통념 연결어 새로운 사실
질문 → 응답	질문에 관한 응답 부분이 주제문이다.	—	질문 응답

해답 및 해설 **28**쪽

등급 UP! 어휘·어법 테스트

A 각 네모 안에서 어법에 맞는 표현을 고르시오.

1 I let my brother's friend from Russia stay / staying at my house while he was visiting the country.

2 Jose found it / him strange to live in a country with values that were so different than his own.

3 I honestly don't know what / how I will react if I meet another tough situation like this one.

B 각 네모 안에서 문맥에 알맞은 어휘를 고르시오.

1 Developing countries are often defined / refined by their social and economic problems instead of by their successes and unique assets.

2 The National Association of Medical Professionals was found / founded on 29 September, 1972 in order to promote the distribution of important medical research and information.

3 Maybe you do not like her, but you have to submit / admit that she is good at what she does.

4 Despite / Although his position required a degree in engineering, he found he never used his engineering skills.

C 다음 글의 밑줄 친 부분 중, 어법상 틀린 것은?

Globalization is the exchange of cultural, political, economic and technological ① information between all countries of the world. It is a word that describes ② how our lives are becoming linked together in all of these areas. Indeed, it seems that we are moving towards ③ becoming just "one global society." This single society is starting to form through multiculturalism — a policy ④ stressed mutual respect and tolerance for cultural differences. Due to policies of multiculturalism, cultural diversity (the variety of different cultures in one area) ⑤ is increasing.

해답 및 해설 28쪽

04 연결어가 없는
글의 전개방식 파악하기

연결어는 주제문의 위치나 글의 전개방식을 알려주는 좋은 단서가 되지만 실제로 수능에 출제되는 많은 지문이 연결어를 부분적으로 생략하는 경우가 많다. 하지만, 물건의 일부를 살짝 가려도 무엇인지 알아차릴 수 있는 것처럼 연결어가 없다고 해서 글의 구조를 파악할 수 있는 방법이 없는 것은 아니다.

자주 생략되는 연결어들을 알아보면서 보이지 않는 문장 간의 관계도 쉽게 파악하자.

ESSENTIAL WORDS LIST

모르는 단어가 너무 많으면 그 뜻을 추측하며 읽어 내려가기가 불가능하다.
단어의 뜻을 추론할 수 있는 실력을 기르기 위해서 다음의 필수 어휘를 미리 익혀두자.

❶

☐ **attach to A** A에 장착[부착]되다
☐ **plumbing** [plʌ́miŋ] 수도관
☐ **install** [instɔ́:l] ~을 설치하다
☐ **generate** [dʒénərèit] 추론해볼 어휘
☐ **keep A from ~ing** A가 ~하지 못하게 하다
☐ **consumption** 소비; 소비량
  [kənsʌ́mpʃən]
☐ **appliance** [əpláiəns] 추론해볼 어휘
☐ **vital** [váitl] 극히 중대한, 절대 필요한
☐ **resource** [rí:sɔ:rs] 《보통 복수형》 천연자원

❷

☐ **physician** [fizíʃən] 내과의사
☐ **vegetarian** [vèdʒətéəriən] 채식주의자
☐ **occasionally** [əkéiʒənəli] 가끔
☐ **aspect** [ǽspekt] 측면
☐ **when it comes to A** A에 관한 한
☐ **clueless** [klú:les] 아주 멍청한
☐ **bring down** 추론해볼 어휘
☐ **build up** 쌓이다, 점점 커지다

❸

☐ **concentrate on** ~에 집중하다
☐ **villain** [vílən] 추론해볼 어휘
☐ **treatment** [trí:tmənt] 치료(법); 취급(방법); 대우
☐ **operation** [àpəréiʃən] 수술; 작동
☐ **heal** [hi:l] (병이) 낫다, 치료되다
☐ **interactive** 추론해볼 어휘
  [ìntərǽktiv]

❹

☐ **unaffected** [ʌ̀nəféktid] ~에도 끄떡없는, 영향을 받지
  않는
☐ **mammal** [mǽməl] 포유류, 포유동물
☐ **consequence** 결과, 결론; 중요성
  [kánsikwèns]
☐ **infant** [ínfənt] 유아의, 소아의
☐ **assume** [əsjú:m] 추론해볼 어휘
☐ **sleepwalker** 몽유병자
  [slí:pwɔ̀:kər]

❺ ❻ ❼

☐ **raise** [reiz] ~을 부양하다, 키우다
☐ **corporate** [kɔ́:rpərit] 기업의, 법인의, 회사의
☐ **financially** [finǽnʃəli] 재정적으로
☐ **secure** [sikjúər] 추론해볼 어휘
☐ **be comprised of** ~으로 구성되다
☐ **slap** [slǽp] ~을 찰싹 때리다
☐ **achievement** 달성, 성공
  [ətʃí:vmənt]
☐ **realistic** [rì:əlístik] 현실적인
☐ **progress** [prágres] 발전, 진보, 전진; 발전하다,
  진보하다
☐ **recite** [risáit] 추론해볼 어휘
☐ **accomplishment** 성과, 성취
  [əkámpliʃmənt]
☐ **appreciate** [əprí:ʃièit] ~에 대해 감사하다
☐ **fulfillment** [fulfílmənt] 추론해볼 어휘

다음 글의 빈칸에 들어갈 말로 가장 적절한 것은?　　　　　〈모의〉

As for your use of language, remember that two great masters, William Shakespeare and James Joyce, wrote sentences which seemed childlike when their subjects were serious. "To be or not to be?" asks Shakespeare's Hamlet. The longest word is three letters long. Joyce could put together a sentence as complicated and glittering as a necklace for Cleopatra, but my favorite sentence in his story *Eveline* is this: "She was tired." No other words could break the heart of a reader as those three words do. _____ of language is not only powerful, but perhaps even respectable.

① Rule
② Birth
③ Variety
④ Development
⑤ Simplicity

as for ~에 대해서는, ~에 관한 한 **childlike**[tʃáɪldlàɪk] 어린아이 같은, 단순한 **put together** ~을 조합하다; 모으다, 합계하다 **complicated**[kámpləkèitid] 복잡한 **glitter**[glítər] 반짝반짝 빛나다 **respectable**[rispéktəbəl] 존경할만한

As for your use of language, remember that two great masters, William Shakespeare and James Joyce, wrote sentences which seemed childlike when their subjects were serious.

(1) "To be or not to be?" asks Shakespeare's Hamlet. The longest word is three letters long.

Joyce could put together a sentence as complicated and glittering as a necklace for Cleopatra, but my favorite sentence in his story *Eveline* is this: "She was tired." No other words could break the heart of a reader as those three words do.

(2) ＿＿＿＿＿＿ of language is not only powerful, but perhaps even respectable.

A (1)에 들어갈 알맞은 연결사는?

① In addition   ② For example

B (2)에 들어갈 알맞은 연결사는?

① Thus   ② However

C (1)과 (2)를 근거로 추론할 수 있는 이 글의 전개방식은?

① 분류

② 묘사

③ 비교

④ 예시

⑤ 정의

❶ 다음의 연결어가 삽입될 수 있는 곳의 번호를 찾아 쓰시오.

For example: _____

1 다음 글의 주제로 가장 적절한 것은?

Many improved technologies are being used to build homes today. (1) One new product is a water heater that attaches to the plumbing system and heats water only as you need it, reducing your monthly usage of gas. (2) Photovoltaic panels are also being installed, and they allow you to **generate** your own power from the sun. (3) Walls and roofs that are specially designed to keep warm air from escaping in the winter and cool air from escaping in the summer are gaining in popularity as well. (4) These walls have a hard foam core that reduces electricity consumption for heating and air conditioning. (5) In addition to **appliances** that use less water, these new technologies are helping to save vital resources.

*photovoltaic 광전지의

① ways of building houses
② energy efficient new homes
③ improving home safety
④ how to save natural resources
⑤ appreciating new home designs

---

guess it! **generate** ⓐ ~을 발생시키다 ⓑ ~을 보호하다
appliance ⓐ 발전소 ⓑ 가전제품

2 다음 글에서 필자가 주장하는 바로 가장 적절한 것은?

Physician Bernie S. Siegel wrote in *Peace, Love, and Healing*, "Everybody dies — lovers, joggers, vegetarians, and even nonsmokers. (1) I'm telling you this so that some of you will occasionally sleep late and have an ice cream cone." (2) We should never take life or ourselves too seriously. (3) This applies equally to all aspects of life. Each of us has our own unique issues that can cause us to despair or to laugh. (4) When it comes to anything related to tools or technology, I'm clueless. (5) But I don't let that **bring** me **down**. I just laugh, which prevents stress from building up.

① 건강은 행복의 전제조건이다.
② 자신에게 너무 엄격하게 굴지 말라.
③ 건강한 생활 습관은 장수의 지름길이다.
④ 정신적 건강이 신체적 건강으로 이어진다.
⑤ 자신의 약점을 알고 극복하기 위해 노력하라.

핵 심 S K i L L N O T E

❶ 다음의 연결어가 삽입될 수 있는 곳의 번호를 찾아 쓰시오.

In other words:

For example:

𝑔uess it!　**bring down**　ⓐ 패배시키다　ⓑ 기운 나게 하다

❶ 지문에서 통념을 부정하기 위해 쓰인 연결어를 찾아 표시하시오.

❷ (3)은 지문에서 연결어가 생략된 자리이다. 앞뒤 문장 관계를 살펴 생략된 연결어를 써넣으시오.

3 다음 글의 제목으로 가장 적절한 것은?

People generally think that playing too many video games is not healthy for kids. (1) In some hospital situations, however, it can actually be very helpful. (2) When kids bring their portable video games to the hospital, they feel less nervous about what will happen to them. (3) When concentrating on the battle between the game's heroes and **villains**, patients experience less pain during difficult treatments. (4) In addition, kids who keep active by playing their games after operations spend less time thinking about their health problem, and they seem to heal quicker. (5) Doctors and researchers see so much promise in this that they are now connecting young patients to the Internet, so that they can play **interactive** games with kids at other hospitals.

① New Uses for the Internet in Hospitals
② Medical Treatments of the Future
③ How to Treat Video Game Addiction
④ Psychological Effects of Hero Stories
⑤ Video Games and Patient Recovery

---

guess it! **villain** ⓐ 부하 ⓑ 악당
interactive ⓐ 쌍방향의 ⓑ 일방적인

수능직결구문 밑줄 친 부분에 유의하여 아래 문장을 해석하시오.

Doctors and researchers see <u>so</u> much promise in this <u>that</u> they are now connecting young patients to the Internet, <u>so that</u> they can play interactive games with kids at other hospitals.

4 다음 글의 주제로 가장 적절한 것은?

Dolphins have a rare ability to be unaffected by sleeplessness during a special period of their lives. (1) Baby dolphins stay awake for a month immediately following birth. (2) No other mammals can stay awake that long without suffering serious consequences. (3) Almost all infant mammals require much more sleep than adults in order to develop their brains and bodies properly. (4) In contrast, baby dolphins need less sleep than their mothers. (5) So, it is possible that dolphins simply do not need sleep to develop and learn. (6) Otherwise, we have to **assume** that they spend a lot of time swimming in their sleep, just like sleepwalkers who can walk, eat food and sometimes drive while in a deep sleep!

① developmental stages of baby dolphins
② the mystery of sleepless baby dolphins
③ the human-dolphin connection
④ causes and effects of sleeping disorders
⑤ the relation between sleep and intelligence

핵심 S K i L L N O T E

❶ 다음의 연결어가 삽입될 수 있는 곳의 번호를 찾아 쓰시오.

By contrast: _____

Moreover: _____

❷ 필자의 추측이 시작되는 곳의 번호를 쓰시오.

---

guess it! **assume** ⓐ ~라고 주장하다 ⓑ ~라고 추측하다

수능직결구문 다음 두 문장의 뜻이 일치하도록 빈칸에 알맞은 말을 써넣으시오.

No other mammals can stay awake that long without suffering serious consequences.
= It is impossible for any other mammals to stay awake that long _____ suffering serious consequences.

핵심 SKiLL NOTE

❶ 두 번째 단락을 내용상 둘로 나눌 때 뒷부분이 시작되는 곳의 처음 두 단어를 쓰시오.

_____

_____

❷ ❶에서 나눈 두 번째 단락의 앞부분과 내용상 밀접한 연관이 있는 문장을 첫 번째 단락에서 찾아 밑줄 그으시오.

❸ ❶에서 나눈 두 번째 단락의 뒷부분과 마지막 단락의 내용상 관계를 고르시오.

☐ 비교 ☐ 열거 ☐ 인과 ☐ 대조

[5-7] 다음 글을 읽고, 물음에 답하시오.

I had always wanted to teach children, but when I was in university I took another path because the salaries offered to teachers were not enough to raise a family on. After many years in the corporate world, though, I was financially secure, so I (a) decided to follow my dreams and take a job as an elementary school teacher. _____(A)_____, it did not take long until I found out just how difficult teaching could be.

My class was comprised of 8-year-old autistic students, and the difficulty I faced trying to teach them was something I was not prepared for. On the first day of school, a boy slapped me on the cheek because he felt frightened of his new teacher. Another boy, Jimmy, knew fewer than 15 words and was not able to write any letters or numbers. I soon realized that I should not run my classroom like a corporation where I always (b) had to get things done quickly and perfectly. I gave up **my old attitude** about what constituted an achievement. I (c) set up realistic goals and praised my students when they did their best, even if they failed at a task.

_____(B)_____, I started to see real progress with my students. When Jimmy began to learn letters and numbers, his parents and I (d) celebrated with a big hug. Towards the end of the term, Jimmy could recite his ABCs and count to 20. His mother was so happy and proud of his accomplishments, and she told me how much she appreciated my efforts. For the first time in my life, I felt a real sense of satisfaction and fulfillment, and I no longer (e) missed the glory of the corporate world.

*autistic 자폐성의

5

빈칸 (A), (B)에 들어갈 말로 가장 적절한 것끼리 짝지은 것은?

	(A)		(B)
①	Therefore	----	In contrast
②	Therefore	----	As a result
③	However	----	As a result
④	However	----	In contrast
⑤	In fact	----	In contrast

6

위 글의 요지로 알맞은 것은?

① 사람들은 자신의 능력보다 과하게 계획을 세운다.

② 세상에는 돈과 권력보다 더 값진 보상도 있다.

③ 학습 부진아들을 위한 프로그램이 필요하다.

④ 교사의 성공은 학생들의 발전 정도로 측정된다.

⑤ 장애아를 돕는 것은 지역사회에 기여할 좋은 방법이다.

7

(a) ~ (e) 중, 밑줄 친 **my old attitude**에 해당하는 것으로 가장 적절한 것은?

① (a) 　　② (b) 　　③ (c) 　　④ (d) 　　⑤ (e)

---

guess it!　　**secure** ⓐ 안정된　ⓑ 위험한
　　　　　recite ⓐ ~을 판별하다　ⓑ ~을 암송하다
　　　　　fulfillment ⓐ 충족　ⓑ 역경

수능 직결구문　밑줄 친 부분에 유의하여 아래 문장을 해석하시오.

1. It did not take long until I found out just how difficult teaching could be.

2. I set up realistic goals and praised my students when they did their best, even if they failed at a task.

A 연결어 유무에 따라 문장 흐름 파악하기

1 연결어가 있으면 그 쓰임새를 통해 앞뒤 문장 관계를 쉽게 파악할 수 있다.

2 연결어가 없으면 앞뒤 문장 관계에 어울리는 연결어를 떠올려본 후, 연결어를 넣었을 때 문맥이 더 분명하게 이해되는지 확인한다.

B 지문에서 연결어가 주로 생략되는 경우

1 구체적인 [　　] 를 들어 설명할 때

2 대등한 내용의 문장을 [　　] 할 때

3 시간순서나 인과 관계가 자연스럽고 쉽게 이해될 때

4 한 지문 안에서 같은 성격의 연결어가 여러 번 등장할 때

다음 지문에는 연결어가 의도적으로 생략되어 있다. 지문을 읽고 아래 주어진 질문에 답하시오.

[1]Throughout the world, burning coal is still the most popular method of generating electricity, but it is being used less and less due to the development of various alternatives. First, [2]some of the methods are focusing on the use of sustainable energy sources. ⓐ [3]Geothermal power is generated in more than 20 countries around the world. [4]Another rapidly growing renewable source of energy is wind power. [5]Wind power is inexpensive and clean, and will never run out. ⓑ [6]Newly developed methods are challenging fossil fuels. ⓒ [7]Cars are now running on hybrid engines that use a mixture of petrol and battery power. [8]Many boats and ships are relying more and more on solar technologies to run lights and radios, and in some parts of the world, solar energy can be used as the primary source for generating electricity.

* geothermal power 지열 발전

A ⓐ와 ⓒ 자리에 공통으로 들어갈 알맞은 연결어를 쓰시오.

―――――――――

B ⓑ에 들어갈 알맞은 연결어를 쓰시오.

―――――――――

C 위의 지문을 아래와 같이 도식화할 때 각 사항에 맞는 해당 문장의 번호를 쓰시오.

등급 UP! 어휘·어법 테스트

A 각 네모 안에서 문맥에 알맞은 어휘를 고르시오.

1 Many parents lack confidence in their ability to effect / affect change in their children's behavior.

2 His principal / principle reason for making the journey was to visit his family.

B 밑줄 친 부분이 어법상 옳으면 O, 어색하면 X표 하고 바르게 고치시오.

1 A man I had just met helped me carry the books to the new library. _____

2 The project is designed to provide young people for work. _____

3 When we meet people who have similarly feelings, attitudes, and so on, we are attracted to them. _____

C (A), (B), (C)의 각 네모 안에서 문맥에 맞는 낱말을 골라 짝지은 것으로 가장 적절한 것은?

Although it isn't hard to get sick during the flu season, it's not always easy to tell if what you have is a cold or the flu. The two illnesses may seem alike. However, there are some (A) extinct / distinct differences between cold and flu symptoms. First of all, a cold isn't usually accompanied by a fever, but the flu causes a high fever that (B) lasts / rests three to four days. Second, although a cold can sometimes give you a mild headache, strong headaches are far more likely with the flu. Third, a person who catches a cold will experience (C) at least / at most a few slight aches and pains. But aches and pains are an unavoidable effect of the flu and can often be quite severe. Finally, a cold doesn't usually cause tiredness, but people with the flu may feel so exhausted they can barely move.

	(A)	(B)	(C)
①	extinct	lasts	at least
②	distinct	lasts	at least
③	distinct	lasts	at most
④	distinct	rests	at least
⑤	extinct	rests	at most

해답 및 해설 32쪽

UNIT 05

장문 독해
빠르게 해치우기

가뜩이나 시간이 모자라는 수험생들에게 시험 막판에 연이어 나오는 장문 독해는 골칫덩어리다.
하지만 새끼 코끼리나 어른 코끼리나 신체구조에는 차이가 없는 것처럼 장문은 단문과 비슷한 구성에 길이만 길어졌을 뿐이다.

같은 시간 내에 지문을 훨씬 여유롭게 읽을 수 있는 장문 독해 공략법을 공부해보자.

모르는 단어를 추측하기 위한

ESSENTIAL WORDS LIST

모르는 단어가 너무 많으면 그 뜻을 추측하며 읽어 내려가기가 불가능하다.
단어의 뜻을 추론할 수 있는 실력을 기르기 위해서 다음의 필수 어휘를 미리 익혀두자.

❶ ❷

- [ ] **no longer** — 더 이상 ~않다
- [ ] **commute** [kəmjúːt] — 통근(거리); 통근하다
- [ ] **strain** [strein] — 추론해볼 어휘
- [ ] **take part in** — ~에 참여하다
- [ ] **bonding** [bándiŋ] — 추론해볼 어휘
- [ ] **in turn** — 그 결과로; 차례로
- [ ] **obese** [oubíːs] — 비만인, 지나치게 살찐
- [ ] **put in** — (시간을) 보내다
- [ ] **burden** [bə́ːrdn] — 짐; 부담
- [ ] **financially** [finǽnʃəli] — 경제적으로; 재정적으로

❸ ❹

- [ ] **broadband** [brɔ́ːdbæ̀nd] — 광대역(의)
- [ ] **connection** [kənékʃən] — 접속, 연결; 관계
- [ ] **per capita** — 1인당
- [ ] **connectivity** [kànektívəti] — 접속 용이성
- [ ] **end up** — 결국 [마침내는] (~으로) 되다
- [ ] **distorted** [distɔ́ːrtid] — 추론해볼 어휘
- [ ] **humiliate** [hjuːmílièit] — ~에게 굴욕감을 느끼게 하다, 창피를 주다
- [ ] **violate** [váiəleit] — ~을 침해하다; ~을 위반하다
- [ ] **insult** [ínsʌlt] — 모욕(적 언동)
- [ ] **combat** [kámbæt] — ~을 제거하기 위해 노력하다; ~와 싸우다
- [ ] **authenticate** [ɔːθéntikèit] — 추론해볼 어휘
- [ ] **identification** [aidèntəfikéiʃən] — 신원 증명; 신분증
- [ ] **verify** [vérəfài] — ~을 조회하다; ~을 확인하다
- [ ] **regulation** [règjuléiʃən] — 규제, 단속; 규정

- [ ] **malicious** [məlíʃəs] — 추론해볼 어휘
- [ ] **remark** [rimáːrk] — 글, 비평; 말
- [ ] **in person** — 추론해볼 어휘
- [ ] **incidence** [ínsədəns] — (사건의) 발생률, 빈도
- [ ] **symptom** [símptəm] — 증상

❺ ❻

- [ ] **adorable** [ədɔ́ːrəbəl] — 귀여운, 사랑스러운
- [ ] **point out** — ~을 지적하다
- [ ] **inevitable** [inévitəbəl] — 피할 수 없는, 필연적인
- [ ] **outlive** [àutlív] — ~보다 더 오래 살다
- [ ] **frail** [freil] — 추론해볼 어휘
- [ ] **put down** — (동물을) 고통 없이 죽이다; ~을 내려놓다
- [ ] **heartbreaking** [háːrtbrèikiŋ] — 가슴이 찢어지는, 마음이 아픈
- [ ] **for the sake of** — ~을 위하여
- [ ] **mercifully** [méːrsifəli] — 추론해볼 어휘
- [ ] **devastated** [dévəstèitid] — 추론해볼 어휘
- [ ] **mourn** [mɔːrn] — 추론해볼 어휘
- [ ] **overcome** [òuvərkʌ́m] — ~을 극복하다, 이기다
- [ ] **overwhelm** [òuvərhwélm] — ~을 압도하다

다음 글을 읽고, 오른쪽 페이지의 질문에 답하시오.　　　　〈모의〉

Many argue that knowledge gives you power. Nevertheless, we sometimes wish that we were never informed about something. Why do we feel this way? Do we really need knowledge to be happy? As for me, it seems that knowing more often leads to a life of worry and misery. If we never knew that there were better ways of doing things, then we wouldn't feel such a need for them. Knowledge only brings a want for more. For happiness, therefore, a sense of nothing would be beneficial. In addition, it is often better to enjoy, simply accepting the way things are, rather than knowing how they work. Why do we need water? Why do we need food? Isn't it more relaxing just to know that, without them, you wouldn't exist?

I'm not saying that knowledge is not good or powerful, but it just makes me consider whether or not we are truly better off with it. When I was younger, I found that I was happier most of the time and it was easier to feel 'alive' because I didn't understand the complexities of life. After all, the more knowledge we gain, the more _____ we obtain to go along with it. The world is simpler in the dark than in the light of day.

---

argue [áːrgjuː] ~을 주장하다; 논쟁하다　knowledge [nálidʒ] 지식　nevertheless [nèvərðəlés] 그럼에도 불구하고 (=nonetheless)　as for ~의 경우에는, ~에 관한 한, ~에 대해서는　lead to A A로 이끌다　misery [mízəri] 비참함; 고통　beneficial [bènəfíʃəl] 유익한　accept [əksépt] ~을 받아들이다, 용인하다　exist [igzíst] 존재하다　whether or not ~이든지 아니든지　be better off 더 잘 살다, 보다 나은 상태이다　complexity [kəmpléksəti] 복잡함　go along with ~에 따르다, ~에 부수되다

다음은 왼쪽 페이지의 지문의 일부만을 발췌한 것이다. 읽고 아래 질문에 답하시오.

Many argue that knowledge gives you power. Nevertheless, we sometimes wish that we were never informed about something. Why do we feel this way? Do we really need knowledge to be happy? As for me, it seems that knowing more often leads to a life of worry and misery. ...... (중략)

I'm not saying that knowledge is not good or powerful, but it just makes me consider whether or not we are truly better off with it. ...... (중략) ...... After all, the more knowledge we gain, the more _____ we obtain to go along with it. The world is simpler in the dark than in the light of day.

A 위 글의 주제로 가장 적절한 것은?
　① 지식의 필요성　　　② 지식의 상대성

B 위 글의 주제에 대한 글쓴이의 생각은?
　① 긍정적　　　　　② 부정적

C 위 글의 요지로 가장 적절한 것은?
　① 지식의 범람이 도덕성 상실을 초래한다.
　② 지식이 인간에게 유익하지 않을 수도 있다.
　③ 지식 덕택에 인류는 만물의 영장이 되었다.
　④ 잘못된 지식은 중대한 위험을 초래할 수 있다.
　⑤ 지식을 쌓으려면 많은 시간과 노력이 필요하다.

D 위 글의 빈 칸에 들어갈 말로 가장 적절한 것은?
　① arrogance　　　② confusion　　　③ freedom
　④ choices　　　　⑤ power

해답 및 해설 **33**쪽

핵 심 S K i L L N O T E

❶ 첫 번째 단락을 전체적으로 빠르게 읽고 단락의 요지를 추론해 보시오.

_____

_____

❷ 두 번째 단락의 첫 문장을 읽고 단락의 요지를 추론해 보시오.

_____

_____

❸ 마지막 단락의 첫 한두 문장과 마지막 한 두 문장을 읽고 단락의 요지를 추론해 보시오.

_____

_____

❹ ❶～❸을 토대로 글 전체의 주제를 추론해 보시오.

_____

_____

❺ 글 전체의 주제문이 위치한 곳으로 예상되는 곳은?
□ 첫 번째 단락   □ 두 번째 단락
□ 마지막 단락   □ 명시적이지 않음

❻ 글 전체의 전개방식으로 예상되는 것은?
□ 열거   □ 시간순   □ 비교   □ 인과
□ 문제제기 — 해결방안

[1-2] 다음 글을 읽고, 물음에 답하시오.

Because home prices have increased rapidly in the past 20 years, most people can no longer afford to live close to the center of a major city. _____(A)_____, those people are spreading out to the edges of cities where land is cheaper and homes more affordable. But the move to the suburbs has at least one major drawback: the long commute. When parents have to spend hours every day just to get to work and back, it can place a lot of strain on the family.

Recent research indicates that for every 10 minutes spent commuting, 10% less time is spent with family or being active in the community. Parents with long daily commutes have little involvement in their children's after-school activities, and these families cannot spend time eating dinner together or taking part in other activities that are important for family bonding.

What also makes family life more difficult is that long daily commutes can be dangerous for people's health: drivers will often attend to other matters while on the road, such as eating or making phone calls. This, of course, causes people to pay less attention to the road and, in turn, causes many traffic accidents. _____(B)_____, the risk of becoming obese increases by three percent for every 30 minutes spent commuting. Finally, long daily commutes home add extra stress to people who have already put in a hard day at work. All of these major health problems can be terrible burdens for families not only financially but also emotionally.

1 위 글의 주제로 가장 적절한 것은?

① the difficulties of becoming a home owner
② how to balance work and family life
③ family problems caused by long daily commutes
④ transportation problems in urban areas
⑤ the health crisis caused by excessive driving

2 빈칸 (A), (B)에 들어갈 말로 가장 적절한 것끼리 짝지은 것은?

(A)	(B)
① Nevertheless	---- In addition
② Nevertheless	---- As a result
③ Therefore	---- As a result
④ Therefore	---- In addition
⑤ Likewise	---- As a result

guess it!   **strain** ⓐ 여가 ⓑ 부담
bonding ⓐ 긴밀한 유대 ⓑ 특별 행사

수능직결구문   다음 문장 전체의 주어와 동사를 찾아 표시하시오.

What also makes family life more difficult is that long daily commutes can be dangerous for people's health.

❶ 첫 번째 단락의 첫 한두 문장을 읽고 단락의 요지를 추론해 보시오.

_____

_____

❷ 두 번째 단락의 첫 한두 문장을 읽고 단락의 요지를 추론해 보시오.

_____

_____

❸ 마지막 단락의 첫 한두 문장과 마지막 한두 문장을 읽고 단락의 요지를 추론해 보시오.

_____

_____

❹ ❶~❸을 토대로 글 전체의 주제를 추론해 보시오.

_____

_____

❺ 글 전체의 주제문이 있는 것으로 예상되는 곳은?
☐ 첫 번째 단락 ☐ 두 번째 단락
☐ 마지막 단락 ☐ 명시적이지 않음

❻ 글 전체의 전개방식으로 예상되는 것은?
☐ 열거 ☐ 시간순 ☐ 비교 ☐ 인과
☐ 문제제기 — 해결방안

[3-4] 다음 글을 읽고, 물음에 답하시오.

South Korea has more broadband Internet connections per capita than any other country in the world, and with that connectivity comes the problem of "cyberviolence." Choi Hyun-ah, a 21-year-old student, is now afraid to have her picture taken. She is worried because the last time it was taken, the photo ended up on the Internet — (a) her face colored unnaturally and her features distorted. She felt humiliated and thought her privacy had been violated. "I never thought this could happen to me," said Choi, talking about her sleepless nights and constant worry. Now cyberviolence can come in the form of simple insults or in more serious forms like (b) cyberstalking and sexual harassment. Complaints of that nature doubled last year, and reports of slander tripled.

To try to combat this problem, the government passed a law that requires all websites to authenticate a user's name before allowing the person access to the site. All South Korean citizens need to log in with their national identification numbers, which are verified by government computers. But many critics and experts say that government regulations are not the answer to cyberviolence.

People need to be taught (c) how to behave online in the same way they are taught how to behave in society in general. Otherwise, **these kinds of problems** will continue to be a factor in the online experience. If people believe that (d) posting malicious remarks online is just as unacceptable as saying something bad in person, these incidences will decline. Right now people (e) see this behavior as a joke because it is not occurring in the "real world." They should know, however, that victims of cyberviolence suffer from real symptoms such as sleeplessness along with anger and feelings of helplessness.

*slander 명예훼손

3

위 글의 주제로 가장 적절한 것은?

① a growing problem of online games
② taking pictures for Internet use
③ stalking occurrences on the Internet
④ problems and solutions for cyberviolence
⑤ registering people who use websites

4

(a) ~ (e) 중, 밑줄 친 these kinds of problems에 해당하지 않는 것은?

① (a)　　　② (b)　　　③ (c)　　　④ (d)　　　⑤ (e)

guess it!　**distorted**　ⓐ 장식된　ⓑ 왜곡된
authenticate　ⓐ ~을 제한시키다　ⓑ ~을 법적으로 인증하다
malicious　ⓐ 악의 있는　ⓑ 별 뜻 없는
in person　ⓐ 본인이 직접　ⓑ 사람답게

수능직결구문　1. 다음 문장에서 주어와 동사를 찾아 표시하시오.

With that connectivity comes the problem of "cyberviolence."

2. 밑줄 친 단어를 문맥에 맞는 형태로 변형하시오.

Choi Hyun-ah, a 21-year-old student, is now afraid to have her picture <u>take</u>.

핵심 SKiLL NOTE

❶ 첫 번째 단락의 각 문장을 앞부분만 훑어
읽고 단락의 요지를 추론해 보시오.

❷ 두 번째 단락의 각 문장을 앞부분만 훑어
읽고 단락의 요지를 추론해 보시오.

❸ 마지막 단락의 각 문장을 앞부분만 훑어
읽고 단락의 요지를 추론해 보시오.

❹ ❶~❸을 토대로 글 전체의 주제를 추
론해 보시오.

❺ 글 전체의 주제문이 있는 것으로 예상되
는 곳은?
□ 첫 번째 단락   □ 두 번째 단락
□ 마지막 단락   □ 명시적이지 않음

❻ 글 전체의 전개방식은?
□ 열거   □ 시간순   □ 비교   □ 인과
□ 문제제기 — 해결방안

[5-6] 다음 글을 읽고, 물음에 답하시오.

When I first got Sam, an adorable six-week-old Golden Retriever, a friend pointed out that when you bring a cute little puppy into your family, you also bring home an inevitable ___(A)___ because dogs rarely outlive people. I did not really take her words seriously until 13 years later, and then I learned what she meant. Sam was getting very frail and weak, and I could feel it was time to put him down. The death of a member of our family was going to be heartbreaking, but I had to be strong for the sake of my kids. That night my husband and I explained to our children that it was time for Sam to go to heaven.

The next day, we took Sam to the clinic to mercifully end his life. I was devastated knowing that an important and loving member of our family was going to be gone. There was, however, nothing I could do about it. When I returned home, the house felt so empty and sad. Then I started remembering all the good times we had with Sam and realized that we should ___(B)___ his life instead of mourning his absence. That evening, I baked a cake for the celebration party, and we spent the night sharing the great memories we had of Sam.

It has been several months since Sam died, and we still miss him a great deal. We overcame this hard time successfully, though, because of our positive response to an emotionally difficult situation. We shared our ___(C)___, but we didn't let it overwhelm us. Bringing a puppy into our home did bring about a difficult situation — it also brought us years of great memories and love.

5

위 글의 제목으로 가장 적절한 것은?

① What Makes a House a Home
② Changes Every Family Goes Through
③ Things to Consider When Buying a Pet
④ Learning to Live With a Pet's Death
⑤ Family Rituals for Happy Events

6

빈칸 (A), (B), (C)에 들어갈 말로 가장 적절한 것끼리 짝지은 것은?

	(A)		(B)		(C)
①	solution	----	live	----	grief
②	tragedy	----	live	----	love
③	tragedy	----	celebrate	----	grief
④	friend	----	celebrate	----	love
⑤	friend	----	continue	----	problem

guess it!
frail ⓐ 연약한 ⓑ 귀여운
mercifully ⓐ 고통 없이, 안락하게 ⓑ 빠르게, 신속하게
devastated ⓐ 후련한 ⓑ 망연자실한
mourn ⓐ ~을 애도하다 ⓑ ~을 축복하다

수능직결구문 1. 빈칸에 들어갈 알맞은 접속사를 고르시오.

It has been several months _____ Sam died, and we still miss him a great deal.
ⓐ until   ⓑ since   ⓒ before

2. 빈칸에 들어갈 동사의 적절한 형태를 고르시오.

But we didn't let it _____ us.
ⓐ overwhelming   ⓑ to overwhelm   ⓒ overwhelm

A **설명문이나 논설문 형식의 장문 독해에서 주제를 빠르게 찾는 방법**

1 첫 번째 단락 전체를 빠르게 읽고 [   ]를 제시하는지 단순한 도입부인지 파악한다.

2 중간 단락의 처음 1~2문장을 읽는다.
— 첫 단락에 주제가 제시된 경우: 이를 뒷받침하는 [   ]가 제시된다.
— 첫 단락이 [   ]일 경우: 주제가 본격적으로 제시된다.

3 마지막 단락의 처음 1~2문장과 마지막 1~2문장을 읽는다.
— 추가적인 근거가 제시되거나 [   ]가 다시 한 번 언급된다.
— 논설문의 경우, 앞 단락에서 문제 제기나 배경 설명을 하고 마지막 단락에서 필자의 [   ]을 등장시키기도 한다.

4 위에서 읽은 내용을 바탕으로 글 전체의 주제를 추론해본다.

B **수필이나 이야기 형식의 장문 독해에서 주제를 빠르게 찾는 방법**

1 각 문장의 [   ]만 빠르게 읽고 내용을 연결하여 중심 사건을 파악한다.
— 주어, 동사, 연결어 등만 훑어봐도 글의 흐름을 대강 알 수 있다.

2 마지막 문단을 꼼꼼히 읽는다.
— 개인적인 경험을 다룬 수필 형식의 글은 마지막에서 [   ]나 교훈이 언급되기도 한다.

3 위에서 읽은 내용을 바탕으로 글 전체의 주제를 추론해본다.

다음은 글의 일부를 생략한 것이다. 읽고 예상되는 주제를 고르시오.

Calligraphy is a unique art because, instead of painting a scene from nature or a portrait of a person, as a traditional artist may do, the calligrapher's purpose and pleasure is the creation of beautiful words or letters, called characters, in Asian writing systems. This is done using the simplest of tools: a brush, ink, and paper. ...... (중략) ...... The meaning of individual characters in very old works of calligraphy is often unknown, but it doesn't matter, because the point is not to "read" the painting but to appreciate its elegance, simplicity, and beauty. The very best calligraphers are said to reveal deep aspects of their personality or "soul" in the form and flow of the characters they paint.

① the history of calligraphy   ② writing as abstract art

등급 UP! 어휘·어법 테스트

A 각 네모 안에서 문맥에 알맞은 어휘를 고르시오.

1 Upon entering the old record store in Insa-dong, you may encourage / encounter a wide variety of genres from easy listening to jazz and classical music.

2 Due to a shortage / strength of trained professionals in the workforce, there is a huge demand for people who have experience.

3 If supervisors ask employees to work overtime on the weekends, they are required to demand / supply meals and drinks.

B 다음 중 어법상 어색한 것을 골라 바르게 고치시오.

1 I've decided that I've been dressing too conservatively. My suits all look ① like. I want ② something new, fresh and a little more fashionable.

2 Orders to factories for ① costly goods, such as cars and machinery, ② raised by a strong 3.4 percent last month.

C (A), (B), (C)의 각 네모 안에서 어법에 맞는 표현을 골라 짝지은 것으로 가장 적절한 것은?

Pesticides are widely used to control pests such as mosquitoes. In a recent study, though, a new pesticide greatly reduced mosquito populations, but failed to kill every mosquito: many survived the pesticide attack. This (A) happened / was happened because those mosquitoes had special variations in their genes, (B) which / what made them resistant to the pesticide. These survivors subsequently produced offspring with the same natural resistance to the pesticide. Meanwhile, the pesticide had killed large numbers of the dragonflies that normally eat the mosquitoes. Ultimately, the mosquitoes' resistance to the pesticide was total, and their natural predators were few, leading (C) its / their population to increase.

*pesticide 살충제

	(A)	(B)	(C)
①	happened	---- which ----	its
②	happened	---- what ----	its
③	happened	---- which ----	their
④	was happened	---- what ----	their
⑤	was happened	---- which ----	their

해답 및 해설 37쪽

UNIT 06 예상하며 읽기

아래의 사진을 보라. 다음에 어떤 일이 벌어질지 예측할 수 있겠는가?

수능 지문도 이와 마찬가지로 앞으로 전개될 내용이 무엇일지 예상하며 읽을 수 있다. 예상한 내용이 맞으면 이를 확인하며 빨리 읽을 수 있고, 예상이 빗나가면 예상과 다른 내용 전개에 좀 더 호기심을 갖고 읽게 된다. 어느 경우든지 동일한 점은 글에 더욱 몰두하게 되고 정답률이 높아진다는 것.

능동적으로 내용을 예상하고 이를 확인하려는 목적의식이 있을 때 글을 더욱 쉽고 정확하게 이해할 수 있다.

모르는 단어를 추측하기 위한
ESSENTIAL WORDS LIST

모르는 단어가 너무 많으면 그 뜻을 추측하며 읽어 내려가기가 불가능하다.
단어의 뜻을 추론할 수 있는 실력을 기르기 위해서 다음의 필수 어휘를 미리 익혀두자.

❶

- correlation [kɔ̀:rəléiʃən] 상관관계, 상호 관련
- improvement [imprú:vmənt] 향상, 진보
- coordination [kouɔ̀:rdənéiʃən] 추론해볼 어휘
- visualize [víʒuəlàiz] ~을 마음속에 그리다[상상하다]; ~을 시각화하다

❷

- refer to A A를 가리키다, A와 관련이 있다
- idiom [ídiəm] 관용어, 숙어
- prestige [prestí:ʒ] 명망
- authority [əθɔ́:riti] 권위
- instance [ínstəns] 경우, 사례
- celebrity [səlébrəti] 유명 인사
- personnel [pə̀:rsənél] (조직·군대의) 인원; 인사
- demote [dimóut] 추론해볼 어휘
- regardless of ~에 상관[관계]없이
- usage [jú:sidʒ] (단어의) 용법; 사용
- supposedly [səpóuzidli] 아마(도)
- cast out ~을 쫓아내다

❸

- unwanted [ʌ̀nwántid] 쓸모없는; 원치 않는
- accumulate [əkjú:mjəlèit] 추론해볼 어휘
- estimate [éstəmèit] ~을 추정하다; ~을 평가하다
- landfill [lǽndfil] (쓰레기) 매립지
- contaminate [kəntǽmənèit] 추론해볼 어휘
- disposal [dispóuzəl] 처리, 처분
- release [rilí:s] ~을 방출하다; (뉴스 등을) 공개하다

❹

- transmit [trænsmít] ~을 전하다
- hand down ~을 물려주다
- tribe [traib] 부족, 종족 cf. tribal 부족의
- navigational [næ̀vəgéiʃnl] 항해술의
- represent [rèprizént] ~에 해당하다; ~을 대표하다
- enhance [enhǽns] 추론해볼 어휘
- break down A into B A를 B로 나누다[쪼개다]
- chunk [tʃʌŋk] 덩어리
- chant [tʃænt] 노래를 부르다; 읊조리다
- set [set] (가사를 곡에) 붙이다
- primitive [prímətiv] 원시적인, 원시 사회의
- clan [klæn] 씨족; 집단
- benefit [bénəfit] 혜택

❺ ❻

- misguided [misgáidid] 잘못 알고 있는; 잘못 지도된
- attempt [ətémpt] 시도
- shield [ʃi:ld] 추론해볼 어휘
- self-esteem 자존(심), 자부(심)
- identity [aidéntəti] 주체성; 정체; 동일함
- ego [í:gou] 자아
- undeserved [ʌ̀ndizə́:rvd] 추론해볼 어휘
- compliment [kámplimənt] 칭찬; ~을 칭찬하다
- self-awareness 자의식, 자각
- rob A of B A에게서 B를 빼앗다
- cope with ~을 잘 대처(처리)하다; ~을 극복하다
- in the first place 처음부터, 첫째로
- prematurely [prì:mətʃúərli] 추론해볼 어휘
- rescue [réskju:] ~을 구출[구조]하다; 구출
- inevitably [inévitəbli] 불가피하게, 필연적으로

다음 글의 빈칸에 들어갈 말로 가장 적절한 것은?　　　〈수능〉

Walking down the street, you may not even notice the trees, but, according to a new study, they do a lot more than give shade. Environmental scientists chose two Chicago public housing projects, both of which had some buildings with lots of trees nearby, and some with practically none. According to the study, violence and property crimes were nearly twice as high in sections of the buildings where vegetation was low, compared with the sections where vegetation was high. Why? One explanation: Greenery creates a natural gathering space for neighbors and, ultimately, stronger _____ in the community. This can also create an atmosphere where children are better supervised, and buildings better watched.

① fear　　　　② traps　　　　③ quarrels
④ bias　　　　⑤ bonds

shade [ʃeid] 그늘, 응달 environmental scientist 환경학자 nearby [níərbài] 근처의, 주변의 practically [prǽktikəli] 실질적으로; ~이나 마찬가지로 violence [váiələns] 폭력 property [prápərti] 재산; 부동산 vegetation [vèdʒətéiʃən] 초목 compared with ~와 비교해서 greenery [grí:nəri] 초목; 온실 ultimately [ʌ́ltəmitli] 결국에는, 궁극적으로 atmosphere [ǽtməsfiər] 분위기, 환경; 공기; 대기 supervise [sú:pərvàiz] ~을 감독하다, 관리하다

왼쪽 기출 지문에 의거하여 다음 빈칸에 적당한 말을 쓰시오.

〈글의 앞부분〉

Walking down the street, you may not even notice the trees, but, according to a new study, they do a lot more than give shade.

A 내용 파악: 길을 걸을 때 나무들에 주목하지 않을 수도 있지만, 새로운 연구에 따르면 나무는 _____을 한다.

B 글의 소재: _____

↓

글의 소재와 관련된 배경지식을 바탕으로 전개될 내용 예상하기

예) 나무가 그늘을 제공하는 일 외의 어떤 일을 한다는 걸까? (의문)
그보다 훨씬 더 많은 일을 한다는 것인가? (내용 추론)
다음 내용은 나무가 하는 역할에 대한 구체적인 연구내용이겠군. (전개방식 추론)

〈나머지 부분〉

Environmental scientists chose two Chicago public housing projects, both of which had some buildings with lots of trees nearby, and some with practically none. According to the study, violence and property crimes were nearly twice as high in sections of the buildings where vegetation was low, compared with the sections where vegetation was high. Why? One explanation: Greenery creates a natural gathering space for neighbors and, ultimately, stronger _____ in the community. This can also create an atmosphere where children are better supervised, and buildings better watched.

C 전개된 내용 점검: 나무가 적은 곳이 많은 곳보다 폭력과 재산 범죄가 거의 두 배에 달했다. 그 이유는 나무가 이웃들이 모일 장소를 제공해서 지역사회의 _____가 더 강해지기 때문이다. 그래서 아이들을 보다 잘 돌볼 수 있고 건물들을 더 잘 지켜볼 수 있다.

해답 및 해설 **38**쪽

핵 심 S K i L L N O T E

❶ 첫 한두 문장의 내용 파악하기

↓

❷ 글의 소재가 되는 핵심 표현을 찾아 밑줄을 그으시오.

↓

❸ 소재와 관련된 배경지식을 바탕으로 전개될 내용 예상하기

↓

❹ 전개된 내용 점검하기

1 다음 글의 제목으로 가장 적절한 것은?

To explore a possible correlation between the power of positive thinking and an improvement in physical coordination, a group of researchers performed a study using three different methods to improve a person's ability to shoot basketball free throws. The first group did not practice shooting the ball at all but instead spent their time imagining their shots going in. The second group practiced shooting but did not spend any time using the visualization technique. The third group practiced shooting the ball and visualizing their shots being successful. All three groups improved, but groups one and three improved much more than group two.

① Thinking Positively in Difficult Situations
② Physical Limitations of Athletes
③ Ways of Improving Free Throws
④ Enhancing Visual Performance in Sports
⑤ The Relationship between Mind and Body

ᵍuess it!   **coordination**   ⓐ (근육의) 공동작용, 협응력   ⓑ 생리적 현상

2 글의 흐름으로 보아, 주어진 문장이 들어가기에 가장 적절한 곳은?

Another way that "fall from grace" can be used is to refer to someone who has lost their reputation or rank.

The idiom "fall from grace" is used to describe a person's loss of status, respect, or prestige. (①) In general, this idiom is used when the "fallen" person has done something so bad that the people in authority stop liking or admiring him or her. (②) In this instance, "authority" does not always mean high ranking members of society, but could also mean the general public. (③) One such example in which "authority" could refer to the public is when the idiom "fall from grace" describes a celebrity. (④) When using this idiom to describe politicians, military personnel, or police officers, the idea of "fall from grace" could mean that they were punished, demoted, or lost their jobs. (⑤) Regardless of the idiom's modern usage, its origins are religious, referring to angels who were supposedly cast out from heaven.

핵 심 S K i L L N O T E

❶ 첫 한두 문장의 내용 파악하기

↓

❷ 글의 소재가 되는 핵심 표현을 찾아 밑줄을 그으시오.

↓

❸ 소재와 관련된 배경지식을 바탕으로 전개될 내용 예상하기

↓

❹ 전개된 내용 점검하기

guess it!   demote ⓐ ~을 강등시키다 ⓑ ~을 승진시키다

3 다음 글의 내용을 한 문장으로 요약하고자 한다. 빈칸 (A)와 (B)에 들어갈 말로 가장 적절한 것끼리 짝지은 것은?

Waste created by unwanted electronic equipment is accumulating at an alarming pace. It is estimated that more than 60 million computers have been put into U.S. landfills, and in the near future researchers expect that another 250 million computers will become outdated and be replaced. If this electronic equipment is buried in landfills, the toxic materials inside the products can soak into the ground and contaminate the water and soil. Although disposal experts use filters and screens to minimize pollution, electronic equipment that is burned still releases some toxic fumes into the air. Scientists say that contact with any of this pollution can cause serious health problems.

↓

> As ____(A)____ electronic devices are increasing in number, so is their ____(B)____ to the environment.

	(A)		(B)
①	advanced	----	impact
②	discarded	----	threat
③	sophisticated	----	importance
④	replaced	----	assistance
⑤	powerful	----	damage

𝑔uess it!   **accumulate** ⓐ 폐기되다 ⓑ 쌓이다
　　　　　　contaminate ⓐ ~을 오염시키다 ⓑ ~을 분리시키다

수능직결구문 다음 문장의 네모 안에서 어법에 맞는 표현을 고르시오.

　　 Despite / Although disposal experts use filters and screens to minimize pollution, electronic equipment that is burned still releases some toxic fumes into the air.

4 다음 글에서 전체 흐름과 관계 없는 문장은?

Before the invention of written language, societies needed another way to transmit knowledge. Usually, it was a matter of handing down information important to the tribe. ① Elders needed to tell younger members about history, navigational data, or local plants which could be eaten. ② Music represented one important way for tribal elders to memorize this information. ③ Traditionally, music was played for the purpose of enhancing bonds in a community by playing it together. ④ Information was broken down into small chunks and chanted or set to musical phrases. ⑤ Even today, primitive cultures transmit knowledge in this way; an educated Iatmul in New Guinea, for example, knows over 10,000 clan names without the benefit of written records.

핵심 SKiLL NOTE

❶ 첫 한두 문장의 내용 파악하기

↓

❷ 글의 소재가 되는 핵심 표현을 찾아 밑줄을 그으시오.

↓

❸ 소재와 관련된 배경지식을 바탕으로 전개될 내용 예상하기

↓

❹ 전개된 내용 점검하기

guess it!　enhance　ⓐ ~을 높이다　ⓑ ~을 약화시키다

[5-6] 다음 글을 읽고, 물음에 답하시오.

All parents want their children to feel safe and happy, and, of course, to lead successful lives. In a misguided attempt to create a perfect environment for their children, however, some parents are going to **extremes**. They are called overprotective parents, and they are constantly (a) managing every tiny detail of their kids' lives in order to shield them from the realities of the world. They do this because they mistakenly believe that (b) developing self-esteem is possible only if their children never experience even the smallest failures or difficulties.

(c) Feeding kids unjustified praise, however, causes them to develop insecure identities; these kids rarely feel satisfied even with their real accomplishments. Scientific studies have also shown that (d) pumping up a child's ego by giving undeserved compliments does long-term harm by leaving them with a lack of self-awareness. Most importantly, kids with these overprotective parents are robbed of the opportunity to learn how to cope with life's difficulties while still under the protection and guidance of their parents.

Current research shows that the mistakes children make help them develop into competent adults, but only if they are allowed to make and correct those mistakes in the first place. When parents prematurely rush in, (e) rescuing their children, they send the message to them that they are not capable of taking care of themselves, and over time those children inevitably start to believe that message. Guidance and protection is necessary when raising children, but it is important to remember that freedom and the chance to make mistakes is important as well.

5 위 글의 요지로 가장 적절한 것은?

① Freedom to make decisions ruins children.
② Praise builds children's self-esteem.
③ Too much protection can harm children.
④ Planning for a child's future is important.
⑤ Failures make children lose their confidence.

6 (a) ~ (e) 중, 밑줄 친 extremes에 해당하지 않는 것은?

① (a)　　② (b)　　③ (c)　　④ (d)　　⑤ (e)

---

guess it!　**shield** ⓐ ~을 인도하다　ⓑ ~을 보호하다
undeserved ⓐ 부당한　ⓑ 가식적인
prematurely ⓐ 열정적으로　ⓑ 조급하게

수능직결구문　아래 문장에서 밑줄 친 단어 대신 쓸 수 있는 표현을 <u>모두</u> 고르시오.

Feeding kids unjustified praise, however, causes them to develop insecure identities; these kids <u>rarely</u> feel satisfied even with their real accomplishments.
ⓐ hardly (ever)　ⓑ highly　ⓒ seldom　ⓓ often

★ 예상하며 읽기의 과정

1 첫 한두 문장을 읽고 글의 [   ]가 될 만한 핵심 표현을 찾는다.
2 1에서 찾은 내용과 관련된 배경지식을 동원하여 전개될 내용을 [   ]한다.
3 실제 전개된 내용을 [   ]한다.

다음 글에 이어질 내용으로 알맞은 것을 고르시오.

A Many people are under the impression that a declining memory is inevitable as they age. This, however, does not have to be the case for you. Studies show that there are many ways to keep your brain active and your memory strong.

① 노화와 기억력의 상관관계
② 기억력 감퇴 예방 방법

B Shopping is an enjoyable and leisurely activity for most people, and most don't have any problems controlling how much they spend. There are some people, though, around 8%, who have serious shopping disorders. This addiction to shopping is much like other serious and addictive disorders such as gambling, overeating and alcohol abuse.

① 쇼핑 중독이 정신 건강에 끼치는 영향
② 쇼핑 중독과 기타 중독 현상의 비교

C You may say that something is very easy by referring to it as a "piece of cake." In doing so, you are using what is called an idiom. Like all idioms, the meaning the expression conveys is different from the standard meaning of the individual words. Idioms are common in most languages, and many have long and fascinating histories.

① 다양한 관용어구의 기원
② 관용어구의 언어학적 가치

해답 및 해설 **42**쪽

A 다음 중 어법상 어색한 것을 골라 바르게 고치시오.

1 Only students with ① <u>relative</u> high marks in their major subjects will ② <u>be accepted</u> into graduate school.

2 This software package has been ① <u>engineering</u> for ② <u>those who</u> need to develop quality websites quickly.

B 각 네모 안에서 문맥에 알맞은 어휘를 고르시오.

1 The significance of the technological revolution that is changing the world today is comparable / comparative only to the Industrial Revolution that began in the late 18th century.

2 Due to a prolonged illness and an ensuing lack of motivation, the student's classroom attendance / attendant was very poor.

3 The use of this shared website is free, but all resources are the property of their respectable / respective owners.

C 다음 글의 밑줄 친 부분 중, 어법상 틀린 것은?

A wealth of statistics gathered over time, across cultures and by various methodologies, strongly supports the notion ① <u>that</u> people become more aggressive in hot temperatures. More violent crimes ② <u>have been occurred</u> in summer than in winter, during hotter years than during cooler, and in hotter cities than in cooler ones at any given time. Indirect acts of aggression or violence also ③ <u>increase</u> whenever there is unusually hot weather. ④ <u>As</u> temperatures grow uncomfortable, subjects in scientific experiments become more likely to interpret a normal action as being hostile. Similarly, drivers in cars lacking air-conditioning become more inclined to act out "road rage" towards motorists ⑤ <u>whose</u> cars are in their way and moving too slowly.

해답 및 해설 **42**쪽

UNIT 07

대명사 · 대체 표현
이해하기

영어 지문에서는 좀처럼 같은 단어를 반복해서 사용하지 않고 대명사를 사용하거나 다른 단어로 바꾸어서 표현한다.
같은 내용을 다르게 포장하는 영어의 이러한 특성은 수험생 입장으로서는 썩 달갑지 않은 것이다.

지문의 흐름을 파악하는 데 걸림돌이 되지 않도록 철저한 학습이 필요하다.

ESSENTIAL WORDS LIST

모르는 단어가 너무 많으면 그 뜻을 추측하며 읽어 내려가기가 불가능하다.
단어의 뜻을 추론할 수 있는 실력을 기르기 위해서 다음의 필수 어휘를 미리 익혀두자.

❶

☐ school [sku:l] — (물고기, 고래 등의) 떼
☐ solid [sάlid] — 고체의
☐ tap [tæp] — (가볍게) ~을 톡톡 두드리다; (가볍게) 두드리기
☐ exterior [ikstíəriər] — 외부, 외면
☐ interval [íntərvəl] — 간격; (연극 등의) 중간 휴식 시간
☐ depth [depθ] — 깊이
☐ calculate [kǽlkjəlèit] — ~을 계산하다; ~을 추정하다
☐ apparatus [æ̀pəréitəs] — 추론해볼 어휘
☐ salmon [sǽmən] — 연어

❷

☐ be committed to — 추론해볼 어휘
☐ performer [pərfɔ́:rmər] — 실행자; 연기자, 연주자
☐ interact with — ~와 상호작용하다, ~에게 서로 영향을 끼치다
☐ pass over — ~을 넘겨주다; ~을 가로지르다; ~을 간과하다
☐ enhance [enhǽns] — ~을 높이다, 고양시키다

❸

☐ bring down — ~을 쓰러뜨리다; (짐 등을) 내리다
☐ stubborn [stʌ́bərn] — 추론해볼 어휘
☐ horribly [hɔ́:rəbli] — 지독하게, 무시무시하게
☐ outgrow [àutgróu] — (습관, 관습에서) 벗어나다
☐ primitive [prímətiv] — 원시적인, 원시 사회의
☐ as for — ~에 관해서라면
☐ have a point — 일리가 있다, 이치에 맞다

❹

☐ selective [səléktiv] — 추론해볼 어휘
☐ disobedience [dìsəbí:diəns] — 불복종
☐ obey [oubéi] — ~에 복종하다 (↔ disobey)
☐ perceive [pərsí:v] — 추론해볼 어휘
☐ given [gívən] — 특정한
☐ command A to *do* — A에게 ~할 것을 명령하다
☐ proceed [prousí:d] — 나아가다, 계속하다

❺

☐ attribute A to B — A는 B 때문이다, A를 B의 덕분으로 돌리다
☐ inhibit [inhíbit] — 추론해볼 어휘
☐ acceptance [əkséptəns] — 받아들임, 용인
☐ cuisine [kwizí:n] — 요리; 요리법
☐ mass [mæs] — 대중의; 대량의
☐ appeal [əpí:l] — 호소; 매력
☐ recipe [résəpì:] — 조리법, 요리법; 비결
☐ a wide range of — 다양한, 광범위한
☐ authentic [ɔ:θéntik] — 토종의, 고유의; 진짜의
☐ invest in — ~에 투자하다

❻

☐ accomplish [əkʌ́mpliʃ] — ~을 이루다, 성취하다
☐ perfectionist [pərfékʃənist] — 완벽주의자
☐ strive [straiv] — 추론해볼 어휘
☐ unobtainable [ʌ̀nəbtéinəbəl] — 이룰 수 없는, 얻기 어려운
☐ trait [treit] — 추론해볼 어휘
☐ drive [draiv] — 추진력; 동기, 욕구
☐ interfere with — ~에 방해가 되다

다음 글의 내용을 한 문장으로 요약하고자 한다. 빈칸 (A)와 (B)에 들어갈 말로 가장 적절한 것끼리 짝지은 것은? 〈모의〉

Has the smell of something ever made you think of a spring day? Have some scents made you happy? Scientists discovered what certain smells do. One thing they know is that lemons remind people of things that are fresh and clean. People who make cleaners and soaps for the home often use a lemon scent. The smell of vanilla helps people relax. It may be very helpful for patients in hospitals. Cinnamon and apple smells remind many people of their homes. Some stores put these scents in the air to make customers comfortable. That way they'll want to buy more.

* Cinnamon 계피

| It was discovered that ___(A)___ can change the way you ___(B)___ . |

(A)	(B)
① taste	----	cook
② taste	----	think
③ scents	----	shop
④ scents	----	feel
⑤ scents	----	live

scent[sent] 냄새, 향기 **remind A of B** A로 하여금 B를 생각나게 하다

지문을 되짚어 보면서, 밑줄 친 부분이 가리키는 대상을 지문에서 찾아 빈칸에 쓰시오.

Has the smell of something ever made you think of a spring day? Have some scents made you happy? Scientists discovered what certain smells do. One thing **A they** know is that lemons remind people of things that are fresh and clean. People who make cleaners and soaps for the home often use a lemon scent. The smell of vanilla helps people relax. **B It** may be very helpful for patients in hospitals. Cinnamon and apple smells remind many people of their homes. Some stores put **C these** scents in the air to make customers comfortable. That way **D they**'ll want to buy more.

It was discovered that _____ (A) _____ can change the way you _____ (B) _____.

A they
_____

B It
_____

C these
_____

D they
_____

해답 및 해설 **43**쪽

❶ this solid object가 대체하고 있는 대상에 밑줄을 그으시오.

❷ do this가 가리키는 것에 밑줄을 그으시오.

1 글의 흐름으로 보아, 주어진 문장이 들어가기에 가장 적절한 곳은?

> So people naturally made the small step forward from just locating the sea bottom to locating schools of fish.

Everyone knows that if someone shouts near a wall or a mountainside, an echo will come back. The further off **this solid object**, the longer it will take for the return of the echo. (①) A sound made by tapping on the exterior of a ship will be reflected from the sea bottom, and by measuring the time interval between the taps and the receipt of the echoes, the depth of the sea at that point can be calculated. (②) So was born the echo-sounding **apparatus**, now in general use by fishermen. (③) Every solid object will reflect a sound, varying according to the size and nature of the object. (④) A school of fish will **do this**. (⑤) With experience, and with improved **apparatus**, it is now possible not only to locate a school but to tell if it is salmon or other well-known fish, by the pattern of its echo.

---

guess it! apparatus ⓐ 판별 ⓑ 장치

수능직결구문 다음 문장의 네모 안에서 어법에 맞는 표현을 고르시오.

So people naturally made the small step forward from just locating the sea bottom to ⌐locate / locating⌐ schools of fish.

2   다음 글에서 필자가 주장하는 바로 가장 적절한 것은?

핵 심 S K i L L N O T E

❶ it과 they가 각각 가리키는 것에 밑줄을 그으시오.

Great results come from a group of people who share a common goal and who **are committed to** reaching **it** together. Having the best performer at each position does not necessarily mean that a team will be successful. In fact, teams that have great individual performers who do not function well as a group often produce only average results. As a manager or coach, it is essential that one understands each individual's strengths and weaknesses and, more importantly, how **they** will interact with and affect the other players. Sometimes it is necessary to pass over a superstar in order to get a team player who will enhance the performance of the rest of the team.

① 한 명의 뛰어난 인재가 수만 명을 먹여 살린다.
② 도전적인 목표를 설정하고 지향할 때 팀이 발전한다.
③ 업무에 따른 적절한 보상이 따를 때 팀의 사기가 고취된다.
④ 현대 사회에서는 강력한 리더십을 가진 지도자가 필요하다.
⑤ 팀의 성공을 위해서는 팀 구성원들의 조화가 필수적이다.

---

guess it!   **be committed to** ⓐ ~에 헌신하다 ⓑ ~을 꺼리다

❶ They와 them이 가리키는 것을 각각 쓰시오.

They:

them:

❷ such primitive practices가 뜻하는 것을 우리말로 쓰시오.

3 다음 글의 내용을 한 문장으로 요약하고자 한다. 빈칸 (A)와 (B)에 들어갈 말로 가장 적절한 것끼리 짝지은 것은?

Villagers in the remote Solomon Islands have an interesting way of bringing down unusually **stubborn** or large trees. **They** repeatedly scream horribly at **them**. The yelling, they say, kills the spirit of a tree, which causes the tree to die. Here in the developed world, we tend to think we have outgrown **such primitive practices**. Many of us yell, though. I sometimes yell at my dog when I feel frustrated or angry. And only today I heard my neighbor yelling at his lawnmower! Unlike my dog, lawnmowers aren't affected in any way by a loud and angry voice. As for living things, however, including people and animals, the Solomon Islanders seem to have a point: harsh yelling can kill their spirit.

⬇

Objects are ____(A)____ by loud displays of bad temper; living creatures, on the other hand, can be easily ____(B)____.

	(A)		(B)
①	unharmed	----	hurt
②	accustomed	----	surprised
③	unaffected	----	scared
④	damaged	----	obedient
⑤	broken	----	ignorant

guess it! **stubborn** ⓐ 단단한, 다루기 힘든 ⓑ 구부러진

4 다음 글의 빈칸에 들어갈 말로 가장 적절한 것은?

핵 심 S K i L L N O T E

❶ guide dogs / a guide dog을 대명사 외에 다른 말로 대체하여 표현한 곳에 모두 밑줄을 그으시오.

One of the most amazing abilities **guide dogs** have is called selective disobedience. These highly trained animals know when to obey an order and when to disobey an order — based on the danger they perceive in a given situation. For example, when **a guide dog** and its handler reach a curb, the highly intelligent assistant stops, so the handler knows he has arrived at one. The dog, however, cannot see when the traffic light changes from red to green, so the handler commands the dog to proceed when he hears that the traffic has stopped. _____, the blind man's partner in sight obeys the command and crosses the street. If cars are approaching, however, the dog will disobey the command until it senses that the danger has gone.

* curb (인도와 차도 사이의) 연석

① If spoken loudly
② If it is well trained
③ If everything is okay
④ If it is given a reward
⑤ If the light has changed

ɡuess it! **selective** ⓐ 정당한 ⓑ 선택적인
perceive ⓐ ~을 감지하다 ⓑ ~에 대처하다

수능직결구문 다음 두 문장에서 밑줄 친 단어를 어법에 맞게 고치시오.

These highly trained animals know when <u>obey</u> an order ~.

cf. People can take little responsibility for their actions when <u>obey</u> authority.

5 다음 글의 제목으로 가장 적절한 것은?

To what can we attribute the global popularity of restaurant chains such as McDonalds? Is it simply their low prices and fast service? More important is the fact that you can go into any of these restaurants' branches anywhere in the world and get similar food taste and quality. What is inhibiting the wider acceptance of Korean cuisine in the global market is the fact there are so many variations that exist for each dish. One way to give Korean cuisine mass appeal internationally is by publishing easy-to-cook and easy-to-follow recipes for a wide range of delicious and authentic Korean dishes in many languages. Also, investing in Korean fast-food chains where Korean dishes are served the same way every time is another good idea, **which** will make it much easier for people to develop a taste for the wonderful cooking of Korea.

① Korean Recipes: Easily Followed, Easily Cooked
② Ideas for Popularizing Korean Cuisine
③ How Korean Food Ranks Internationally
④ Successful Campaigns for Korean Cuisine
⑤ The Importance of Service in Korean Restaurants

guess it!   **inhibit**   ⓐ ~을 못하게 막다   ⓑ ~을 촉진하다

6 다음 글에서 밑줄 친 말이 가리키는 대상이 <u>다른</u> 것은?

① <u>Some people</u> feel that the things they accomplish in life are never good enough. They often work and re-work projects or papers right up until their deadlines because they feel the work is not quite right. ② <u>These people</u> are perfectionists: people who **strive** for unobtainable and unrealistic goals. ③ <u>Many people</u> think that perfectionists' **traits** are helpful in the drive for success. However, research shows that perfectionism actually interferes with success. ④ <u>People with these attitudes</u> never allow themselves to feel a sense of personal satisfaction or accomplishment. In addition, people who set realistic goals accomplish far more than ⑤ <u>those who set goals that are too high.</u>

핵 심 S K i L L N O T E

❶ 정답을 제외한 나머지 네 개의 밑줄 친 말이 공통적으로 가리키는 것을 한 단어로 쓰시오.

$g$uess it!   **strive** ⓐ 달성하다 ⓑ 노력하다
trait ⓐ 추구 ⓑ 특성, 특색

수능직결구문   다음 문장에서 콜론(:)은 어떤 역할을 하는지 고르시오.

These people are perfectionists: people who strive for unobtainable and unrealistic goals.
ⓐ 앞 내용과 대조되는 내용을 연결함
ⓑ 앞 내용에 대한 설명 또는 예시하는 내용을 이끎

핵심
Point

★ 반복을 피하기 위해 사용되는 표현과 이들이 가리키는 대상의 특징 등을 정리해보자.

> **1** 대명사가 가리키는 대상은 단어, 구, 절 또는 문장 전체일 수도 있다.
>
> **2** 대명사가 먼저 나오고 가리키는 대상이 뒤에 나오는 경우도 있다.
>
> **3** 대명사와 그것이 가리키는 대상은 서로 멀리 떨어져 있을 수도 있다.
>
> **4** 대명사 외에 같은 의미의 다른 표현을 사용하여 동어 반복을 피하기도 한다.

리뷰
테스트

다음 보기와 같이 밑줄 친 표현이 대신하고 있는 것에 [ ]로 표시해보자.

> 보기   When [work is done inefficiently], people try to excuse it by blaming
> anything but themselves.

1   The virus can develop different characteristics, <u>which</u> means it can easily become resistant to drugs.

2   Look at <u>this</u>! I'm just an amateur collector, but I think I have found a rare 17th century coin. If I am correct, this will be a very valuable find. Let's take it to the coin shop and have its value assessed.

3   When you are prepared for <u>them</u>, small natural disasters can be managed effectively. If you are not prepared, though, you can suffer greatly.

4   Mike was devastated when his grandmother passed away. His sister, Michelle, was also very <u>sad</u>, but she seemed to deal with the situation much better.

해답 및 해설 **47**쪽

등급 UP! 🔆 어휘·어법 테스트

A 각 네모 안에서 어법에 맞는 표현을 고르시오.

1 If you are not interested in the colors available from this company, you can choose one from | other / another | distributor.

2 Today's tournament will be much more competitive than the one held two years | ago / before | in France.

3 | Most of / Almost | our profits come from the hardware division, but the software division is still valuable to us.

B 각 네모 안에서 문맥에 알맞은 어휘를 고르시오.

1 The members of the group were instructed to | contribute / distribute | equally to the project.

2 I | appreciate / depreciate | 18th Century art more than ever since I took an art history class and learned how greatly that era influenced later art movements.

3 The | damaged / injured | ship was taken to the nearest dock for repairs.

C (A), (B), (C)의 각 네모 안에서 문맥에 맞는 낱말로 가장 적절한 것은?

Many of us try to ignore our bodies. We try to escape from them to a fantasy world where flesh and blood don't exist. Our awareness of our bodies is mainly negative, and we criticize them as ugly and fat. Our self-image is so (A) | distorted / distracted | that we believe ourselves fatter than we really are. However, we should see ourselves more realistically and become alert to the connection between mind and body. If our (B) | physical / psychological | needs are ignored, we will not be emotionally healthy. We have to accept what we cannot change, including our body's individual build and bone structure, and its need for exercise, rest, and food. When our bodies are well cared for, our minds function properly, too. Becoming whole means (C) | uniting / separating | both mind and body.

	(A)	(B)	(C)
①	distorted ----	physical ----	uniting
②	distorted ----	physical ----	separating
③	distracted ----	psychological ----	uniting
④	distorted ----	psychological ----	uniting
⑤	distracted ----	physical ----	separating

해답 및 해설 **47**쪽

CHAPTER II

정답률을 높여주는 Reading Skills

글의 핵심내용 빠르게 파악하기

낯선 장소를 찾아가야 할 때 이정표가 있다면 길을 찾아 헤매는 시간을 훨씬 단축할 수 있다.
수능 지문에도 어떤 문장이 주제문임을 나타내는 중요한 단서들이 등장하는데,
이러한 특징을 익혀두고 지문을 접하게 되면 훨씬 빠르고 효율적으로 주제문을 찾을 수 있다.

모르는 단어를 추측하기 위한
ESSENTIAL WORDS LIST

모르는 단어가 너무 많으면 그 뜻을 추측하며 읽어 내려가기가 불가능하다.
단어의 뜻을 추론할 수 있는 실력을 기르기 위해서 다음의 필수 어휘를 미리 익혀두자.

❶

☐ **self-mastery**   자제, 극기

☐ **predetermined**   미리 정해진
    [prì:ditə́:*r*mind]

☐ **productive** [prədʌ́ktiv]   생산적인

☐ **randomly** [rǽndəmli]   무작위로, 마구잡이로
    (= at random)

☐ **scramble** [skrǽmbəl]   추론해볼 어휘

☐ **expose** [ikspóuz]   ~을 드러내다, 노출하다

☐ **get the most out of A**   A를 최대한으로 활용하다

❷

☐ **resort** [ri:sɔ́:rt]   휴양지; 의지하다

☐ **consume** [kənsú:m]   ~을 소모하다, 다 써 버리다

☐ **resource** [rí:sɔːrs]   《보통 복수형》 천연자원; 수
    단

☐ **habitat** [hǽbətæt]   추론해볼 어휘

☐ **lodge** [lɑdʒ]   (행락지 등의) 숙박시설, 소규
    모 별장; 오두막

☐ **fit in with**   ~와 일치[조화]하다

☐ **renewable**   추론해볼 어휘
    [rinʲú:wəbəl]

❸

☐ **come up with**   (안 등을) 생각해내다

☐ **ring** [riŋ]   (나무의) 나이테; 고리; 반지

☐ **dense** [dens]   추론해볼 어휘

☐ **extra-**   특별한; 여분의

❹

☐ **simultaneously**   추론해볼 어휘
    [sàiməltéiniəsli]

☐ **have an effect on A**   A에 영향을 미치다

☐ **routinely** [ru:tí:nli]   일상적으로

☐ **suffer from**   ~로 고생하다, 고통받다

☐ **stimulate** [stímjulèit]   추론해볼 어휘

☐ **prevent A from ~ing**   A가 ~하는 것을 막다[방해하
    다]

☐ **relaxation**   휴식; (긴장, 근육, 정신 등의)
    [rì:lækséiʃən]   이완

❺

☐ **unacceptable**   허용할 수 없는
    [ʌnəkséptəbəl]

☐ **emotion** [imóuʃən]   감정

☐ **acknowledge**   추론해볼 어휘
    [əknálidʒ]

☐ **accept** [əksépt]   ~을 받아들이다, 인정하다

❻

☐ **be willing to** *do*   기꺼이 ~하다

☐ **agenda** [ədʒéndə]   의제, 안건

☐ **cool off**   식다

☐ **special-education**   특수교육

☐ **obviously** [ábviəsli]   분명하게, 명백하게

☐ **calmly** [ká:mli]   침착하게, 차분하게

☐ **address** [ədrés]   추론해볼 어휘

☐ **discouraging**   낙담시키는, 실망시키는
    [diskə́:ridʒiŋ]

☐ **ineffective** [ìniféktiv]   효력이 없는

Skill 맛보기

다음 글에서 필자가 주장하는 바로 가장 적절한 것은? 〈모의〉

Is your child's homework a struggle? Although many parents would like to be involved in their child's learning, they don't think they have the right knowledge and skills to properly do so. Times have changed so much since many parents were at school, that teaching methods are now often completely different. For this reason many parents would like schools to run sessions helping them to understand the curriculum, modern teaching methods, and the way children learn. That is to say, it is necessary for schools to open courses to give parents various tips on how to help their children learn.

① 학생들은 자기주도적인 학습 태도를 가져야 한다.
② 학생들의 과제 수행을 도와주는 프로그램이 필요하다.
③ 학생들은 학습 결과보다는 과정에 관심을 가져야 한다.
④ 학부모들이 참여할 수 있는 평생 교육 기관을 확충해야 한다.
⑤ 학교는 자녀 학습에 도움을 줄 수 있는 학부모 강좌를 열어야 한다.

struggle [strʌ́gəl] (~을 이루기 위한) 힘든 싸움, 하기 어려운 일 **be involved in** ~에 관여하다, 개입하다 **properly** [prɑ́pərli] 적절하게 **run** [rʌn] ~을 운영하다 **session** [séʃən] (일정 기간 동안 이루어지는) 강좌, 수업 **curriculum** [kəríkjuləm] 교과(교육)과정 **that is to say** 다시 말해서, 즉 **tip** [tip] 조언, 도움

왼쪽 기출 지문에 의거하여 다음 과제를 해결하시오.

A 왼쪽 기출 지문의 주제문을 찾아 밑줄을 그으시오.

B 다음은 수능에 출제되었던 지문들의 주제문이다. 위의 주제문과 아래 문장들을 비교해서
살펴본 후 표현상의 공통점을 적어보시오.

— The context in which a food is eaten can be nearly as important as the food
itself. [09년]

— The essential point here is: What we perceive as color is not made up of color.
[08년]

— Another vital factor is increasing one's responsiveness to the markets by
providing products suited for the local communities that make up the
market. [06년]

— What is important is to bring a painting back to an artist's original intent.
[05년]

공통점: _____

_____

❶ 주제문을 찾아 밑줄을 그으시오.

❷ 위에서 찾은 주제문과 아래의 기출 주제문을 비교해본 후 공통점을 적으시오.

— Whether their grandchildren have special needs or not, grandparents shouldn't overlook the value of incidental learning experiences. 〈수능〉

— Parents should therefore take care when they send their children to a sports camp, and should talk with the sports coaches to see if they will respect the children's wishes. 〈수능〉

— In making a successful school, we must consider the relationships among the people involved in the school community. 〈수능〉

↓

공통점:

_____

_____

1 다음 글의 내용을 한 문장으로 요약하고자 한다. 빈칸 (A)와 (B)에 들어갈 말로 가장 적절한 것은?

If you intentionally establish a routine for starting the day as you want to, you will have taken a giant step toward spending the rest of your life the way you want to. How we spend our mornings is the litmus test for our degree of self-mastery. Do we follow a predetermined, set routine which makes us more efficient and productive, and allows more time to think and relax? Or do we randomly **scramble** to get ready and out the door to make it to work just in time? How we approach the day exposes the power of our routines. If we are to get the most out of life and come closer to becoming all we can be, we should establish good habits that allow us to more effectively utilize the beginning of each day.

*litmus test 리트머스 시험 (그것만 보면 사태가 명백해지는 하나의 사실)

⬇

> If we establish good habits that make the best use of our _____(A)_____ hours, we can realize our full _____(B)_____ and accomplish our life goals.

	(A)		(B)
①	precious	----	abilities
②	school	----	strength
③	morning	----	potential
④	morning	----	relaxation
⑤	school	----	abilities

𝓰uess it! **scramble** ⓐ 여유 부리다 ⓑ 허둥대다

수능직결구문 다음 문장의 네모 안에서 어법에 알맞은 표현을 고르시오.

How we spend our mornings is / are the litmus test for our degree of self-mastery.

2 다음 글의 요지로 가장 적절한 것은?

Large vacation resorts are convenient and comfortable, but they consume great amounts of natural resources, and create a lot of pollution. In addition, their huge designs can destroy natural **habitats** and harm wildlife. Eco-lodges, on the other hand, provide enjoyable experiences and protect the environment. They are resorts that are designed to fit in harmoniously with the natural environment where they are located. They are built with local, **renewable** materials that have been proven not to harm the environment. Renewable energy sources, such as solar power, are used to provide electricity, and all waste created by the lodge is recycled. Staying at an eco-lodge will bring you a sense of satisfaction that stays with you long after your vacation is over.

① 여행 계획 시 깨끗한 숙박시설의 선택이 중요하다.
② 숙박업소의 대체 에너지 사용을 의무화해야 한다.
③ 환경친화적 숙박시설을 이용하는 것이 바람직하다.
④ 숙박업소 관계자들에게 환경 교육을 실시해야 한다.
⑤ 동·식물의 서식지 주변에 숙박시설을 건설해선 안 된다.

❶ 주제문을 찾아 밑줄을 그으시오.

❷ 위에서 찾은 주제문과 아래의 기출 주제문을 비교해본 후 공통점을 적으시오.

— In many cases, the product placement results in a positive shift in brand attitude, causing viewers to buy the products. However, there is potential for a negative shift in brand attitude when consumers feel forced to see brand information too often. 〈모의〉

— Most people have a vase or two in a cupboard, but lots of things can be turned into stylish containers for a flower arrangement, so before you rush out to buy anything, look around your own home. 〈수능〉

— Contrary to what Mr. Smith may believe, the role of computers in music and the performing arts has been considerable. 〈수능〉

↓

공통점: _____

---

guess it!   **habitat** ⓐ 풍경 ⓑ 서식지
renewable ⓐ 재생 가능한 ⓑ 저렴한

수능직결구문   다음 중 빈칸에 알맞은 표현을 고르시오.

Renewable energy sources, such as solar power, are used to _____ electricity.
ⓐ provide   ⓑ providing   ⓒ provided
cf. I am used to _____ the weekends with my family.
ⓐ spend   ⓑ spending   ⓒ spent

Skill 연마하기

핵심 SKiLL NOTE

❶ 주제문을 찾아 밑줄을 그으시오.

❷ 위에서 찾은 주제문과 아래의 기출 주제문을 비교해본 후 공통점을 적으시오.

— Hence, the time spent on regular examinations is a sensible investment in good health. 〈수능〉

— Thus, the most important issue facing these countries is understanding the differences among cultures. 〈수능〉

↓

공통점:

_____

_____

3 다음 글의 제목으로 가장 적절한 것은?

Violins created by Antonio Stradivarius have held special meaning and great value for centuries. Musicians and audiences agree that "a Strad" produces the finest sound, but nobody has ever been able to explain why. Recently, though, scientists have come up with a possible answer — the climate. Stradivarius worked from 1645 to the early 1700s, a time often referred to as the "Little Ice Age." Due to the unusual cold and short growing seasons during this period, trees grew differently. Their rings were much thinner, their wood was much **denser**, and all Strad violins were made from this particular wood. The scientists, therefore, believe that this extra-dense wood is part of what gives a Strad its beautiful sound.

① How to Make Stradivarius Violins
② The Influence of the Little Ice Age
③ What Makes a Stradivarius Unique
④ Musicians and Their Favorite Violins
⑤ Tree Ring Analysis as a Scientific Tool

guess it!   **dense** ⓐ 조밀한, 밀집한 ⓑ 면역력이 강한

수능직결구문   다음 문장의 네모 안에서 어법에 맞는 표현을 고르시오.

Stradivarius worked from 1645 to the early 1700s, a time often referred to by / to as the "Little Ice Age."

4 다음 글의 주제로 가장 적절한 것은?

People today have the ability to accomplish more things in one day than past generations did in a week, but is working on so many things at once really beneficial? One study showed that doing several tasks **simultaneously** can have serious effects on the brain. For instance, kids who routinely watch TV, talk on the phone, and play games while doing their homework may suffer from a reduced capacity to concentrate in adulthood. And, of course, their depth and quality of thought decreases as they add more tasks to the ones they're already doing. In addition, behaving in this way means that these children are constantly **stimulating** their brains, which is stressful and prevents them from having much needed mental relaxation.

① effective education using online tools
② how young people spend their spare time
③ how to increase capacity for concentration
④ harmful effects related to excessive multitasking
⑤ broad possibilities brought by new technology

핵심 S K i L L N O T E

❶ 주제문을 찾아 밑줄을 긋고, 그것이 주제문임을 보다 확실히 알려주는 표현을 뒤 문장에서 찾아 동그라미 하시오.

❷ 아래의 기출 지문 일부를 보고, 앞 문장이 주제문임을 나타내주는 표현을 뒤 문장에서 찾아 동그라미한 후, ❶과 공통되는 특성을 쓰시오.

— History can provide insights into current issues and problems. For example, any attempt to understand the disintegration of Yugoslavia would be incomplete without an examination of the long history of hatred and cooperation between the Muslim peoples. 〈모의〉

↓

공통점:

guess it! **simultaneously** ⓐ 빠르게 ⓑ 동시에
stimulate ⓐ ~을 자극하다 ⓑ ~을 발달시키다

수능직결구문 밑줄 친 did가 의미상 대신하고 있는 표현을 쓰시오.

People today have the ability to accomplish more things in one day than past generations did in a week ~.

❶ 주어진 글에서 주제문을 찾아 밑줄을 그으시오.

❷ 위에서 찾은 주제문과 아래의 기출 주제문을 비교해본 후 공통점을 적으시오.

— Don't be one of them. 〈수능〉

— The answer is simple: Don't be caught in the perfection trap. 〈수능〉

— Add it up to experience, don't take it personally, and go find your next challenge! 〈모의〉

↓

공통점: _____

_____

5 다음 글의 빈칸에 들어갈 말로 가장 적절한 것은? 〈모의〉

We push down our feelings because most of us have been brought up to believe that there are feelings which are unacceptable. Some of us learned that all emotions are unacceptable, while others learned that specific emotions such as anger or crying are unacceptable. In fact, there is absolutely nothing wrong with any kind of feeling. When someone tells you not to feel sad or angry, he or she is asking the impossible. You can deny the feelings you are having but you cannot stop them from coming. All that feelings need, in order to pass, is to be acknowledged and accepted. Just saying to yourself, or someone else, 'I feel angry' (or sad, or frightened) is a great start. Let yourself _____ the feelings, good or bad.

① deny　　② hide　　③ respect
④ choose　　⑤ distinguish

---

guess it!　**acknowledge**　ⓐ ~을 인정하다　ⓑ ~을 무시하다

수능직결구문　다음 밑줄 친 부분의 의미로 적절한 것은?

We push down our feelings because most of us <u>have been brought up</u> to believe that there are feelings which are unacceptable.

ⓐ 배워왔다　　ⓑ 자라왔다

6 다음 글의 요지로 가장 적절한 것은?

When a student becomes upset, the teacher can suggest, "Would you be willing to put that problem on our class meeting agenda?" This gives immediate satisfaction, while providing for a cooling-off period before trying to solve the problem. One special-education teacher tried this and reported that her students would walk over to the agenda sheet, obviously upset, write their problem on it, and walk away calmly. It was enough for them to know that their problem would be **addressed** soon. Respected child psychologists recommend a cooling-off period of at least one day before discussing a problem. It is discouraging to have to wait much longer than three days. This is a reason why once-a-week meetings may be ineffective.

① 소수의 학생이 제기한 문제에도 귀를 기울여라.
② 문제를 바로 해결하기보다는 유예기를 두어라.
③ 학급 회의를 통해 문제를 민주적으로 해결하라.
④ 학급 내 문제는 가급적 빨리 인지해야 한다.
⑤ 학생 간의 문제 해결에는 교사의 역할이 중요하다.

핵심 SKiLL NOTE

❶ 주어진 글에서 주제문을 찾아 밑줄을 그으시오.

❷ 위에서 찾은 주제문과 아래의 기출 주제문을 비교해본 후 공통점을 적으시오.

— A recent survey has found that shoppers want more time for themselves, and one way to get it is to spend less time shopping. 〈수능〉

— A recent study suggests that perceived age may be a more reliable predictor of marketing success on the gray market than actual age. 〈수능〉

— Researchers think that color preference arose from the division of labor between men and women in the prehistoric period. 〈모의〉

↓

공통점: _____
_____

---

guess it!   address   ⓐ (문제를) 회피하다   ⓑ (문제를) 다루다

수능직결구문   다음 밑줄 친 This가 가리키는 것으로 적절한 것은?
When a student becomes upset, the teacher can suggest, "Would you be willing to put that problem on our class meeting agenda?" <u>This</u> gives immediate satisfaction, while providing for a cooling-off period before trying to solve the problem.
ⓐ to put that problem on our class meeting agenda
ⓑ our class meeting agenda

핵심
Point

A 주제문은 글에서 가장 중요한 내용을 전달하는 문장이므로 주로 다음과 같은 표현이 등장한다.

1 [　　　　]을 나타내는 표현: important, vital, necessary, essential, key 등.

2 [　　　　]란 뜻의 조동사: must, have to, should, need to, it's time to부정사 등.

3 [　　　　]표현: the greatest thing about ~, the most important thing is ~ 등.

4 [　　　　]표현: Do ~, Don't ~ 등.

B 글의 논리적 흐름을 나타내는 연결어는 주제문의 위치를 파악하는 데 큰 단서가 된다.

1 일반적인 사실이 언급된 후 [　　　　]의 연결어와 함께 상반되는 내용이 등장하면 이는 주제문일 가능성이 높다.

> however, but, yet, contrary to, on the contrary 등 + 주제문

2 글의 마지막 부분에 [　　　　]을 나타내는 연결어가 온다면 그 문장은 주제문일 가능성이 높다.

> therefore, thus, so, hence, consequently, as a result 등 + 주제문

3 [　　　　]를 나타내는 연결어 앞에 오는 문장은 주제문인 경우가 많다. 글쓴이가 요지를 먼저 제시한 다음, 그에 대한 근거로 [　　　　]를 드는 경우가 있기 때문이다.

> 주제문 + for example, for instance 등

리뷰
테스트

다음은 기출 지문을 발췌한 것이다. 각각의 글에서 주제문이라 할 수 있는 문장을 찾아 밑줄을 그으시오.

A (앞부분 생략) …… All drivers "should have to pay their fair share" to fix potholes, bridges, etc., "regardless of what kind of fuel they use." But before charging progressive-minded drivers a new tax, shouldn't the government take a more progressive attitude? The government needs to assist the environmentally conscious drivers rather than charge them.

*pothole 도로에 움푹 파인 곳

〈모의〉

B It has been said that a weed is "any plant growing in the wrong place." Yet with a small shift in perspective we can change this definition to "a plant whose virtues have not yet been discovered." Many weeds are edible and medicinal. …… (뒷부분 생략)

〈모의〉

해답 및 해설 **53**쪽

등급 Up! 어휘·어법 테스트

A 각 네모 안에서 어법에 맞는 표현을 고르시오.

1 If you have completed your assignments and brought them with you, please take them out / take out them .

2 Now that I have moved into a dormitory with many other students, I feel more pressure to keep my desk neat / neatly .

B 각 네모 안에서 문맥에 알맞은 어휘를 고르시오.

1 The red wine was a great compliment / complement to the perfectly cooked steak and delicately prepared vegetables.

2 License fees for people who own and adopt / adapt pets in Seattle will increase by between $5 and $7 on 1 January.

C 다음 글의 밑줄 친 부분 중, 어법상 틀린 것은?

Not many people consider illiteracy to be a disability. However, ① the illiterate face enormous problems in our community. Those who cannot read or write are extremely limited in what they can do. They can't use the Internet, read a subway sign, or order from a menu, and they can only choose products already familiar to them in a supermarket. ② Another problem is that the illiterate cannot access education. Those who are illiterate find ③ it impossible to take courses that might improve their chances of employment. Finally, they have trouble ④ helping their children to learn. They are unable to help with homework and will do anything to avoid a meeting with a teacher for fear of embarrassing their child or ⑤ them.

해답 및 해설 54쪽

빈칸에 들어갈 말
추론하기

지문 속 빈칸에 들어갈 말을 추론하는 것은 퍼즐의 마지막 한 조각을 찾는 것과 비슷하다.
전체 그림에 어울리면서도 주변 조각들의 모양과도 일치하는 것을 골라야 한다.
이번 유닛에서는 어떤 내용이 주로 빈칸으로 만들어지고
어떻게 하면 효율적이고 정확하게 빈칸의 내용을 추론할 수 있는지 알아보도록 하자.

ESSENTIAL WORDS LIST

모르는 단어가 너무 많으면 그 뜻을 추측하며 읽어 내려가기가 불가능하다.
단어의 뜻을 추론할 수 있는 실력을 기르기 위해서 다음의 필수 어휘를 미리 익혀두자.

❶

☐ play a major role in — ~에 중요한 역할을 하다
☐ obesity [oubí:səti] — 추론해볼 어휘
☐ expansion [ikspǽnʃən] — 확장
☐ burn up — (에너지, 열량을) 소비하다 (=burn off)
☐ contain [kəntéin] — ~을 담고 있다, 포함하다
☐ A contribute to B — A가 B의 원인이 되다; A가 B의 한 도움이 되다

❷

☐ physicist [fízisist] — 물리학자 *cf.* physician 내과의사
☐ relativity [rèlətívəti] — 상대성
☐ jargon [dʒá:rgən] — 추론해볼 어휘
☐ adjust [ədʒʌ́st] — ~을 조정[조절]하다
☐ talk down to A — A를 깔보는 투로 말하다
☐ talk over one's head — 추론해볼 어휘
☐ restrictively [ristríktivli] — 제한적으로
☐ adapt [ədǽpt] — ~을 (새로운 상황 등에) 맞추다[조정하다]

❸

☐ enormously [inɔ́:rməsli] — 엄청나게, 막대하게
☐ bring in — (수입·이익을) 가져오다; (수확물을) 거둬들이다
☐ claim to *do* — ~한다고 주장하다
☐ feature [fí:tʃər] — ~을 주인공으로 삼다, 특색으로 삼다
☐ blur [blə:r] — 추론해볼 어휘
☐ artificial [à:rtifíʃəl] — 추론해볼 어휘
☐ monitor [mánitər] — ~을 감시[관리]하다

☐ force A to *do* — A가 ~하도록 강요하다
☐ embarrassing [imbǽrəsiŋ] — 당혹스러운, 곤란한

❹

☐ run on — (전기, 연료 등으로) 작동하다, 계속 유지되다
☐ be similar to A — A와 비슷한, 유사한
☐ rotten [rátn] — 썩은, 상한
☐ outlet [áutlèt] — 추론해볼 어휘
☐ digest [dɑidʒést] — 추론해볼 어휘

❺

☐ marketing [má:rkitiŋ] — 시장거래, 매매
☐ drastically [drǽstikəli] — 추론해볼 어휘
☐ distribution channel — 유통 경로
☐ significantly [signífikəntli] — 크게, 상당히
☐ expand [ikspǽnd] — ~을 확장하다
☐ potential [pəténʃəl] — 잠재적인; 가능성 있는
☐ overtake [òuvərtéik] — 추론해볼 어휘
☐ compete in — ~에서 경쟁하다; ~에 참여하다

❻

☐ sacred [séikrid] — 신성한
☐ embody [imbádi] — 추론해볼 어휘
☐ companion [kəmpǽnjən] — 동반자 *cf.* companionship 동지애
☐ afterlife [ǽftərlàif] — 내세, 사후세계
☐ mummify [mʌ́mifài] — (시체를) 미라로 만들다

빈칸에 들어갈 말로 가장 적절한 것은? 〈모의〉

Back in 18th century Europe, Louis XV made it fashionable for men to powder their noses and rouge their lips. The Beatles in the 1960s broke women's hearts with their long hair and thin, boyish figures. Nowadays singers like Big Bang put on smoky eye makeup, while the main actors in "Boys Over Flowers" enjoy pastel sweaters and curly hair. Middle-aged men, like women, are obsessed with perfect skin and thin waistlines. Flawless skin and colorful clothes are the key to completing the pretty boy look. Men who want to be beautiful also show _____ in floral prints and pastel colors. Women are no longer the only customers.

① fear   ② interest   ③ neglect
④ mercy   ⑤ indifference

rouge[ruːʒ] (입술에) 립스틱을 바르다 **figure**[fígjər] 모습; 몸매; 숫자; 도형; ~을 계산하다 **makeup**[méikʌ̀p] 화장; 분장 **pastel**[pæstél] 파스텔 색채; 연하고 부드러운 색깔 **curly**[kə́ːrli] 곱슬곱슬한 **be obsessed with** ~에 집착하다; ~에 의해 괴롭힘을 당하다 **waistline**[wéistlàin] 허리의 굵기; 허리의 잘록한 선 **flawless**[flɔ́ːlis] 흠 없는, 완벽한 **floral**[flɔ́ːrəl] 꽃의 **no longer ~** 더 이상 ~이 아니다

다음은 왼쪽 지문을 문제 풀이에 효율적인 순서로 재배치한 것이다.

A 제일 먼저 _____을 읽는다.

Men who want to be beautiful also show _____ in floral prints and pastel colors.

↓

B 빈칸이 위치한 문장 뒤에 한두 문장이 더 이어지는 경우, 이 문장들을 읽는다.
이들은 빈칸 문장의 부연설명에 해당하므로, 빈칸을 추론할 수 있는 확실한 근거가 된다.

Women are no longer the only customers.

C 선택지를 보며 빈칸에 들어갈 정답을 고르시오.

D 이 글의 주제는 무엇이겠는지 추론하여 쓰시오.

_____

1 빈칸에 들어갈 말로 가장 적절한 것은?

〈모의〉

¹The change from a struggling, active survival to today's more inactive lifestyle has played a major role in the rise of **obesity**. ²Two million years ago the expansion of the human brain required energy-rich food. ³To find foods that are much richer in calories and nutrients, our ancestors had to run and hunt over large areas of land, meaning they burned up a lot of the calories. ⁴With the shift to less active lifestyles, humans now have a diet that contains far more calories than they need to survive. ⁵Moreover, we can simply pick up the phone to get a meal delivered to our door. ⁶In short, _____ _____ has contributed to obesity and long-term health problems.

① the limit to daily calories
② the decline in physical activity
③ the growth of the food industry
④ the poor quality of delivery service
⑤ the access to nutrient-balanced food

---

guess it !   **obesity**   ⓐ 체력저하   ⓑ 비만

수능직결구문   다음 문장의 네모 안에서 어법상 알맞은 것을 고르시오.

Moreover, we can simply pick up the phone to get a meal to deliver / delivered to our door.

2 다음 글의 빈칸 (A), (B)에 들어갈 말로 가장 적절한 것을 고르시오.

¹If you are a physicist discussing the special theory of relativity with other physicists at a professional conference, you can ___(A)___ use the technical jargon of your profession. ²But if you are asked to explain the principles to a group of non-physicists, you should adjust your vocabulary and present your material in ordinary language. ³Don't use technical or "insider" language merely to impress people. ⁴The point is to communicate. ⁵The two extremes to be avoided are talking down to people and talking over their heads. ⁶An important point to note here is that we obviously cannot ___(B)___ our language for our audience if we do not know our audience.

	(A)		(B)
①	restrictively	----	create
②	freely	----	simplify
③	confidently	----	contain
④	restrictively	----	sharpen
⑤	freely	----	adapt

■ 핵 심 S K i L L N O T E

❶ 빈칸 (A) 내용을 추론하기 위해 반드시 읽어야 할 문장의 번호를 쓰시오.

_____

❷ 빈칸 (B) 내용을 추론하기 위해 반드시 읽어야 할 문장의 번호를 쓰시오.

_____

❸ 이 글의 주제를 쓰시오.

_____

_____

guess it! **jargon** ⓐ 전문용어 ⓑ 장벽
talk over one's head ⓐ 명령하듯이 말하다 ⓑ 이해 못할 정도로 어렵게 말하다

수능직결구문 다음 문장의 네모 안에서 어법상 알맞은 것을 고르시오.

An important point to note here is [that / what] we obviously cannot ___(B)___ our language for our audience if we do not know our audience.

❶ 빈칸 내용을 추론하기 위해 반드시 읽어야 할 문장의 번호를 읽기에 효과적인 순서대로 쓰시오.

❷ 이 글의 주제를 쓰시오.

3 빈칸에 들어갈 말로 가장 적절한 것은?

¹All over the world, reality TV shows are enormously popular, bringing in huge ratings and profits for TV companies. ²Reality TV shows claim to feature real people experiencing real-life situations. ³With reality shows, the line separating news and documentaries from drama series is being **blurred**. ⁴Critics argue, however, that these reality shows actually ＿＿＿＿＿＿＿＿＿＿＿＿＿＿. ⁵Instead, these shows offer little more than highly **artificial** environments containing people who are carefully chosen to play very specific roles. ⁶While appearing to act without scripts or directions, contestants on these shows are usually closely monitored and forced to act within strict guidelines. ⁷These guidelines are often to encourage the most ugly and embarrassing behavior.

* rating 시청률

① reflect the way young people live
② have little in common with reality
③ attempt very risky and dangerous tasks
④ remain very popular at the present time
⑤ make networks very large profits

---

guess it!   **blur** ⓐ ~을 확연하게 하다 ⓑ ~을 흐리게 하다
artificial ⓐ 거짓의 ⓑ 실제적인

수 능 직 결 구 문   밑줄 친 부분에 유의하여 다음 문장을 해석하시오.

These guidelines are often to encourage the most ugly and embarrassing behavior.

4 빈칸에 들어갈 말로 가장 적절한 것은?

[1]What kind of batteries do you think robots in the future will run on? [2]Will they be similar to the ones used today? [3]Maybe they will not be used at all! [4]Scientists have developed a new robot that, believe it or not, can be powered by dead flies or rotten apples. [5]This research came out of the desire to develop robots that could operate under the worst of conditions and for long periods of time _____. [6]This is necessary because some of the sites where they will work, such as the sea floor, do not have electrical outlets. [7]The solution to this challenge was to develop robots that get their energy just like animals do, by eating and digesting natural foods.

① without a remote control
② without a small energy tank
③ without recharging batteries
④ with little or no maintenance
⑤ without human interference

핵 심 S K i L L N O T E

❶ 빈칸 내용을 추론하기 위해 반드시 읽어야 할 문장의 번호를 읽기에 효과적인 순서대로 쓰시오.

❷ 이 글의 주제를 쓰시오.

guess it! **outlet** ⓐ 배출구 ⓑ 콘센트
　　　　　 digest ⓐ ~을 배출하다 ⓑ ~을 소화하다

❶ 빈칸 내용을 추론하기 위해 반드시 읽어야 할 문장의 번호를 읽기에 효과적인 순서대로 쓰시오.

_____

❷ 이 글의 주제를 쓰시오.

_____

5 빈칸에 들어갈 말로 가장 적절한 것은?

[1]The Internet is changing marketing **drastically** because it is an inexpensive and relatively simple communication and distribution channel that _____. [2]Through the Internet, a local business can easily become a global marketer and significantly expand its potential client base. [3]In the past, this was not possible because marketing internationally was so expensive and complicated that only the biggest companies could afford to do it. [4]Today, however, the uploading of files to a website is all that it takes. [5]Just establishing a website does not mean that any business can **overtake** a big corporation, but it does mean that smaller businesses now have the opportunity to compete in the global market.

① offers global accessibility
② is one of the newest technologies
③ is preferred by many clients
④ helps local marketing campaigns
⑤ has greater risks in business

---

guess it !   **drastically** ⓐ 점진적으로 ⓑ 대폭
          overtake ⓐ ~을 따라잡다 ⓑ ~을 이용하다

수능 직결구문   다음 문장의 네모 안에서 어법상 알맞은 것을 고른 후 밑줄 친 부분을 해석하시오.
          Today, however, the uploading of files to a website is all which / that it takes.

6

다음 글의 빈칸 (A), (B)에 들어갈 말로 가장 적절한 것을 고르시오.

[1]Ancient Egyptians were close to the natural world and the animals in it. [2]Cats, bulls, and hawks were especially sacred to the ancient Egyptians, who believed they embodied the spirits of certain gods and goddesses. [3]_____(A)_____, pets were popular at this time. [4]Although they weren't considered sacred, common companions like dogs, cats, and monkeys were very important to ancient Egyptian society. [5]In fact, they were one of the only ancient cultures to keep animals in their homes, and many Egyptians chose to be buried with them so that they would have companionship in the afterlife. [6]_____(B)_____, scientists have discovered millions of mummified animals in the tombs of ancient Egyptians.

(A)		(B)
① However	----	As a result
② Likewise	----	As a result
③ However	----	In addition
④ Likewise	----	On the other hand
⑤ Moreover	----	On the other hand

핵 심 S K i L L N O T E

❶ 빈칸 (A) 내용을 추론하기 위해 반드시 읽어야 할 문장의 번호를 쓰시오.

❷ 빈칸 (B) 내용을 추론하기 위해 반드시 읽어야 할 문장의 번호를 쓰시오.

❸ 이 글의 주제를 쓰시오.

guess it!　embody　ⓐ ~을 쫓아내다　ⓑ ~을 구현하다

A 글 마지막에 있는 빈칸 내용을 추론하는 방법

1 빈칸이 속한 문장을 읽고 추론해야 할 내용을 파악한다. 이때 대명사나 지시어 등으로 개념이 잘 이해되지 않을 땐 바로 앞의 한두 문장을 더 읽는다.

2 마지막 문장에 빈칸이 있으면 [＿＿＿＿＿＿] 구조일 가능성이 크므로 글의 첫 부분과 내용을 연계시키며 읽 는다.

3 추론이 어려울 땐 빈칸 앞 문장부터 차례로 읽어 올라가며 추론한 빈칸 내용이 글의 흐름과 일치하는지 확인한다.

B 글 가운데에 있는 빈칸 내용을 추론하는 방법

1 빈칸이 속한 문장을 읽고 추론해야 할 내용을 파악한다.

2 빈칸이 속한 문장의 [＿＿＿＿＿＿] 문장들을 읽고 문맥이 연결되도록 빈칸 내용을 추론한다.

C 글 첫 부분에 있는 빈칸 내용을 추론하는 방법

1 글의 첫 문장에 빈칸이 포함되면 [＿＿＿＿＿＿]일 가능성이 크므로 주의해서 읽는다.

2 바로 이어지는 문장들은 이를 뒷받침하는 역할을 하므로 [＿＿＿＿＿＿]가 확실해질 때까지 읽어 내려간다.

D 글의 두 번째 문장에 있는 빈칸 내용을 추론하는 방법

1 첫 문장은 도입문장일 가능성이 크다.

2 그러므로 빈칸이 포함된 문장부터 아래로 읽어 내려가면 된다.

다음 지문을 읽고 빈칸에 들어갈 가장 적절한 말을 고르시오.

In court cases that involve the presentation of scientific evidence, defense lawyers and their opponent prosecution lawyers usually use scientists who interpret data in a way that is favorable to their clients. This causes a problem for judges because they usually do not have the scientific knowledge to fairly decide a case based on this conflicting evidence. To make matters worse, opposing sides will very rarely agree on the interpretation of scientific data regarding their case. To solve this problem, judges are now allowed to recruit their own independent scientists. ＿＿＿＿＿＿＿＿＿＿, a judge can provide a common ground for all sides to start from.

① Conducting the experiments himself　② With little effort and expense
③ When both lawyers are cooperative　④ By providing unbiased expert opinion
⑤ When the case is very controversial

해답 및 해설 **59**쪽

A 각 네모 안에서 어법에 맞는 표현을 고르시오.

1 If the situation gets any worse, there could be a war, but I hope that the politicians do not take it that / as far.

2 Not only we offer / do we offer quality products at competitive prices, but we also offer the best service and longest warranties.

B 각 네모 안에서 문맥에 알맞은 어휘를 고르시오.

1 I evacuated / evaluated the building because I did not think that the heavily snow-covered roof could hold.

2 It was plain that he was not going to agree. There was no possibility he was going to vote for the registrations / restrictions against his business.

3 He was wearing odd / even socks, which made him look like he had bad taste in fashion.

C (A), (B), (C)의 각 네모 안에서 어법에 맞는 표현을 골라 짝지은 것으로 가장 적절한 것은?

A hybrid vehicle is one that is powered by a combination of two different types of engine. The most common type of hybrid car is the gasoline-electric type. These cars use fuel to power small engines and batteries to run electric motors. The fuel engines are used to (A) recharge / recharging the cars' batteries, which in turn supply power to an electric motor. Together, the fuel engine and the electric motor provide an amount of power that is (B) strong enough / enough strong to run a car at very reasonable rates. Today, (C) because / because of people's concerns about the environment, particularly air pollution, hybrid cars are beginning to replace fuel-only models.

	(A)		(B)		(C)
①	recharge	----	strong enough	----	because
②	recharging	----	enough strong	----	because of
③	recharge	----	strong enough	----	because of
④	recharging	----	strong enough	----	because of
⑤	recharging	----	enough strong	----	because

해답 및 해설 59쪽

글의 흐름에 맞게
문장 배열하기

높이 도약한 스키 점프 선수는 포물선을 그리며 하늘을 난 후 땅에 착지하게 되어 있다.
점프의 높이나 공중 동작은 선수마다 다를 수 있어도
도약 없이 공중으로 날아오른다거나 도약하자마자 땅으로 착지하는 일은 불가능하다.
이번 유닛에서는 이처럼 문장이나 단락들의 순서를 논리적 흐름에 맞게 배열하는 훈련을 한다.

내용을 완전히 파악하여 순서를 찾는 방법 외에 어떤 실마리들의 도움을 받을 수 있는지 알아보자.

ESSENTIAL WORDS LIST

모르는 단어가 너무 많으면 그 뜻을 추측하며 읽어 내려가기가 불가능하다.
단어의 뜻을 추론할 수 있는 실력을 기르기 위해서 다음의 필수 어휘를 미리 익혀두자.

❶

- extensively [iksténsivli] — 폭넓게, 널리, 광범위하게
- predator [prédətər] — 육식 동물; 포식자
- prey [prei] — 추론해볼 어휘
- formation [fɔːrméiʃən] — 구조, 형태; 형성
- beak [biːk] — 주둥이, 부리
- herd [hərd] — 추론해볼 어휘
- school [skuːl] — (물고기, 고래 등의) 떼
- take turns ~ing — 교대로 ~하다
- swallow [swálou] — ~을 (꿀떡) 삼키다

❷

- innovative [ínəvèitiv] — 혁신적인
- physics [fíziks] — 물리학
- instrument [ínstrəmənt] — 악기; 도구
- corresponding [kɔ̀ːrəspándiŋ] — 그에 상응하는, 일치하는
- pitch [pitʃ] — 추론해볼 어휘

❸

- huff [hʌf] — 추론해볼 어휘
- typically [típikəli] — 전형적으로
- distinct [distíŋkt] — 추론해볼 어휘
- reaction [riːǽkʃən] — 반응, 태도
- growl [graul] — 으르렁거리다
- howl [haul] — 긴소리로 짖다, 울부짖다

❹

- burnout [bə́ːrnaut] — 극도의 피로, 쇠진

(우측 컬럼)

- be associated with — ~와 연관되다; ~이 연상되다
- prestige [prestíːʒ] — 명성, 신망
- respected [rispéktid] — 존경받는
- drawback [drɔ́ːbæk] — 추론해볼 어휘
- be in charge of — ~에 책임이 있다
- out of control — 통제할 수 없는
- isolated [áisəlèitid] — 소외된, 고립된
- confide in — 추론해볼 어휘

❺ ❻ ❼

- embarrassment [imbǽrəsmənt] — 당황
- mean [miːn] — 상스러운, 비열한; 인색한; ~을 의미하다
- insult [ínsʌlt] — 모욕(적 언동); ~을 모욕하다, 욕보이다
- fragile [frǽdʒəl] — 상처받기 쉬운; 깨지기 쉬운
- idolize [áidəlàiz] — ~을 우상화하다
- innocence [ínəsns] — 순수함
- sprint [sprint] — 추론해볼 어휘
- bend down — 허리를 굽히다
- creep [kriːp] — 추론해볼 어휘
- guilt [gilt] — 죄책감
- tower over — ~보다 매우 높이 서 있다
- fascination [fæ̀sənéiʃən] — 매혹, 매력 있는 것
- obsession [əbséʃən] — 추론해볼 어휘
- undeniable [ʌ̀ndináiəbəl] — 누구도 부인할 수 없는, 명백한

Do you think broccoli tastes bitter? Don't blame the cook!

(A) Genes also determine how many taste buds are on your tongue. Some people have many taste buds.

(B) Because of this, they find the flavor of some foods unpleasantly strong. Broccoli tastes very bitter to them.

(C) Researchers say that what tastes good or bad can depend on the taster's genes. Genes determine the color of your eyes and the shape of your face.

* taste bud (혀의) 미각돌기

① (A) — (C) — (B)　　　② (B) — (A) — (C)

③ (B) — (C) — (A)　　　④ (C) — (A) — (B)

⑤ (C) — (B) — (A)

bitter [bítər] (맛이) 쓴　**unpleasantly** [ʌnplézəntli] 불쾌하게　**gene** [dʒiːn] 유전자

다음은 왼쪽 기출 지문을 올바른 순서로 배치한 것이다. 순서를 알려주는 근거를 모두 찾아 표시한 후, 물음에 답하시오.

> Do you think broccoli tastes bitter? Don't blame the cook!

(C) Researchers say that what tastes good or bad can depend on the taster's genes. Genes determine the color of your eyes and the shape of your face.

(A) Genes also determine how many taste buds are on your tongue. Some people have many taste buds.
① (A) — (C) — (B)
② (B) — (A) — (C)

(B) Because of this, they find the flavor of some foods unpleasantly strong. Broccoli tastes very bitter to them.
③ (B) — (C) — (A)
⑤ (C) — (B) — (A)

A (C) 뒤에 (A)가 이어져야 하는 근거:

_____

1 반복 표현   **2** 유사 표현
3 고유명사   **4** 관사
5 대명사   **6** 연결사
→ 선택지 중, (A)–(C)의 순서인
   ①, ② 소거

B (A) 뒤에 (B)가 이어져야 하는 근거:

_____

1 반복 표현   **2** 유사 표현
3 고유명사   **4** 관사
5 대명사   **6** 연결사
→ 선택지 중, (B)–(A)의 순서인
   ③, ⑤ 소거

해답 및 해설 60쪽

핵심 SKiLL NOTE

● 글의 순서를 추론할 수 있는 근거를 찾아 본문에 표시하시오.

1 주어진 문장에 이어질 글의 순서로 가장 적절한 것은?

> The feeding habits of wild dolphins have been extensively studied and are well understood.

(A) Dolphins are predators that chase their prey at very high speeds. The formation of their teeth and the beaks that hold them are very important to dolphins' feeding habits. Species that have long beaks and many teeth feed on fish.

(B) The hunting method is called "herding." When herding, a group of dolphins will control the movements of a large school of fish while individual members take turns swimming through the school and feeding.

(C) Dolphins with shorter beaks and fewer teeth, however, eat more squid. In either case, the prey is usually swallowed whole. To get fish that are hard to catch, dolphins have developed a special hunting method.

① (A) ─ (B) ─ (C)　　　② (A) ─ (C) ─ (B)

③ (B) ─ (A) ─ (C)　　　④ (B) ─ (C) ─ (A)

⑤ (C) ─ (A) ─ (B)

guess it! **prey** ⓐ 먹이　ⓑ 천적
herd ⓐ 무리를 지어가다　ⓑ 미끼를 놓다

2 주어진 문장에 이어질 글의 순서로 가장 적절한 것은?

핵 심 S K i L L N O T E

• 글의 순서를 추론할 수 있는 근거를 찾아 본문에 표시하시오.

> The University of Rochester is offering an innovative new class called "Physics of Music."

(A) Using what they have learned, her students get the opportunity to design and build their own musical instruments, concentrating on one particular design that is meant to produce a corresponding pitch.

(B) The class is taught by astrophysicist Alice Quillen, and it focuses on explaining the physics behind how each different design has its own unique pitch.

(C) Quillen's belief is that building these instruments will interest students and teach them the basics of physics and its role in real life. At the end of the semester, students who have completed their projects successfully use their home-made instruments to perform a concert.

* astrophysicist 천체물리학자

① (A) ― (B) ― (C) 　② (A) ― (C) ― (B)
③ (B) ― (A) ― (C) 　④ (B) ― (C) ― (A)
⑤ (C) ― (A) ― (B)

---

guess it !　**pitch** ⓐ 음조　ⓑ 박자

수능직결구문　다음 문장에서 밑줄 친 부분의 의미상 주어를 각각 찾아 쓰시오.

<u>Using</u> what they have learned, her students get the opportunity to design and build their own musical instruments, <u>concentrating</u> on one particular design that is meant to produce a corresponding pitch.

● 문장이 삽입될 곳을 추론할 수 있는 근거를 찾아 본문에 표시하시오.

3 글의 흐름으로 보아, 주어진 문장이 들어가기에 가장 적절한 곳은?

> The researcher also found that this laughter was used when the dogs were inviting other animals to play.

If you have ever had the funny feeling that your dog was laughing at you, you were probably right. (①) Scientists now believe that the "huffing" noise, which is made when dogs breathe out loudly, is actually a form of laughter. (②) This was recently discovered by a researcher when she recorded the various sounds that dogs typically make and then played those sounds back to other dogs. (③) The dogs had different and distinct reactions to each sound. (④) Most dogs reacted negatively to the sounds of growling, barking or howling, but all the dogs began to play or reacted positively to the huffing sounds. (⑤) What is more interesting is that they did not only make the sound to other animals, but also when they were playing with a toy by themselves.

guess it! **huff** ⓐ 숨을 가쁘게 내쉬다　ⓑ 크게 짖다
distinct ⓐ 독특한　ⓑ 다양한

수 능 직결구문　1. 다음 문장에서 then과 played 사이에 의미상 생략된 주어를 찾아 쓰시오.

This was recently discovered by a researcher when she recorded the various sounds that dogs typically make and <u>then played</u> those sounds back to other dogs.

2. 다음 문장에서 also와 when 사이에 의미상 생략된 부분을 쓰시오.

What is more interesting is that they did not only make the sound to other animals, but <u>also when</u> they were playing with a toy by themselves.

4

글의 흐름으로 보아, 주어진 문장이 들어가기에 가장 적절한 곳은?

> Due to this, they report their jobs as being highly stressful, and many of them experience burnout and leave their positions.

The word "leader" is often associated with power, prestige and wealth and, if asked, most people would say that they would like to be in a leadership position. (①) Being a leader certainly has its advantages. (②) People in such positions are often respected and enjoy a high level of social status, and their opportunities for gaining further power and wealth are great. (③) There are some drawbacks, however. (④) Business leaders are in charge of solving many problems with employees, products, and services, many of which are out of their control. (⑤) Those who do stay in leadership roles often report that they feel isolated and lonely in the workplace because being in such a role greatly limits the number of people they can confide in.

핵 심 S K I L L N O T E

● 문장이 삽입될 곳을 추론할 수 있는 근거를 찾아 본문에 표시하시오.

guess it! drawback ⓐ 매력 ⓑ 결점
confide in ⓐ ~과 경쟁하다 ⓑ ~을 신뢰하다

[5-7] 다음 글을 읽고, 물음에 답하시오.

(A)

I smiled with embarrassment and, with a weak voice, I said, "Babe." He was older now, but he still had the energy to shout the meanest list of insults that I had ever heard. My fragile childhood spirit was broken. How could the "Babe" act in such a way? To me, it had seemed unthinkable and impossible. Years later, though, I understood the painful lesson that I had learned that day. Heroes, however much we idolize them, are simply people just like the rest of us. Losing the innocence of childhood is never easy, but it is a normal part of life.

(B)

Things started off well. A shot curved off course and into the bushes. Payday, I thought. I sprinted towards where I thought the ball had landed, but when I got there I could not find it. I quickly looked through the bushes until, finally, I found it. But it was too late! As I bent down to pick up the ball, a large shadow crept over me. I was caught with the stolen ball in my hand. Shyly, with a look of terrible guilt, I turned around to face the man who was towering over me. It was my greatest hero, Babe Ruth.

(C)

When I was a kid, baseball was a fascination and an obsession, and my heroes were the undeniable greats of my favorite sport, such as Lou Gehrig and Babe Ruth. In 1946, I turned 11 and, when I was not watching or playing baseball, I made pocket money by hiding and waiting near the 3rd hole of a golf course in Central Queens. When a player would hit a ball off course, I would run out, take it and sell it at a discount to the next player who came by. On one particular day, though, I was taught a lesson that I will never forget.

5

위의 (A), (B), (C)를 이어 하나의 글로 구성할 때 가장 적절한 순서는?

① (A) — (B) — (C)   ② (A) — (C) — (B)

③ (B) — (A) — (C)   ④ (B) — (C) — (A)

⑤ (C) — (B) — (A)

6

위 글의 제목으로 가장 적절한 것은?

① How to Earn Money at a Golf Course
② Babe Ruth: The Unbeatable Player
③ My Large Collection of Baseballs
④ A Memory of My Childhood Hero
⑤ The Importance of Having a Role Model

7

위 글의 내용과 일치하는 것은?

① 필자는 베이브 루스의 야구공을 찾았다.
② 베이브 루스와 루 게릭은 오랜 라이벌이다.
③ 필자는 골프장에서 아르바이트를 했다.
④ 베이브 루스는 필자에게 모욕을 주었다.
⑤ 필자는 나중에 베이브 루스를 다시 만났다.

---

guess it!

sprint ⓐ 폴짝 뛰다 ⓑ 전력 질주하다
creep ⓐ 사라지다 ⓑ 슬며시 접근하다
obsession ⓐ 완전히 사로잡힌 생각 ⓑ 재미있는 사건

수능직결구문 1. 다음 문장에서 문맥상 어색한 부분을 찾아 바르게 고치시오.

He still had the energy to shout the mean list of insults that I had ever heard.

2. 다음 문장에서 밑줄 친 부분을 해석하시오.

Heroes, <u>however much we idolize them</u>, are simply people just like the rest of us.

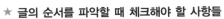

★ 글의 순서를 파악할 때 체크해야 할 사항들

1 대명사, 관사가 포함된 문장들의 선후 관계를 체크한다.

   (1) 대명사는 앞에 나온 표현의 반복을 피하기 위해 사용되므로 대명사가 지칭하는 대상이 대명사보다 [   ] 나오는 경우가 많다.

   (2) 관사 [   ]와 함께 쓰이는 명사는 그 명사가 앞에서 언급된 적이 있음을 나타낸다.

2 연결사가 있으면 그에 맞는 앞뒤의 내용 흐름을 체크한다.

3 같거나 유사한 표현 또는 상반된 표현이 등장한 문장들은 앞뒤로 이어질 가능성이 크다.

4 고유명사는 보통 처음에만 이름 전체가 등장하고 이후에는 줄인 형태나 [   ]로 표현되는 경우가 많다.

5 이야기 글의 결론이나 교훈은 글의 [   ] 부분에 등장할 확률이 높다.

다음 주어진 문장들을 읽고, 글의 순서를 유추하라.

A

  1 One user said, "For the first week, I did not sleep."

  2 Many people start Internet gaming simply because they are bored and the excitement of playing live games is appealing.

  3 He would play the game for so long that he would often see the sunrise.

  순서: →   →

B

  1 It is not having much success, though, because other countries already have their own big sports, such as soccer and baseball.

  2 Now the NFL is trying to gain popularity outside the US.

  3 Since its beginning in the early 1920s, the National Football League (NFL) has been popular mostly in America.

  순서: →   →

A 각 네모 안에서 어법에 맞는 표현을 고르시오.

1 I love my job as a test pilot, but fly / flying new and unproven aircraft can be stressful.

2 When the group's beliefs started causing people to commit violent acts, the members had to ask them / themselves if supporting their cause was worth the trouble.

B 각 네모 안에서 문맥에 알맞은 어휘를 고르시오.

1 Cloth diapers may be healthier, more economic / economical, and better for the environment.

2 The use of nuclear bombs is not sensible / sensitive, because a war using them would likely destroy the entire planet.

3 Foreign policy was a considerable / considerate issue in last year's intense presidential campaign.

C 다음 글의 밑줄 친 부분 중, 어법상 틀린 것은?

With the Industrial Revolution, people's lives underwent enormous changes. Prior to the nineteenth century, it could take weeks ① to produce a single shirt. Wool had to be turned into yarn, then dyed, made into fabric, and ② sewn all by hand. With machines, the time for producing a shirt was suddenly reduced to a matter of days. But the revolution did not decrease the working hours of most common people, ③ which found themselves working up to 18 hours a day or more. Craftsmen such as tailors and carpenters now had to work ④ much longer hours than they did previously, and sell their goods more cheaply, just to stay in business. Another change was that whole villages started ⑤ to be built around factories, providing families with jobs, houses, schools, churches, and stores — all in one place.

*yarn 직물 짜는 실

요약문 완성하기

단어에 철자 하나가 빠져도 다른 철자들을 근거로 어떤 단어인지 알 수 있는 것처럼,
빈칸이 뚫린 요약문도 지문 내용을 예측하기에 충분한 단서를 제공하며
답이 되기에 부적절한 선택지를 소거할 수 있는 경우도 있다.

정답률이 가장 낮은 유형 중 하나인 요약문 완성하기의 정답률을 쑥쑥 올려주는 집중 훈련을 해보자.

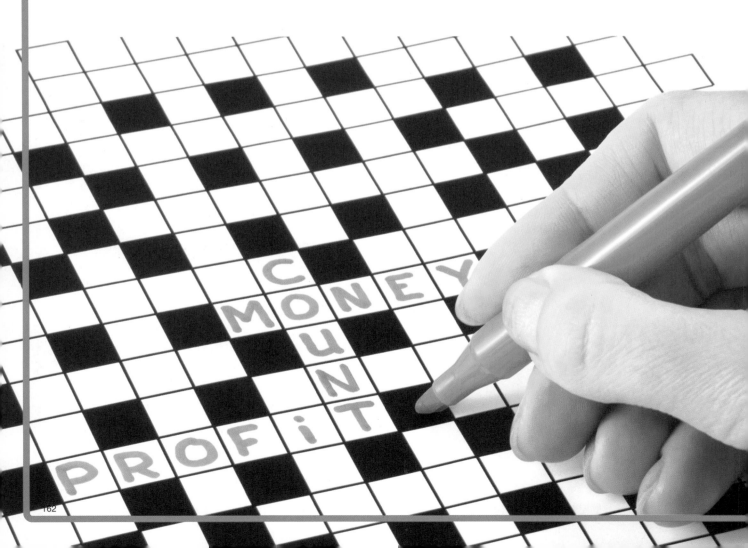

ESSENTIAL WORDS LIST

모르는 단어가 너무 많으면 그 뜻을 추측하며 읽어 내려가기가 불가능하다.
단어의 뜻을 추론할 수 있는 실력을 기르기 위해서 다음의 필수 어휘를 미리 익혀두자.

❶

☐	present [prizént]	~을 제시[제공]하다
☐	embrace [imbréis]	추론해볼 어휘
☐	trap [træp]	덫

❷

☐	toddler [tádlər]	유아, 아장아장 걷는 아이
☐	accidentally [æ̀ksədéntəli]	실수로; 우연히
☐	stun [stʌn]	~을 매우 놀라게 하다
☐	altruism [ǽltruìzəm]	추론해볼 어휘
☐	interaction [ìntərǽkʃən]	상호작용
☐	be motivated by	~에서 비롯되다
☐	courtesy [kɔ́:rtəsi]	추론해볼 어휘

❸

☐	pay a visit	방문하다
☐	acquaintance [əkwéintəns]	지인(知人), 아는 사람
☐	assortment [əsɔ́:rtmənt]	추론해볼 어휘
☐	status [stéitəs]	지위, 신분
☐	appreciate [əprí:ʃièit]	~의 진가를 알아보다 ; ~을 감상하다; ~에 감사하다
☐	merely [míərli]	단지, 고작

❹

☐	obedient [oubí:diənt]	고분고분한, 순응하는, 복종하는
☐	immoral [imɔ́(:)rəl]	부도덕한
☐	illegal [ilí:gəl]	불법의
☐	announcement [ənáunsmənt]	발표, 공표

❹

☐	restructuring [ri:strʌ́ktʃəriŋ]	추론해볼 어휘
☐	personnel [pə̀:rsənél]	직원, 사원; 직원의, 인사의
☐	profitability [prɑ̀fitəbíləti]	수익성
☐	press [pres]	추론해볼 어휘
☐	headquarter [hédkwɔ̀:rtər]	본부, 본사
☐	progress [prágres]	과정, 경과, 진행; 발전, 진보
☐	democracy [dimákrəsi]	민주주의
☐	intentionally [inténʃənəli]	의도적으로
☐	for the purpose of	~의 목적으로

❺

☐	surgeon [sə́:rdʒən]	추론해볼 어휘
☐	operation [àpəréiʃən]	(병에 대한) 수술; 작동, 작용
☐	selective [səléktiv]	선택적인
☐	attract [ətrǽkt]	(손님·관객 등을) 끌어 모으다; ~을 유혹하다
☐	response [rispáns]	반응

❻

☐	significant [signífikənt]	소중한, 중요한; 상당한
☐	mark [ma:rk]	흔적, 표식; ~을 표시하다
☐	unconscious [ʌnkánʃəs]	무의식의
☐	identify [aidéntifai]	~을 구별하다, 확인하다; ~을 동일시하다
☐	drawn to A	A에 관심이 가는
☐	argument [á:rgjumənt]	추론해볼 어휘
☐	outgoing [àutgóuiŋ]	(성격이) 활발한
☐	extreme [ikstrí:m]	극단적인 면; 극단적인
☐	psychologically [sàikəládʒikəli]	추론해볼 어휘

다음 글의 내용을 한 문장으로 요약하고자 한다. 빈칸 (A)와 (B)에 들어갈 말로 가장 적절한 것끼리 짝지은 것은? 〈수능〉

People are often considered to be rude unintentionally. Absorbed in their own thoughts, people do not see the motions of someone trying to greet them. They may walk right by a friend without noticing him or her. Others indeed do not see — they are without their contact lenses or are quite nearsighted. It is important to take into consideration absent-mindedness or poor eyesight before believing that a friend is actually disregarding you. One friendship I know of was tense for months because a woman thought she was being ignored by a friend who simply was not wearing her glasses and couldn't see beyond her nose.

* nearsighted 근시안의

> We should think carefully about the _____(A)_____ someone's behavior to avoid coming to a ____(B)____ conclusion about it.

	(A)		(B)
①	frequency of	----	negative
②	frequency of	----	hasty
③	reason for	----	positive
④	reason for	----	hasty
⑤	importance of	----	positive

unintentionally [ʌ̀ninténʃənəli] 본의 아니게, 무심코 **absorb** [əbsɔ́ːrb] ~을 열중시키다; ~을 흡수하다 **take into consideration** 고려하다 **absent-mindedness** 다른 데 정신이 팔린 것, 정신없음, 얼빠짐 **eyesight** [áisàit] 시력 **disregard** [dìsrigáːrd] ~을 무시하다 (=ignore) **tense** [tens] (긴장이) 팽팽한 **come to a conclusion** 결론을 내리다

왼쪽 기출 지문에 의거하여 다음 과제를 해결하시오.

A 요약문을 보고 지문의 내용을 최대한 유추해본다.

> We should think carefully about the ___(A)___ someone's behavior to avoid coming to a ___(B)___ conclusion about it.

⬇

예상되는 지문 내용: _____

_____

B 선택지 내용을 대입하면서 오답 가능성이 있는 것을 소거한다.

	(A)		(B)
①	frequency of	----	negative
②	frequency of	----	hasty
③	reason for	----	positive
④	reason for	----	hasty
⑤	importance of	----	positive

⬇

1 오답 가능성이 있는 선택지: '어떤' 결론을 내리는 것을 피한다고 했으므로 '어떤'의 자리에 들어가는 (B) 선택지 중에 (① 긍정적 ② 부정적)인 의미의 단어는 들어갈 수 없을 것이다.

2 따라서 선택지 중 오답 가능성이 많은 (①, ②, ③, ④, ⑤)를 소거한다.

C 지문을 읽으면서 주제문이 있는지 파악한다. 주제문이 있다면, 주제문의 첫 두 단어를 쓰시오.

D 요약문과 대조하면서 정답 선택지를 결정한다.

❶ 요약문을 읽고 지문 내용 예측하기

↓

❷ 선택지에서 오답 가능성이 많은 것이 있는지 확인한다. 있다면, 그 번호를 쓰시오.

↓

❸ 지문을 읽으며 주제문이 명시되어 있는지 확인하고, 있다면 밑줄을 그으시오.

↓

❹ 주제문이 있다면, 요약문과 비교하여 가장 유사한 선택지 고르기

↓

❺ 주제문이 없다면, 전체 상황을 잘 함축한 선택지 고르기

1 다음 글의 내용을 한 문장으로 요약하고자 한다. 빈칸 (A)와 (B)에 들어갈 말로 가장 적절한 것은?

How many times have you presented a plan only to hear someone say, "We did that back in 2005, and look at what it got us. Nothing. And it cost..."? It doesn't hurt, as a part of your preparation, to learn about earlier similar efforts. Then, when hit with that attack, you embrace the similarities with your current plan. This is enough to show you've already considered this objection. You could go into great detail to explain your point, but that can be another trap. The attacker can keep raising issues, and you may not know the right details. So point to what cannot be argued: times change and the situation today is necessarily different. It really is that simple... so keep it simple.

↓

If somebody objects to your plan because of _____(A)_____, defend yourself by explaining that the situation has _____(B)_____ and there's a possibility of success.

	(A)		(B)
①	past failures	----	improved
②	past failures	----	changed
③	new circumstances	----	worsened
④	new circumstances	----	remained
⑤	potential costs	----	stabilized

guess it!   embrace   ⓐ ~을 무시하다   ⓑ ~을 수용하다

2 다음 글의 내용을 한 문장으로 요약하고자 한다. 빈칸 (A)와 (B)에 들어갈 말로 가장 적절한 것은?

In a recent experiment with 18-month-old toddlers, a German researcher stood near each of the toddlers in turn, made sure the toddler was watching him, and then "accidentally" dropped an eraser he was using. He was stunned by the results: of the 36 toddlers tested, 35 immediately helped by picking up the eraser and giving it back to him. "These children are so young they can barely use language," said the researcher, "Yet all but one displayed a clear desire to help a stranger and did not expect a reward." Helping without expecting anything in return, such as holding a door open for a stranger, is called **altruism**. The news may be full of wars and crimes, but the majority of our daily, ordinary interactions with others are motivated by human **courtesy** and kindness.

_____(A)_____ concern for other people's happiness and welfare is a _____(B)_____ part of being human.

	(A)		(B)
①	Unselfish	----	natural
②	Little	----	mean
③	Little	----	common
④	Proper	----	lovely
⑤	Unselfish	----	necessary

핵심 S K i L L N O T E

❶ 요약문을 읽고 지문 내용 예측하기

↓

❷ 선택지에서 오답 가능성이 많은 것이 있는지 확인한다. 있다면, 그 번호를 쓰시오.

↓

❸ 지문을 읽으며 주제문이 명시되어 있는지 확인하고, 있다면 밑줄을 그으시오.

↓

❹ 주제문이 있다면, 요약문과 비교하여 가장 유사한 선택지 고르기

↓

❺ 주제문이 없다면, 전체 상황을 잘 함축한 선택지 고르기

guess it! **altruism** ⓐ 이기주의 ⓑ 이타주의
courtesy ⓐ 예의범절 ⓑ 봉사

수능직결구문 아래 문장의 밑줄 친 단어의 뜻으로 가장 적절한 것은?

Yet all <u>but</u> one displayed a clear desire to help a stranger and did not expect a reward.

ⓐ ～을 제외하고 　　　ⓑ 그러나

❶ 요약문을 읽고 지문 내용 예측하기

↓

❷ 선택지에서 오답 가능성이 많은 것이 있는지 확인한다. 있다면, 그 번호를 쓰시오.

↓

❸ 지문을 읽으며 주제문이 명시되어 있는지 확인하고, 있다면 밑줄을 그으시오.

↓

❹ 주제문이 있다면, 요약문과 비교하여 가장 유사한 선택지 고르기

↓

❺ 주제문이 없다면, 전체 상황을 잘 함축한 선택지 고르기

3

다음 글이 시사하는 바를 한 문장으로 요약하고자 한다. 빈칸 (A)와 (B)에 들어갈 말로 가장 적절한 것은?

My old friends and I paid a surprise visit to our old university professor, Dr. Jones, who was delighted to see us. But our conversation soon turned to complaining: stressful jobs, huge mortgages, envy of wealthier acquaintances. Dr. Jones went to the kitchen and returned with iced tea and an assortment of glasses. When everyone had poured themselves a glass of tea, he spoke: "What could be the cause of all this envy and stress you've been talking about? I noticed that all of you took a crystal glass. Nobody took a cheap-looking one. Isn't the tea the most important thing? If our lives are the tea, then our jobs, money, and social status are the glasses. I need the glass not for itself but for drinking. If I care too much about the glass, I may never appreciate the delicious tea, which was all I really wanted."

*mortgage 주택 담보 대출

↓

> We mustn't forget that our jobs, money, and social status are merely _____(A)_____ and life itself is the real _____(B)_____ .

　　　　　　　(A)　　　　　　(B)
① temporary　----　solution
② problems　----　lesson
③ decorations　----　struggle
④ useful　----　treasure
⑤ dreams　----　refreshment

---

guess it! **assortment** ⓐ 같은 종류　ⓑ 여러 종류

수능직결구문 밑줄 친 부분을 알맞은 형태로 고치시오.

I need the glass not for itself but <u>drink</u>.

4 다음 글의 내용을 한 문장으로 요약하고자 한다. 빈칸 (A)와 (B)에 들어갈 말로 가장 적절한 것은?

"Doublespeak" is language used to hide the truth so that nobody understands what is really meant. It's an effective political tool, because it helps to keep people obedient. It may be immoral, but it isn't illegal, so it is widely used in government and business. An example: a company is planning to cut costs by firing hundreds of its workers, but its public announcement mentions only a "major **restructuring** of personnel to increase profitability." Another example: an army has just bombed a village, killing men, women, teenagers and children, but the government **press** doesn't say that. Instead, it mentions "destruction of terrorist headquarters," and "progress on the road to democracy."

↓

"Doublespeak" means expressions that are intentionally _____(A)_____ , used for the purpose of _____(B)_____ the reader or listener.

	(A)		(B)
①	positive	----	deceiving
②	vague	----	threatening
③	exaggerated	----	attracting
④	positive	----	persuading
⑤	vague	----	controlling

핵 심 S K i L L N O T E

❶ 요약문을 읽고 지문 내용 예측하기

↓

❷ 선택지에서 오답 가능성이 많은 것이 있는지 확인한다. 있다면, 그 번호를 쓰시오.

↓

❸ 지문을 읽으며 주제문이 명시되어 있는지 확인하고, 있다면 밑줄을 그으시오.

↓

❹ 주제문이 있다면, 요약문과 비교하여 가장 유사한 선택지 고르기

↓

❺ 주제문이 없다면, 전체 상황을 잘 함축한 선택지 고르기

guess it!　**restructuring** ⓐ 구조조정　ⓑ 재건축
　　　　　press ⓐ 공기업　ⓑ 언론

핵심 SKiLL NOTE

❶ 요약문을 읽고 지문 내용 예측하기

↓

❷ 선택지에서 오답 가능성이 많은 것이 있는지 확인한다. 있다면, 그 번호를 쓰시오.

↓

❸ 지문을 읽으며 주제문이 명시되어 있는지 확인하고, 있다면 밑줄을 그으시오.

↓

❹ 주제문이 있다면, 요약문과 비교하여 가장 유사한 선택지 고르기

↓

❺ 주제문이 없다면, 전체 상황을 잘 함축한 선택지 고르기

5 다음 글의 내용을 한 문장으로 요약하고자 한다. 빈칸 (A)와 (B)에 들어갈 말로 가장 적절한 것은?

Whether a **surgeon** tells a patient that 10 percent of people do not survive a certain operation or that 90 percent of people do, the information is the same. However, the effect on the patient is very different: the risk seems greater to the patient who hears that 10 percent will die. Being selective about the kind of information you give is called "framing." In another example of how framing works, consumers will be quicker to try a new drug if it's said to be "effective in 60 percent" of cases instead of "ineffective in 40 percent." And a $150 coat marked "SALE! $50 OFF" by store X attracts many more customers than the same coat that's always priced at $100 by store Y.

↓

Even though the _____(A)_____ of a certain message remain unchanged, people's responses to it change when different _____(B)_____ are presented.

	(A)		(B)
①	intentions	----	price options
②	feelings	----	numerical values
③	results	----	people's views
④	circumstances	----	people's views
⑤	facts	----	numerical values

guess it! **surgeon** ⓐ 외과의사 ⓑ 점술가

수능직결구문 다음 문장의 주어와 동사에 밑줄을 그어 표시하시오.

Being selective about the kind of information you give is called "framing."

6

다음 글의 내용을 한 문장으로 요약하고자 한다. 빈칸 (A)와 (B)에 들어갈 말로 가장 적절한 것은?

All of us carry an "invisible bag" full of our significant life experiences and the marks those experiences have left. At the same time, we seem to have an unconscious ability to see the invisible bags carried by other people and identify the similarities and differences between theirs and ours. We're most often drawn to people with invisible bags packed with things that we ourselves lack. For example, in many relationships, one partner may make all the noise during **arguments** while the other quietly calms the storm. One person may be shy, while the other is outgoing, and together they balance each other's extremes. It seems that our partner in life is often our best chance of becoming **psychologically** whole.

⬇

> We're most _____(A)_____ people who have experiences and personalities that _____(B)_____ our own.

	(A)		(B)
①	attracted to	----	guide
②	jealous of	----	ignore
③	familiar with	----	equal
④	attracted to	----	complement
⑤	jealous of	----	identify

핵 심 S K i L L N O T E

❶ 요약문을 읽고 지문 내용 예측하기

↓

❷ 선택지에서 오답 가능성이 많은 것이 있는지 확인한다. 있다면, 그 번호를 쓰시오.

↓

❸ 지문을 읽으며 주제문이 명시되어 있는지 확인하고, 있다면 밑줄을 그으시오.

↓

❹ 주제문이 있다면, 요약문과 비교하여 가장 유사한 선택지 고르기

↓

❺ 주제문이 없다면, 전체 상황을 잘 함축한 선택지 고르기

guess it!　**argument** ⓐ 축제, 파티 ⓑ 언쟁, 논쟁
　　　　　　psychologically ⓐ 심리적으로 ⓑ 신체적으로

수능**직결구문**　다음 문장의 네모 안에서 어법에 맞는 표현을 고르시오.

For example, in many relationships, one partner may make all the noise during arguments while another / the other quietly calms the storm.

★ 요약문 완성 유형의 문제 풀이 방법

1 요약문을 먼저 읽고 최대한 지문 내용을 예측해본다.

2 요약문에 선택지를 대입하여 문맥상 논리적으로 또는 상식적으로 오답 가능성이 많은 것이 있는지 확인한다.

3 지문을 읽으며 주제문이 명시되어 있는지 확인한다.

4 주제문이 있다면, 주제문과 요약문의 내용을 유사하게 만들어 주는 선택지를 택한다.

5 주제문이 없다면, 전체 상황을 잘 함축한 선택지를 고른다.

리뷰
테스트

A 다음 주어진 요약문과 주제문을 보고 빈칸에 알맞은 선택지를 고르시오.

요약문: Despite the efforts made over the past years, perfect computer translation is still regarded as a ____(A)____ because computers can't fully ____(B)____ the context.

주제문: Without the context, accurate computer translation is often not possible. 〈모의 응용〉

	(A)		(B)		(A)		(B)
①	dream	----	ignore	②	reality	----	produce
③	miracle	----	exclude	④	challenge	----	understand
⑤	simplicity	----	infer				

B 다음 글을 읽고 빈칸에 알맞은 선택지를 고르시오.

요약문: Happiness is too seldom found in the present; it is ____(A)____ as a thing of the past or ____(B)____ as a part of the future.

본문: ...... (앞부분 생략) ...... The twelve-year-old, the adult thinks, does not worry about salary or professional advancement. ...... (중략) ...... To the adult, then, childhood is a time of freedom. The child, however, wishes always to be a man. He finds freedom in the future. ...... (후략) ...... 〈수능〉

	(A)		(B)		(A)		(B)
①	compared	----	ignored	②	forgotten	----	succeeded
③	wished	----	accomplished	④	repaired	----	taken care of
⑤	remembered	----	looked forward to				

해답 및 해설 **72**쪽

등급 UP! 어휘·어법 테스트

A 다음 중 어법상 어색한 것을 골라 그 기호를 쓰고 바르게 고치시오.

1 The notices on the board show the times and places of ① <u>weekly</u> meetings and the number of computers ② <u>need</u> for the participants.

2 The new model gets power from diesel fuel and electric motors ① <u>that</u> convert and ② <u>spends</u> energy more efficiently.

B 각 네모 안에서 문맥에 알맞은 어휘를 고르시오.

1 The marketing team hopes that the new commercial will generate / celebrate interest in the new product.

2 If you would like to expand / extend your stay, please notify the front desk before 12 o'clock.

3 I plan to spend my vacation doing nothing but laying / lying on the beach in the warm sun.

C (A), (B), (C) 각 네모 안에서 어법에 맞는 표현으로 가장 적절한 것은?

Whenever we make a new acquaintance, one of the first questions asked is, "What do you do?," in other words, "What's your job?" That's because we tend to see what we do for a living as the fundamental part of our identity. That's why it's sad to consider the suffering of people who (A) is / are deprived of steady employment. Why can't people find work? There are a number of reasons. There may be no jobs available locally, or the jobs for (B) that / which they are qualified may not pay enough to live on, or they may even have been taught to believe they "aren't good enough to have a job." Many may have tried hard and some may have even had jobs, but perhaps the obstacles they faced were too many (C) to deal with / to deal with them .

(A)	(B)	(C)
① is	---- that	---- to deal with
② are	---- that	---- to deal with them
③ is	---- that	---- to deal with them
④ are	---- which	---- to deal with them
⑤ are	---- which	---- to deal with

해답 및 해설 72쪽

심경 · 글의 분위기
파악하기

수능에서는 문학 작품을 출제하여 내용 이해를 넘어 글이 주는 전체적인 느낌을 제대로 파악할 수 있는가도 묻고 있다.
이러한 문제를 풀 때에는 심경과 분위기를 간접적으로 나타내주는 여러 단어들을 종합하여 전체적인 맥락에서 추론해내야 한다.

모르는 단어를 추측하기 위한
ESSENTIAL WORDS LIST

모르는 단어가 너무 많으면 그 뜻을 추측하며 읽어 내려가기가 불가능하다.
단어의 뜻을 추론할 수 있는 실력을 기르기 위해서 다음의 필수 어휘를 미리 익혀두자.

❶

☐ **discipline** [dísəplin] ~을 벌하다; 훈육; 징계
☐ **what's more** 더욱이
☐ **attentively** [əténtivli] 주의[귀]를 기울여서
☐ **contempt** [kəntémpt] **추론해볼 어휘**
☐ **ridicule** [rídikjùːl] 조롱; ~을 비웃다
☐ **openhearted** 솔직한, 꾸밈없는
　　[oupənháːrtid]
☐ **demonstration** 시범 설명
　　[dèmənstréiʃən]

❷

☐ **hang** (아래로) 늘어지다; ~을 걸다
☐ **float** [flout] (공중에서) 떠돌다; (물 위에) 뜨다, 떠오르다
☐ **dimness** [dímnis] **추론해볼 어휘**
☐ **buzz** [bʌz] (기계의) 소음, 윙윙거리는 소리
☐ **reveal** [rivíːl] ~을 드러내다, 나타내다
☐ **gaze** [geiz] 응시, 주시; ~을 뚫어지게 보다
☐ **cast** [kæst] **추론해볼 어휘**
☐ **bury** [béri] ~을 (덮어서) 숨기다, 파묻다
☐ **desperately** [déspəritli] 필사적으로, 절망적으로

❸

☐ **struggle to** *do* ~하려고 애쓰다, 분투하다
☐ **catch A's breath** 한숨 돌리다, 헐떡이다
☐ **summit** [sʌ́mit] 정상, 꼭대기
☐ **chill** [tʃil] 냉기, 한기
☐ **look off** 딴 곳으로 눈을 돌리다
☐ **vastness** [vǽstnis] 광활함, 막대함

☐ **scatter** [skǽtər] ~을 흩뿌리다; 뿔뿔이 흩어지다
☐ **hatchling** [hǽtʃliŋ] **추론해볼 어휘**
☐ **blossom** [blásəm] **추론해볼 어휘**

❹

☐ **admire** [ədmáiər] ~에 감격[감탄]하다; ~을 존경하다
☐ **sensation** [senséiʃən] 기분; 감각, 느낌
☐ **loyalty** [lɔ́iəlti] 신의, 충성, 충절
☐ **waver** [wéivər] **추론해볼 어휘**
☐ **commencement** **추론해볼 어휘**
　　[kəménsmənt]

❺

☐ **corridor** [kɔ́ːridər] 복도
☐ **eagerness** [íːgərnis] 열의, 열망
☐ **captivate** [kǽptivèit] **추론해볼 어휘**
☐ **anticipation** 예상, 기대; 희망
　　[æntìsəpéiʃən]
☐ **vanish** [vǽniʃ] **추론해볼 어휘**
☐ **pull out** ~을 뽑다, 빼다
☐ **crash** [kræʃ] 큰 소리를 내다; 와르르 무너지다

❻

☐ **pine tree** 소나무
☐ **cut down** (나무를) 베다, 자르다
☐ **make haste** 서두르다
☐ **wrap** [ræp] ~을 포장하다, 싸다
☐ **breeze** [briːz] 산들바람
☐ **refresh** [rifréʃ] **추론해볼 어휘**
☐ **chop** [tʃap] **추론해볼 어휘**

다음 글에 드러난 'She'의 심정으로 가장 적절한 것은? 〈수능〉

Her nerves were hurting her. She looked automatically again at the high, uncurtained windows. As night fell, she could just perceive outside a huge tree swinging its branches. The rain came flying on the window. Ah, why didn't she have peace? These two men, her husband and her son, why did they not come? She wrapped a large scarf around her and hesitated for a moment. She opened the door and stepped out into the backyard. There was no sign of a light anywhere. She listened with all her ears but could hear nothing but the night. "James! — Shawn!" she called, but nothing came from the darkness.

① nervous and worried
② relaxed and comfortable
③ safe and relieved
④ satisfied and pleased
⑤ cold and indifferent

---

nerve[nəːrv] 《복수형》 과민증, 신경과민 **automatically**[ɔ̀ːtəmǽtikəli] 무의식적으로; 자동적으로 **perceive**[pərsíːv] ~을 알아차리다, 인지하다 **swing**[swiŋ] ~을 흔들다 **wrap**[ræp] 《둘레에》 ~을 두르다; ~을 포장하다 **hesitate**[hézətèit] 망설이다 **backyard**[bæ̀kjáːrd] 뒤뜰 **all ears** 귀를 기울이는

왼쪽 기출 지문에 의거하여 다음 과제를 해결하시오.

A 이 글의 상황을 간략하게 서술하시오.

B 다음 각각의 상황을 잘 읽고 관련되는 she의 심경을 주어진 보기에서 골라보자.

> Her nerves were hurting her. She looked automatically again at the high, uncurtained windows. As night fell, she could just perceive outside a huge tree swinging its branches. The rain came flying on the window. Ah, why didn't she have peace? These two men, her husband and her son, why did they not come?

1 she의 심경과 가장 가까운 형용사를 고르시오.
　① 차분하고 침착한　　　② 초조하고 염려스러운

> She wrapped a large scarf around her and hesitated for a moment. She opened the door and stepped out into the backyard. There was no sign of a light anywhere. She listened with all her ears but could hear nothing but the night. "James! — Shawn!" she called, but nothing came from the darkness.

2 she의 심경과 가장 가까운 형용사를 고르시오.
　① 호기심 있고 자신감 있는　　② 두렵고 걱정스러운

C 전체를 종합하여 가장 적절한 형용사를 고르시오.
　① nervous and worried　　　초조하고 걱정되는
　② relaxed and comfortable　긴장이 풀리고 편안한
　③ safe and relieved　　　　안심하고 안도하는
　④ satisfied and pleased　　만족하고 기뻐하는
　⑤ cold and indifferent　　　냉담하고 무관심한

해답 및 해설 **73**쪽

❶ 'I'가 처한 상황은?

_____

_____

_____

❷ 주어진 상황에서 'I'의 심경을 드러내는
어구에 밑줄을 그으시오.

1 다음 글에 드러난 'I'의 심경 변화로 가장 적절한 것은?

Two days passed before Mr. Fleagle returned the graded papers, and he returned everyone's but mine. I was sure I was about to be disciplined by Mr. Fleagle when I saw him lift my paper from his desk and strike the desk for the class's attention. "Now boys," he said, "I want to read you an essay. This is titled 'The Art of Eating Spaghetti.'" And he started to read. My words! He was reading my words out loud to the entire class. What's more, the entire class was listening. Listening attentively. Then somebody laughed, then the entire class was laughing, and not in contempt and ridicule, but with openhearted enjoyment. What I was feeling was a great happiness at this demonstration that my words had the power to make people laugh.

① frightened → ashamed
② excited → disappointed
③ ashamed → pleased
④ comfortable → tense
⑤ anxious → proud

𝑔uess it!   **contempt**   ⓐ 경멸   ⓑ 존경

2 다음 글의 분위기로 가장 적절한 것은?

He remained motionless in the doorway with his shoulders hanging to his sides. The street lamp's rays floated into the house, lighting the interior just enough to see. The only sound one could hear in the **dimness** was the buzz of electricity coming from the lamp's bulb. Its light moved into the room, revealing his long and weak body. His gaze followed the thin and strangely shaped shadow **cast** by his body. He slowly moved his heavy body to the base of the stairs, wishing there were some signs of life other than his own depressing existence. He sat down on the first step. With his elbows resting on his knees and briefcase next to him, he buried his face in his hands. He desperately tried to hear something, but found nothing.

① energetic and thrilling
② comfortable and leisurely
③ fantastic and festive
④ dramatic and romantic
⑤ hopeless and miserable

핵 심 S K i L L N O T E

❶ 옆 지문에 나타난 상황은?

_____

_____

❷ 주어진 상황의 분위기를 나타내는 어구에 밑줄을 그으시오.

guess it!   **dimness** ⓐ 선명함, 밝음 ⓑ 침침함, 흐림
cast ⓐ (빛·그림자 등을) 반사하다 ⓑ ~을 던지다

수능직결구문   다음 문장의 밑줄 친 부분을 해석하시오.

1. He remained motionless in the doorway <u>with his shoulders hanging to his sides</u>.
2. <u>With his elbows resting on his knees</u> and briefcase next to him, he buried his face in his hands.

❶ 옆 지문에 나타난 상황은?

_____

_____

❷ 주어진 상황의 분위기를 나타내는 어구에
밑줄을 그으시오.

3 다음 글의 분위기로 가장 적절한 것은?

As the woman, struggling to catch her breath, reached the summit of the mountain, the cool air created a chill through her warm body. Standing there alone, she looked off into the distance and viewed the beautiful vastness of nature. The air was clean and fresh, and the deep blue sky created a beautiful contrast to the scattered white clouds. Calls of wild birds in the distance echoed through the canyons and valleys, and fresh new **hatchlings** broke out of their shells and immediately began their search for food. New life was **blossoming** everywhere and in everything. Spring was here and the previously calm and quiet mountains were again alive with the spectacular sights and sounds of nature.

① dull and boring
② peaceful and calm
③ fresh and lively
④ lonely and depressing
⑤ scary and frightening

guess it! **hatchling** ⓐ 갓 부화한 새끼 ⓑ (새 등의) 먹이
blossom ⓐ 증식하다, 번식하다 ⓑ 번영하다, 꽃 피다

4 다음 글에 드러난 'he'의 심경으로 가장 적절한 것은?

He stood still, admiring the scene. He had been a fan through good times and bad. Sitting in his seat, he remembered feeling the sensation of victory. When his team brought home the national championship, and through that horrible season when they failed to win a single game, his loyalty never wavered, but remained strong and true. Today was the start of a new season, which meant four months of roller-coaster emotions. His life would be influenced by every yard lost or gained during the games. He felt great energy in the air moving through the stadium; it had come alive. Life was breathing into it with the commencement of another football season.

① perplexed and confused
② relaxed and calm
③ tense and uncomfortable
④ bored and annoyed
⑤ excited and enthusiastic

핵 심 S K i L L N O T E

❶ 'he'가 처한 상황은?

_____

_____

❷ 주어진 상황에서 'he'의 심경을 드러내는 어구에 밑줄을 그으시오.

guess it! **waver** ⓐ 펼쳐지다, 뻗다 ⓑ 흔들리다, 동요하다
commencement ⓐ 시작, 개시 ⓑ 끝, 종료 .

수 능 직 결 구 문 다음 문장을 아래와 같이 간단히 표현할 때 빈칸에 들어갈 알맞은 단어를 문장에서 찾아 쓰시오.

When his team brought home the national championship, and through that horrible season when they failed to win a single game, his loyalty never wavered, but remained strong and true.

→ His strong and true _____ never changed.

❶ 'I'가 처한 상황은?

_____

_____

_____

❷ 주어진 상황에서 'I'의 심경을 드러내는
어구에 밑줄을 그으시오.

5 다음 글에 드러난 'I'의 심경 변화로 가장 적절한 것은?

Each time the bell rings, I make my way down the long corridor, and with each step I take the eagerness builds. I am still captivated by my job after all these years of doing the same thing. This time when I entered the classroom, though, the students were out of control. All the positive anticipation I had as I approached the room vanished in an instant. A bunch of boys were grouped together at an open window holding a string with something attached to it, and three girls were chatting away on their cellphones. I was so frustrated that I felt like pulling my hair out. My teaching materials dropped from my hands and crashed onto my desk.

① nervous → relaxed
② determined → impatient
③ hopeful → irritated
④ cheerful → ashamed
⑤ excited → worried

ɡuess it!   **captivate** ⓐ ~을 소모하다 ⓑ ~의 마음을 사로잡다
vanish ⓐ 사라지다 ⓑ 솟아나다

수능직결구문 다음 문장의 주어와 동사에 밑줄을 그어 표시하시오.

All the positive anticipation I had as I approached the room vanished in an instant.

6 다음 글의 분위기로 가장 적절한 것은?

My days spent working alone in the forest were never long, but I always brought with me a lunch of bread and cheese. When I got tired I usually sat among the pine trees that I had cut down, and ate my lunch. In the forest, I made no haste. I read the newspaper in which I had wrapped my food, while a gentle breeze **refreshed** me and butterflies danced among the nearby flowers. I think of myself as a friend of the pine trees, rather than their enemy, even though I have **chopped** some of them down.

① tense and thrilling
② calm and peaceful
③ cheerful and exciting
④ funny and humorous
⑤ monotonous and boring

핵 심 S K i L L N O T E

❶ 옆 지문의 상황은?

_____

_____

_____

❷ 주어진 상황의 분위기를 나타내는 어구에 밑줄을 그으시오.

guess it!　　**refresh** ⓐ ~을 상쾌하게 하다　ⓑ ~을 지나가다
　　　　　　　chop ⓐ ~을 뽑다　ⓑ ~을 베다

A 주인공의 심경을 묻는 문제 풀이 방법

1 주인공이 처한 상황이나 배경을 이해한다.

2 자신이 주인공이라면 어떤 심경일지 상상해본다.

3 글에 쓰인 어휘나 표현들의 ☐ 적인 느낌을 파악한다.

B 글의 분위기를 묻는 문제 풀이 방법

1 글이 나타내고 있는 상황을 개략적으로 이해한다.

2 머릿속으로 그 장면을 떠올려본다.

3 글에 쓰인 어휘나 표현이 주는 느낌을 파악한다.

C 위와 같은 문제를 풀 때는 일부 어휘나 표현만으로 섣불리 정답을 판단하지 말고,

글의 ☐ 적인 내용을 고려하여 답을 고른다.

다음 어휘와 어울리는 상황과 관계되는 어휘를 알맞게 연결하시오.

1 disappointed   A. 거짓말한 것을 사람들에게 들켰을 때   a. ashamed

2 annoyed   B. 불친절한 전화 응대를 받았을 때   b. irritated, upset

3 embarrassed   C. 기대하던 시험에 불합격했을 때 ------------ c. discouraged

---

4 grateful   A. 어렵고 바쁜 일을 무사히 끝냈을 때   a. bored

5 lonely   B. 전학 온 지 얼마 되지 않아 친구가 없을 때   b. satisfied

6 relieved   C. 낯선 이로부터 도움을 받았을 때   c. impressed

---

7 peaceful   A. 힘없이 주저앉아 있는 모습   a. depressing

8 gloomy   B. 갑자기 천둥번개가 치는 상황   b. calm, restful

9 frightening   C. 들판에서 휴식을 취하는 모습   c. scary, horrifying

해답 및 해설 78쪽

등급 UP! 어휘·어법 테스트

A 밑줄 친 부분이 어법상 옳으면 ○, 어색하면 ×표하고 바르게 고치시오.

1 Your purchase will be delivered to your home address <u>by</u> four days. _____

2 If you <u>should become trapped</u> in the elevator, please use the phone to call emergency personnel. _____

B 각 네모 안에서 문맥에 알맞은 어휘를 고르시오.

1 If you turn down / break down this offer, you may not get a better one.

2 The police were skeptical about the story but said they would look into / refer to it anyway.

3 The boy voluntarily / urgently offered to stay late after school and help the teacher clean the class.

C (A), (B), (C)의 각 네모 안에서 문맥에 맞는 낱말로 가장 적절한 것은?

Life in Brazil moves slowly, and personal relationships are the most important thing: more important than money or career. (A) Sociable / Social life revolves around friends, relatives, and special occasions such as weddings and the Easter holiday, and spending much time on one's own is considered (B) abnormal / normal. Those who live and work in the cities leave their offices at noon and go home to their apartments for a long lunch and a nap. Shops and offices close for two hours at noon so that families can eat together. People are (C) general / generous towards others who are late: nobody feels the need to be always on time, they simply arrive when they arrive. The main thing is to enjoy life.

	(A)		(B)		(C)
①	Sociable	----	abnormal	----	general
②	Sociable	----	normal	----	general
③	Social	----	abnormal	----	general
④	Social	----	normal	----	generous
⑤	Social	----	abnormal	----	generous

해답 및 해설 **78**쪽

- **pleasant** 기분 좋은, 즐거운
  - ↔unpleasant 불쾌한, 재미없는
- **pleased** 좋아하는, 만족스러운
- **delighted** 기뻐하는, 즐거워하는
- **joyful** 기쁨에 찬, 즐거운
- **cheerful** 기분 좋은, 밝은
- **agreeable** 기분 좋은

- **excited** 흥분한, 자극받은
- **passionate** 열정적인, 열렬한
- **encouraged** 고무된

- **satisfied** 만족한, 흡족한
- **content** 만족한, 안심한
- **hopeful** 희망에 찬, 기대에 부푼
- **anticipated** 기대하는, 예상하는

- **bored** 지루한, 따분한
- **uninterested** 무관심한, 냉담한
- **cold** 냉담한
- **indifferent** 무관심한

- **afraid** 걱정하는, 두려워하는
- **scared** 겁에 질린
- **horrified** 겁에 질린, 섬뜩한
- **frightened** 깜짝 놀란, 겁이 난

- **confused** 혼란스러운, 당황한
- **puzzled** 곤혹스러운
- **perplexed** 난처한, 어찌할 바를 모르는

- **anxious** 걱정하는, 불안한
- **worried** 걱정스러운
- **concerned** 걱정스러운, 염려하는
- **nervous** 불안한, 두려워하는
- **uneasy** 불안한, 걱정되는
- **troubled** 근심스러운, 괴로운
- **disturbed** 불안한, 동요한

- **angry** 화난, 성난
- **upset** 혼란에 빠진

- **annoyed** 불쾌한, 귀찮은
- **irritated** 신경질이 난, 짜증난
- **furious** 격노한
- **resentful** 분개한, 화난
- **bitter** 증오에 찬

- **discontented** 불만스러운
- **disappointed** 실망한, 기대가 어긋난
- **frustrated** 좌절한, 실망한
- **discouraged** 낙담한, 낙심한
- **depressed** 낙담한, 의기소침한
- **hopeless** 절망적인, 희망을 잃은
- **despairing** 절망적인, 자포자기한
- **resigned** 단념한, 체념한

- **sorrowful** 슬퍼하는
- **melancholy** 우울한, 침울한
- **embarrassed** 창피한, 당혹한
- **ashamed** 부끄러운, 수치스러운
- **humiliated** 굴욕감을 느낀

- **envious** 부러워하는
- **jealous** 질투하는
- **impatient** 안달하는, 조바심 내는

- **comfortable** 편안한, 기분 좋은
- **relaxed** 편안한
- **safe** 안심하는, 안도하는
- **relieved** 안도하는
- **grateful** 고맙게 여기는, 감사하는
- **eager** 열성적인, 간절한
- **impressed** 인상깊은, 감명받은

- **cheerful** 즐거운, 유쾌한
- **amusing** 재미나는, 즐거운
- **humorous** 유머러스한, 익살스러운
- **enjoyable** 재미있는, 유쾌한
- **festive** 축제의, 즐거운

- **lively** 생기 넘치는, 기운찬
- **fresh** 생기 넘치는, 기운찬

- animated 기운찬, 활기에 넘치는
- active 활발한, 활동적인, 적극적인
- energetic 활기에 찬, 원기 왕성한
- brisk 활발한, 기운찬
- exciting 짜릿한, 흥분시키는
- dramatic 극적인
- thrilling 스릴 만점의, 오싹하게 하는
- dynamic 역동적인, 활동적인
- spectacular 극적인, 장관인, 눈부신

- busy 복잡한, 요란한
- noisy 시끄러운, 떠들썩한
- complex 복잡한, 착잡한
- complicated 복잡한, 뒤얽힌
- chaotic 혼돈된, 무질서한
- disordered 혼란된, 난잡한

- calm 고요한, 잔잔한, 차분한
- restful 편안한, 고요한, 한적한
- peaceful 평화스러운, 평온한
- relaxing 나른한
- leisurely 느긋한, 여유 있는

- boring 지루한, 따분한
- dull 단조롭고 지루한, 재미없는
- monotonous 단조로운, 변화 없는
- uninteresting 재미없는, 흥미 없는

- scary 무서운, 두려운
- horrible 무서운, 끔찍한
- terrifying 겁나게 하는, 놀라게 하는
- appalling 소름 끼치는, 무시무시한
- fearful 무서운, 두려운
- dreadful 무서운, 두려운
- awful 무서운, 무시무시한
- alarming 놀라운, 불안하게 하는

- tense 긴장된, 긴박한
- stressful 긴장이 많이 되는
- impending 절박한, 임박한

- lonely 쓸쓸한, 고독한
- gloomy 우울한, 침울한
- depressing 침울하게 만드는

- dreary 적적한, 음울한, 황량한
- dismal 음침한, 황량한
- desperate 절망적인
- miserable 비참한, 불쌍한

- fantastic 환상적인, 공상적인
- mysterious 불가사의한, 신비한
- romantic 낭만적인
- harmonious 화목한, 조화된

실용문(안내문, 광고 등)은 내용일치 · 불일치 여부를 묻는 유형으로 출제되고, 도표 문제는 주어진 도표를 토대로 설명이 일치하지 않는 문장을 고르는 형식으로 출제된다. 실용문이나 도표 모두 내용이 정확히 일치하는지만 파악하면 되므로 그리 난이도가 높지는 않다. 그러나, 실용문이나 도표 설명에서 등장하는 특유의 표현들에 대해 그 정확한 의미를 착각하지 않도록 잘 정리해두어야 한다.

〈사진 출처: memespring http://www.flickr.com/photos/memespring/3744233940〉

모르는 단어를 추측하기 위한
ESSENTIAL WORDS LIST

모르는 단어가 너무 많으면 그 뜻을 추측하며 읽어 내려가기가 불가능하다.
단어의 뜻을 추론할 수 있는 실력을 기르기 위해서 다음의 필수 어휘를 미리 익혀두자.

❶

- ☐ exposure [ikspóuʒər] — 드러냄; 노출
- ☐ award [əwɔ́:rd] — (부상이 딸린) 상; 수여; ~을 수여하다
- ☐ entry [éntri] — 응모[참가](작); 입장
- ☐ prose [prouz] — 산문(체)
- ☐ up to — ~까지
- ☐ submit [səbmít] — ~을 제출하다
- ☐ submission [səbmíʃən] — (서류·제안서 등의) 제출(물)
- ☐ eligibility [èlidʒəbíləti] — 자격; 적임

❷

- ☐ emergency [imə́:rdʒənsi] — 비상사태
- ☐ in total — 총, 모두 합하여
- ☐ indicate [índikèit] — ~을 보이다, 나타내다; ~을 가리키다, 지적하다
- ☐ account for — 추론해볼 어휘
- ☐ regarding [rigá:rdiŋ] — ~에 관해서는
- ☐ assistance [əsístəns] — 지원, 협조

❸

- ☐ Master of Science — 이학석사
- ☐ degree [digrí:] — 학위; 범위; 정도
- ☐ engineering [èndʒiníəriŋ] — 공학
- ☐ specify [spésəfài] — ~을 조건으로서 지정하다; ~을 명기하다
- ☐ national [nǽʃənəl] — 국민(의)
- ☐ steadily [stédili] — 꾸준하게
- ☐ extend [iksténd] — (시간이) 걸치다, 계속되다; (기간을) 늘이다
- ☐ sustain [səstéin] — 추론해볼 어휘

❹

- ☐ employment [emplɔ́imənt] — 고용
- ☐ status [stéitəs] — 상태, 현상; 지위, 신분
- ☐ labor force — 노동인력; 노동력
- ☐ refer to A — A를 의미하다; A라고 부르다
- ☐ exclude [iksklú:d] — 추론해볼 어휘

❺

- ☐ residential [rèzidénʃəl] — 주거의; 주택에 알맞은
- ☐ consumption [kənsʌ́mpʃən] — 소비(량)
- ☐ equal to A — A와 같은, 동등한

❻

- ☐ itch [itʃ] — 가려움; 가렵다
- ☐ relief [rilí:f] — (고통 등의) 경감, 완화; 안도
  cf. relieve (고통 등을) 없애 주다; 안도하게 하다
- ☐ temporarily [témpərərili] — 일시적으로, 임시로
- ☐ irritation [ìrətéiʃən] — 염증; 짜증(나게 함)
- ☐ detergent [ditə́:rdʒənt] — 세제
- ☐ cosmetic [kɑzmétik] — (주로 복수로) 화장품
- ☐ external [ikstə́:rnəl] — 외부의; 피부용의
- ☐ persist [pərsíst] — (없어지지 않고) 계속되다; 끈질기게 계속하다
- ☐ keep out of — ~을 피하다
- ☐ swallow [swálou] — ~을 삼키다
- ☐ apply [əplái] — (약 등을) 바르다; 신청하다
- ☐ affect [əfékt] — ~에 (질병이) 발생하다; ~에 영향을 미치다
- ☐ not more than — ~보다 많지 않은, 많아야 ~ (= at most)

1 Hillsdale Library Reading Challenge에 관한 다음 안내문의 내용과 일치하는 것은?

〈모의〉

Hillsdale Library Reading Challenge Read Your Way to Amazing Prizes!
November 1 — 25

• **Here's How It Works!**
Decide how many books to read (a minimum of ten). Record the book titles and hours read on the reading log.

• **Review for Rewards!**
For every book review you write, you receive a ticket to be entered into the grand raffle!

• **Reading Award Party! November 27, 4 p.m. — 6 p.m.**
Celebrate your reading hours with a party of prize-giving, certificates, ice cream, and the book review raffle!

• **Sign up!**
Visit Hillsdale Library to sign up and get reading! Stop by Monday through Thursday during library hours (2 p.m. — 6 p.m.).

*raffle 복권 추첨

① 11월 1일부터 30일 동안 책을 읽는다.
② 읽을 책을 최소한 다섯 권 이상 선정해야 한다.
③ 독후감 한 편당 복권 추첨에 응모할 표를 한 장씩 받는다.
④ 독서 시상 파티는 11월 27일에 네 시간 동안 진행된다.
⑤ 월요일부터 금요일까지 도서관을 방문해서 등록할 수 있다.

2 다음 도표의 내용과 일치하지 <u>않는</u> 문장은?

〈수능〉

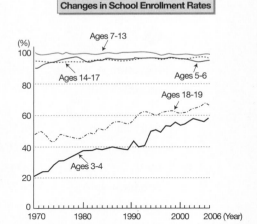

Changes in School Enrollment Rates

The above graph shows changes in school enrollment rates of the population ages 3-19 by age group from 1970 to 2006. ① The enrollment rates of all age groups were higher than 50 percent in 2006. ② Of all age groups, the enrollment rate for youth ages 7-13 was the highest during the entire period covered by the graph. ③ Of all age groups, the enrollment rate of children ages 5-6 increased the most from 1970 to 2006. ④ The overall change in the enrollment rate from 1980 to 1990 was smaller for youth ages 14-17 than for youth ages 18-19. ⑤ The lowest enrollment rate is seen in children ages 3-4 among all age groups for each year.

1 minimum[mínəməm] 최소한도, 최저(치) **reading log** 독서 일지[기록] **reward**[riwɔ́:rd] 보상(금) **certificate**[sərtífikət] 증서 **sign up** 등록하다; 참가하다, 가입하다 (= register, enlist, join up) **2** enrollment[enróulmənt] 입학, 등록 **cover**[kʌ́vər] (영역 등을) 포함하다; (어떤 범위에) 미치다 **overall**[óuvərɔ̀:l] 전반적인, 전체의

왼쪽 기출 지문들에 의거하여 다음 과제를 해결하시오.

Hillsdale Library Reading Challenge Read Your Way to Amazing Prizes!
① **November 1 — 25**

• **Here's How It Works!**
Decide how many books to read (② a minimum of ten). Record the book titles and hours read on the reading log.

• **Review for Rewards!**
③ For every book review you write, you receive a ticket to be entered into the grand raffle!

• ④ **Reading Award Party! November 27, 4 p.m. — 6 p.m.**
Celebrate your reading hours with a party of prize-giving, certificates, ice cream, and the book review raffle!

• **Sign up!**
Visit Hillsdale Library to sign up and get reading! ⑤ Stop by Monday through Thursday during library hours (2 p.m. — 6 p.m.).

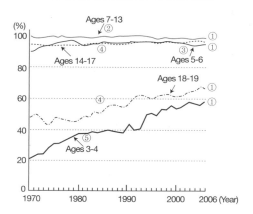

The above graph shows changes in school enrollment rates of the population ages 3-19 by age group from 1970 to 2006.

A 실용문의 제목과 소제목, 도표의 제목과 첫 문장(선택지 번호가 없는 부분)을 먼저 보고 무엇에 관한 것인지 파악한다.

1 실용문의 내용: _____   **2** 도표의 내용: _____

_____   _____

B 실용문은 선택지를 먼저 읽고 지문에서 관련 설명 부분을 찾아 대조하여 확인한다.
도표는 나머지 지문을 읽어 내려가면서 해당 부분을 도표에서 찾아 대조하여 확인한다.

1 ① □ T □ F   **2** ① □ T □ F
　 ② □ T □ F   ② □ T □ F
　 ③ □ T □ F   ③ □ T □ F
　 ④ □ T □ F   ④ □ T □ F
　 ⑤ □ T □ F   ⑤ □ T □ F

해답 및 해설 79쪽

핵 심 S K i L L N O T E

❶ 제목과 소제목을 먼저 보고, 전개될 내용
으로 예상할 수 있는 것은?

_____

_____

❷ 각각의 선택지 내용을 주어진 글의 관련
사항과 비교 검토하여 내용의 일치 여부를 확
인해보시오.

1 Writers of the Future에 대한 다음 안내문의 내용과 일치하는 것은?

Writers of the Future

It provides young science-fiction authors with an opportunity to get some exposure in the field.

Award Amount: $5,000, $1,000, $750, $500

Number of Awards Available: 4

How to Apply: Entries must be works of prose, up to 17,000 words in length. We regret we cannot consider poetry, or works intended for children. All types of science fiction and fantasy are welcome. Entries should be sent by mail or submitted on the website provided below.

When and Where to Apply: Submissions must be received by March 1st.
http://www.writersofthefuture.com/enter-contest

Eligibility: The Contest is open only to those who have not professionally published a novel or short novel, or more than three short stories.

① 응모작은 총 4편까지 가능하다.
② 판타지 장르는 심사하지 않는다.
③ 응모작은 이메일로 보내야 한다.
④ 제출 마감일은 3월 1일이다.
⑤ 지원 자격은 장편소설 출판 이력이 있어야 한다.

2 다음 도표의 내용과 일치하지 <u>않는</u> 문장은?

Fire Co. Calls by Incident Type

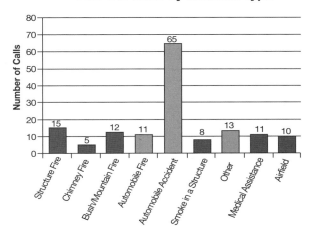

핵 심 S K i L L N O T E

❶ 도표와 본문의 첫 두 문장을 먼저 보고, 이후 전개될 내용으로 예상할 수 있는 것은?

_____

_____

❷ 각각의 선택지 내용을 도표와 비교 검토 하여 내용이 일치하는지 확인해보시오.

The chart above shows the number of calls that a fire company responded to in one year and compares the numbers for different types of accidents and emergencies. There were 150 calls in total. ① As the chart indicates, the clear majority of the calls that the fire company responded to were in relation to automobile accidents. ② These **accounted for** over a third of all calls. ③ The company responded to exactly 50 fewer calls regarding structure fires than to calls regarding automobile accidents. ④ Calls regarding structure fires were four times as numerous as calls regarding chimney fires. ⑤ The number of calls for automobile fires equalled that for medical assistance.

𝓰𝓊𝑒𝓈𝓈 𝒾𝓉!   **account for**   ⓐ ~을 설명하다   ⓑ ~을 차지하다

수능직결구문   밑줄 친 <u>As</u>와 같은 뜻으로 쓰인 것을 고르시오.

<u>As</u> the chart indicates, the clear majority of the calls that the fire company responded to were in relation to automobile accidents.

ⓐ <u>As</u> we were sitting down to dinner, the phone rang.

ⓑ <u>As</u> it was getting late, we decided to go home.

ⓒ This fish isn't cooked <u>as</u> I like it.

❶ 도표와 본문의 첫 문장을 먼저 보고, 이후 전개될 내용으로 예상할 수 있는 것은?

_____

_____

❷ 각각의 선택지 내용을 도표와 비교 검토하여 내용이 일치하는지 확인해보시오.

3 다음 도표의 내용과 일치하지 <u>않는</u> 문장은?

MS Degrees-Total, US Citizens & Foreign Nationals

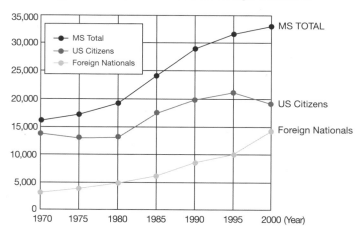

The graph above displays Master of Science (MS) degrees in engineering awarded by US universities from 1970 to 2000. ① The total MS degree data shows that the number awarded overall roughly doubled over the specified period. ② Of the MS degrees awarded in 1970, fewer than 5,000 went to foreign nationals. ③ Further, for the 1985-1990 period, the number of MS degrees awarded to foreign nationals remained below 10,000. ④ However, the number of degrees awarded to foreign nationals increased steadily after 1970. ⑤ Moreover, beginning in the early 1990s and extending throughout that decade, a trend of increasing numbers of US citizens earning MS degrees was sustained.

---

guess it! **sustain** ⓐ ~을 유지하다 ⓑ ~을 변화시키다

수능직결구문 다음 문장의 네모 안에서 어법상 알맞은 것을 고르시오.

Moreover, beginning in the early 1990s and extending throughout that decade, a trend of increasing numbers of US citizens earning MS degrees was / were sustained.

4 다음 도표의 내용과 일치하지 <u>않는</u> 문장은?

Employment Status by Sex

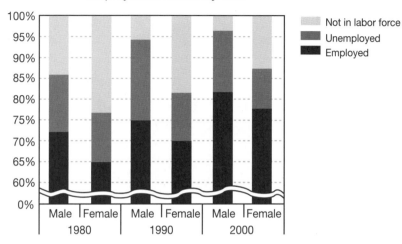

Legend:
- Not in labor force
- Unemployed
- Employed

The graph above compares the employment status of men and women in 1980, 1990, and 2000. "Not in labor force" refers to children, the elderly, and those who are similarly **excluded** from the regular job market. ① It shows that employment rates for both women and men were higher in 2000 than ever before. ② From 1980 to 2000, the overall percentage of unemployed men dropped. ③ The total percentage of people not included in the regular labor force fell from 1980 to 1990 and from 1990 to 2000. ④ In each of the three years, the rate for employed males was never lower than around three-fifths of the male total. ⑤ And female participation in the labor force increased by more than 10 percent from 1980 to 2000.

---

guess it! **exclude** ⓐ ~을 포괄하다 ⓑ ~을 제외하다

수능직결구문 빈칸에 알맞은 말을 써넣으시오.

It shows that employment rates for both women and men were higher in 2000 than ever before.

= It shows that employment rates for both women and men were the _____ in 2000.

❶ 도표와 본문의 첫 문장을 먼저 보고, 이후 전개될 내용으로 예상할 수 있는 것은?

❷ 각각의 선택지 내용을 도표와 비교 검토 하여 내용이 일치하는지 확인해보시오.

5 다음 도표의 내용과 일치하지 <u>않는</u> 문장은?

Residential Energy Consumption

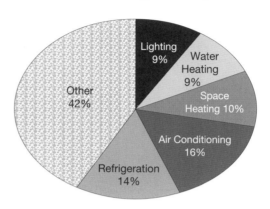

The pie chart above shows the typical share of household energy consumption for lighting, water heating, space heating, air conditioning, refrigeration, and "other" (TVs, computers, ovens, and so on). ① As you can see, air conditioning and refrigeration account for 30 percent of energy consumed. ② More than a fifth of residential energy is consumed by water heating and space heating. ③ Lighting takes a lesser share of total household energy than refrigeration does. ④ Energy consumed by space heating is equal to one-tenth of energy consumed overall. ⑤ The biggest single consumer of household energy is air conditioning.

6

Fast Itch-Relief Cream에 대한 다음 설명서의 내용과 일치하지 <u>않는</u> 것은?

Fast Itch-Relief Cream

Uses: temporarily relieves itching associated with skin irritations due to: soaps, detergents, cosmetics, etc.

Warnings:

• For external use only

• When using this product, avoid contact with eyes

• Stop use and ask a doctor if condition worsens, symptoms persist for more than 7 days, or occur again within a few days, and do not begin use of any other product unless you have asked a doctor.

• Keep out of reach of children. If it is swallowed, get medical help right away.

Directions:

• adults and children 2 years of age and older: apply to affected area not more than 3 to 4 times daily

 • children under 2 years of age: do not use, ask a doctor

① 피부 가려움증을 일시적으로 완화한다.

② 외용약으로만 사용할 수 있다.

③ 사용 시 눈에 들어가지 않도록 한다.

④ 상태가 악화되면 사용을 중지해야 한다.

⑤ 하루에 3~4번 이상 환부에 바른다.

핵 심 S K i L L N O T E

❶ 제목과 소제목을 먼저 보고, 전개될 내용으로 예상할 수 있는 것은?

_____

_____

❷ 각각의 선택지 내용을 주어진 글의 관련 사항과 비교 검토하여 내용의 일치 여부를 확인해보시오.

A 실용문 이해 유형의 문제 풀이 방법

1 실용문의 ☐☐☐ 과 ☐☐☐ 을 먼저 보고 어떤 내용으로 구성될지를 먼저 파악한다.

2 선택지를 읽으면서 소제목에 의거하여 단서가 있을만한 곳을 찾아, 내용 일치 여부를 확인한다.

3 소제목으로 나누어지지 않은 실용문은 앞에서부터 차례대로 읽어나가면서 내용 일치 여부를 확인한다.

4 실용문에 쓰이는 표현들은 빈출 가능성이 높으므로 기출 표현들을 익혀둔다.

- contest, program, camp, audition, 자원봉사 등의 참가 안내문
  sign up(등록하다(= register))
  registration[application] form(신청서), advance registration(사전 등록)
  registration fee(등록비), additional charge(추가 요금)
  duration(기간(= period)), qualifications((참가) 자격), additional information(추가 정보) 등
- museum, festival, 공연 등의 입장 안내문
  general admission(일반 입장료), early purchase discount(사전 구매 할인)
  valid ID(확실한 신분증), refundable(환불 가능한) 등

B 도표 이해 유형의 문제 풀이 방법

1 도표의 ☐☐☐☐ 과 도표를 구성하는 각각의 요소를 살펴보아 도표의 특징을 파악한다.

2 ☐☐☐☐☐ 내용을 하나씩 도표와 비교해가며 내용이 일치하는지 확인한다.

3 도표 문제에 자주 등장하는 표현들을 익혀둔다.

- **증가**: grow, rise, increase, go up, multiply, on the increase (증가하는 중), increase in (~의 증가) 등.
- **감소**: fall, drop, decrease, decline, go down, drop by (~만큼 감소하다), on the decrease[decline] (감소하는 중), decrease[decline] in (~의 감소) 등.
- **증가/감소의 정도**: steadily, continuously, constantly, rapidly, sharply, dramatically, slowly 등.
- **각종 비교 표현**: three times as ~ as A (A보다 세 배만큼 ~한), two-thirds (3분의 2), more than, less than, be equal to 등.

등급 up! 어휘·어법 테스트

A 각 네모 안에서 어법에 맞는 표현을 고르시오.

1 Prosecution lawyers are charged with proving / proved guilt beyond a reasonable doubt.

2 The structure collapsed because it / its supports failed to bear the weight of the building.

3 Due to a prior engagement, I did not attend the ceremony which / where the new president of our company made his first speech.

B 각 네모 안에서 문맥에 알맞은 어휘를 고르시오.

1 Nigerians are not only very religious, they are also highly suspicious / superstitious, with strong beliefs in voodoo, witchcraft, ghosts, and black magic.

2 Following the official prohibition / permission of smoking in public places last year, smoking rates have declined and are expected to decline even further.

C 다음 글의 밑줄 친 부분 중, 어법상 틀린 것은?

Today, the World Wide Web is an important part of our everyday lives. Not long ago, however, it was just an idea. A man ① naming Tim Berners-Lee developed the Web while working at a nuclear physics laboratory in France. His educational background was in physics, but he very much enjoyed ② developing computer programs. ③ Upon completion of his studies at Oxford University, Berners-Lee worked very successfully for two years as a software engineer. After that time, he moved to France and began working as a consultant for the company ④ where he would eventually develop the Web. It was ten years after he began at this company ⑤ when he developed the first web browser.

해답 및 해설 **84**쪽

2009년 수능까지 출제되었던 그림 어휘 문제 유형(지문의 밑줄 친 어휘가 그림과 서로 일치하는지 판단하는 유형)에서 그림만 빠진 형태이다. 지문 내에서 밑줄 어휘가 다른 문맥과 상응하는지를 논리적으로 판단해야 한다.

모르는 단어를 추측하기 위한

ESSENTIAL WORDS LIST

모르는 단어가 너무 많으면 그 뜻을 추측하며 읽어 내려가기가 불가능하다.
단어의 뜻을 추론할 수 있는 실력을 기르기 위해서 다음의 필수 어휘를 미리 익혀두자.

1

- glare [glɛər]   번쩍이는 빛, 섬광
- subtle [sʌ́tl]   **추론해볼 어휘**
- deserve [dizə́:rv]   ~을 받을 만하다,
  마땅히 ~할 만하다
- disrupt [disrʌ́pt]   ~을 방해하다
- predator [prédətər]   포식자, 포식 동물

2

- produce   생산물, (특히) 농작물;
  [prá:du:s, prədú:s]   생산하다
- refrigerate [rifrídʒərèit]   (음식 등을) 냉장하다
- nutrient [njú:triənt]   영양소, 영양분
- preservative [prizə́:rvətiv]   방부제
- emission [imíʃən]   배출(물), 배기가스
- processed food   가공 식품
- ingredient [ingrí:diənt]   (요리 등의) 재료, 성분
- manufacturer   제조업자
  [mæ̀njufǽktʃərər]

3

- frustrate [frʌ́streit]   ~을 좌절시키다
- be attached to A   A에 애착을 가지다; A에
  붙어 있다, 딸려 있다
- alternative [ɔ:ltə́:rnətiv]   대안이 되는; 대안
- feat [fi:t]   **추론해볼 어휘**
- task [tæsk]   일, 과업

4

- humility [hju:míləti]   겸손
- inner [ínər]   내적인
- go hand in hand   손잡고 가다; 밀접히 연관되
  어 있다
- compel A to *do*   A가 ~하기를 강요하다
- brag [bræg]   **추론해볼 어휘**
- weaken [wí:kən]   (세력 등을) 약화시키다; 약화
  하다
- talk behind one's back   ~ 뒤에서 말하다, ~을 험담
  하다
- insecure [ìnsikjúər]   불안정한 (↔ secure)
- ironically [airánikəli]   역설적이게도
- approval [əprú:vəl]   인정; 찬성; 승인
- resist [rizíst]   ~에 저항하다
- temptation [temptéiʃən]   유혹
- be impressed with[by]   ~에 깊은 감명을 받다

5

- assume [əsjú:m]   (사실일 것으로) 추정하다
- distort [distɔ́:rt]   (사실 등을) 왜곡하다; ~을 일
  그러뜨리다
- perception [pərsépʃən]   지각, 인식
- estimate [éstimèit]   ~을 추산하다, 추정하다

6

- backtrack [bǽktræk]   되돌아가다
- snail's pace   달팽이 걸음, 매우 느림
- wander [wándər]   배회하다, 헤매다
- comprehension   이해력
  [kàmprihénʃən]

다음 글의 밑줄 친 부분 중, 문맥상 낱말의 쓰임이 적절하지 <u>않은</u> 것은?

〈모의〉

The traditional American view was that fences were out of place in the American landscape. This notion turned up ① <u>repeatedly</u> in nineteenth-century American writing about the landscape. One author after another severely ② <u>criticized</u> "the Englishman's insultingly inhospitable brick wall topped with broken bottles." Frank J. Scott, an early landscape architect who had a large impact on the look of America's first suburbs, worked tirelessly to ③ <u>rid</u> the landscape of fences. Writing in 1870, he held that to narrow our neighbors' views of the free graces of Nature was ④ <u>unselfish</u> and undemocratic. To drive through virtually any American suburb today, where every lawn steps right up to the street in a gesture of ⑤ <u>openness</u> and welcoming, is to see how completely such views have triumphed.

---

out of place (특정한 상황에) 맞지 않는; 제자리에 있지 않는 **landscape**[lǽndskèip] 풍경 **notion**[nóuʃən] 관념, 생각 **one (~) after another** 잇따라서, 연달아 **severely**[səvíərli] 심하게, 혹독하게 **insultingly**[insʌ́ltiŋli] 모욕적으로 **inhospitable**[inháspitəbl] 불친절한 **architect**[ɑ́ːrkitèkt] 건축가 **have an impact on** ~에 영향을 미치다 **tirelessly**[táiərlisli] 치치지 않고, 부단히 **rid A of B** A에서 B를 없애다 **undemocratic**[ʌ̀ndeməkrǽtik] 비민주적인 **virtually**[vɚ́ːrtʃuəli] 사실상, 거의 **lawn**[lɔːn] 잔디밭

202

왼쪽 기출 지문에 의거하여 다음 과제를 해결하시오.

A 본문 초반부의 내용을 통해 무엇에 관한 글인지 대강 파악한다.

The traditional American view was that fences were out of place in the American landscape.

내용 파악: _____

_____

B 지문을 읽어 내려가면서 밑줄 어휘의 내용이 문맥의 흐름과 논리적으로 일치하는지를 확인한다. 주로 반의어를 이용하여 정답 선택지를 출제하므로, 어색한 것이 있으면 그 밑줄 어휘 대신 반의어를 넣었을 때 문맥의 흐름이 자연스러운지를 확인하여 정답이 확실한지 검토한다.

1 This notion turned up ① <u>repeatedly</u> in nineteenth-century American writing about the landscape. □ T □ F

2 One author after another severely ② <u>criticized</u> "the Englishman's insultingly inhospitable brick wall topped with broken bottles." □ T □ F

3 Frank J. Scott, an early landscape architect who had a large impact on the look of America's first suburbs, worked tirelessly to ③ <u>rid</u> the landscape of fences. □ T □ F

4 Writing in 1870, he held that to narrow our neighbors' views of the free graces of Nature was ④ <u>unselfish</u> and undemocratic. □ T □ F

5 To drive through virtually any American suburb today, where every lawn steps right up to the street in a gesture of ⑤ <u>openness</u> and welcoming, is to see how completely such views have triumphed.

해답 및 해설 **85**쪽

❶ 본문 초반부를 통해 이후 전개될 내용으로 예상할 수 있는 것은?

_____

_____

❷ 각각의 밑줄 어휘가 본문의 내용 흐름과 논리적으로 일치하는지 확인해보시오.

1 다음 글의 밑줄 친 부분 중, 문맥상 낱말의 쓰임이 적절하지 않은 것은?

According to a study, the overpowering glare of street lights in towns and cities could contribute to a decline in bird populations. Researchers say that in comparison to chemical- and noise-pollution, light pollution is more subtle, and its effects have perhaps not received the ① attention they deserve. The findings came from a study into the impact of ② artificial lights on five species of woodland songbirds in towns and cities. The research suggests that the street lights are ③ disrupting the sleep patterns of songbirds and forcing them to start the dawn chorus too early in the morning. They say blue tits, robins and blackbirds are ④ exhausted by their early starts in towns and cities, and are therefore ⑤ less likely to be hunted by predators as the day goes by.

guess it!   subtle   ⓐ 확연한   ⓑ 미묘한

수능직결구문   밑줄 친 단어를 문맥에 맞게 알맞은 형태로 고치시오.

The research suggests that the street lights are disrupting the sleep patterns of songbirds and force them to start the dawn chorus too early in the morning.

2

다음 글의 밑줄 친 부분 중, 문맥상 낱말의 쓰임이 적절하지 않은 것은?

What's good for your body is also good for the environment. We're told that it's best to buy local produce. But local isn't ① <u>better</u> if the food is refrigerated for long periods, which uses up energy. Just-picked local vegetables and fruits ② <u>avoid</u> long trips in fume-spewing trucks, planes, and boats. And they also retain ③ <u>more</u> nutrients and require no preservatives. Find out what's in season in your locality so that you buy sun-ripened fruits and vegetables whenever they're available; they generate ④ <u>fewer</u> emissions than produce raised in heated greenhouses. Finally, cut back on processed foods. Producing more carbon emissions is a side effect of making foods with artificial sweeteners, additives, and preservatives, because these chemical ingredients are ⑤ <u>rarely</u> shipped to the manufacturer from distant locations.

핵심 **S K i L L** **N O T E**

❶ 본문 초반부를 통해 이후 전개될 내용으로 예상할 수 있는 것은?

_____

_____

❷ 각각의 밑줄 어휘가 본문의 내용 흐름과 논리적으로 일치하는지 확인해보시오.

수능**직결구문** 다음 문장의 네모 안에서 어법에 맞는 표현을 고르시오.

1. But local isn't better if the food is refrigerated for long periods, which / that uses up energy.

2. Producing more carbon emissions is / are a side effect of making foods with artificial sweeteners, additives, and preservatives, ~.

핵심 SKiLL NOTE

❶ 본문 초반부를 통해 이후 전개될 내용으로 예상할 수 있는 것은?

_____

_____

_____

❷ 각각의 밑줄 어휘가 본문의 내용 흐름과 논리적으로 일치하는지 확인해보시오.

3 다음 글의 밑줄 친 부분 중, 문맥상 낱말의 쓰임이 적절하지 않은 것은?

Occasionally it seems like everyone pushes you to set goals for everything you want to accomplish. Goals can help you sometimes, but in other cases they can just frustrate you and bring you down. I'm not saying that they are ① <u>bad</u> and that you shouldn't set them, but you need to realize that you should not be emotionally attached to your goals. An alternative approach is to gain a sense of ② <u>achievement</u> in a series of shorter-term goals. Build your confidence by accomplishing ③ <u>bigger</u> **feats**, and then it will be a nice surprise if you overproduce! You have to have some sort of ④ <u>end</u> result in mind, but you can break it down into day-by-day tasks. This makes any big project a lot ⑤ <u>easier</u> for you to handle, knowing that the tasks you complete every day will eventually turn into great things.

ᧁuess it!   **feat** ⓐ 위업, 업적 ⓑ 장점, 특기

수능직결구문   밑줄 친 that절을 한 군데만 끊어 읽을 경우, 가장 알맞은 곳에 / 로 표시하시오.

This makes any big project a lot easier for you to handle, knowing <u>that the tasks you complete every day will eventually turn into great things.</u>

4 다음 글의 밑줄 친 부분 중, 문맥상 낱말의 쓰임이 적절하지 않은 것은?

Humility and inner peace go hand in hand. The less compelled you are to try to prove yourself to others, the easier it is to feel ① peaceful inside. Bragging, in fact, weakens the positive attention you get when you do well at something. The more you try to prove yourself to others, the more they will ② avoid you and talk behind your back about your insecure need to brag. Ironically, however, the less you care about seeking approval, the ③ more approval you seem to get. ④ Resist the temptation the next time you have an opportunity to brag. Later, when your friends realize what had happened, they will be impressed with your humility. You will receive more ⑤ negative feedback and attention from practicing humility.

핵 심 S K i L L N O T E

❶ 본문 초반부를 통해 이후 전개될 내용으로 예상할 수 있는 것은?

❷ 각각의 밑줄 어휘가 본문의 내용 흐름과 논리적으로 일치하는지 확인해보시오.

guess it!   brag   ⓐ 험담하다   ⓑ 자랑하다

❶ 본문 초반부를 통해 이후 전개될 내용으로 예상할 수 있는 것은?

_____

_____

❷ 각각의 밑줄 어휘가 본문의 내용 흐름과 논리적으로 일치하는지 확인해보시오.

5 다음 글의 밑줄 친 부분 중, 문맥상 낱말의 쓰임이 적절하지 않은 것은?

Most of us assume that we see things as they really are, but one study has suggested that our desires can distort our view of reality. In the study, a set of experiments was conducted to test whether desire affects ① perception. In one experiment, participants had to ② estimate how far a water bottle was from where they were sitting. Half the volunteers were allowed to drink before the experiment. The others were made to eat salty pretzels, which made them very ③ thirsty. The result was that the thirsty volunteers estimated the water bottle to be closer than it actually was, while the others judged the distance more ④ accurately. This indicates that wanting something strongly can make you perceive it as being physically ⑤ more distant from you than it actually is.

6

다음 글의 밑줄 친 부분 중, 문맥상 낱말의 쓰임이 적절하지 않은 것은?

An average reader, reading at a rate of about 250 words per minute, will backtrack to read words again about twenty times per page. A good reading speed is around 500 to 700 words per minute, but some people can read 1000 words or more. What makes the difference? Going back over words again is a habit that can ① <u>slow</u> your reading speed to a snail's pace. And it's usually unnecessary, because anything you don't quite understand will be explained more fully in ② <u>earlier</u> passages. Furthermore, the slowest readers read words over again most ③ <u>often</u>. Slow reading gives the mind time to wander, and frequent re-reading reflects a ④ <u>lack</u> not only of concentration but also of confidence in one's comprehension skills. Another habit most slow readers have is silently pronouncing every word. By doing this, they tie their reading speed too closely to their rate of ⑤ <u>speech</u>.

핵심 S K i L L N O T E

❶ 본문 초반부를 통해 이후 전개될 내용으로 예상할 수 있는 것은?

❷ 각각의 밑줄 어휘가 본문의 내용 흐름과 논리적으로 일치하는지 확인해보시오.

수능직결구문 밑줄 친 부분에 유의하여 다음 문장을 해석하시오.

Slow reading gives the mind time to wander, and frequent re-reading reflects a lack <u>not only</u> of concentration <u>but also</u> of confidence in one's comprehension skills.

★ 밑줄 어휘 유형의 문제 풀이 방법

> **1** 글 초반부의 내용을 통해 무엇에 관한 글인지 대강 파악한다.
>
> **2** 지문을 읽어 내려가면서 밑줄 어휘가 문맥의 흐름과 논리적으로 일치하는지를 확인한다.
>
> **3** 정답은 주로 글의 흐름과 _____ 어휘이므로 평소에 반의어 학습을 꾸준히 해두자.

다음 글의 밑줄 친 부분 중, 문맥상 낱말의 쓰임이 적절하지 <u>않은</u> 것을 골라 바르게 고치시오.

Researchers have found an association between physical fitness and the brain in children aged nine and ten. The study focused on the hippocampus, a structure tucked deep in the brain, because it is known to be ① <u>important</u> in learning and memory. The scientists found that the fittest youngsters each had a larger-than-average hippocampus compared to the most ② <u>active</u> kids. The findings indicate that exercise can increase the ③ <u>size</u> of the hippocampus. A bigger hippocampus is associated with ④ <u>better</u> performance on spatial reasoning and other cognitive tasks. The scientists believe that ⑤ <u>encouraging</u> children to exercise from a very young age could help them to do better at school in the future.

* hippocampus (대뇌 측두엽의) 해마

해답 및 해설 **88**쪽

등급 UP! 💡 어휘·어법 테스트

A 각 네모 안에서 문맥에 알맞은 어휘를 고르시오.

1 After years of waiting for the right circumstances, my husband and I finally made the momentary / momentous decision to start a family.

2 Early diagnosis is the key to producing / preventing serious illnesses, so you should see a doctor right away if you suspect that you are getting sick.

B 각 네모 안에서 어법에 맞는 표현을 고르시오.

1 I went back to the small town where I was born and was amazing / amazed to find that it had not changed at all.

2 Without the atmosphere to filter the powerful rays of the sun, all alive / living things could not exist.

C (A), (B), (C)의 각 네모 안에서 어법에 맞는 표현을 골라 짝지은 것으로 가장 적절한 것은?

Nobody tells a bird when it is ready to take its first flight. Birds just instinctively feel when it's time (A) to leap / leaping off the tree branch and take to the air. Young birds do not know how they can fly; they just know they can. Their confidence builds up to the point where they know that success will follow. After all, failure in this case (B) mean / means that a deadly fall will likely happen later. When learning to fly, birds do not get any instructions or practice attempts, but they almost never fail. So remember, (C) whatever / however you attempt to accomplish in life, having confidence in yourself will be the key to your success.

(A)	(B)	(C)
① to leap ----	mean ----	whatever
② leaping ----	mean ----	whatever
③ to leap ----	means ----	whatever
④ leaping ----	means ----	however
⑤ to leap ----	means ----	however

해답 및 해설 88쪽

UNIT
15 | 최신 장문 유형 대비

기출 문제 유형은 중문의 경우 수년 전부터 안정화가 되었지만, 장문의 경우 약간씩의 변화가 있어 왔고 앞으로도 그럴 것이다.
출제자들이 유형을 결정해놓고 장문 지문을 선정하기보다는, 지문을 이미 선정해 놓고 거기서 출제될 수 있는 독해문제 유형 중
가장 품질이 높은 문제를 선택하는 것처럼 느껴지기 때문이다.
어쨌든, 이미 출제된 적이 있는 유형이나 내신에서라도 익혀 본 독해문제 유형 중에서 선택되는 것이므로 문제 유형 자체가
완전히 생소한 것이 등장할 가능성은 없기 때문에 크게 걱정할 필요는 없다.

비슷한 기존 유형의 해법을 최대한 잘 적용시켜보자.

모르는 단어를 추측하기 위한

ESSENTIAL WORDS LIST

모르는 단어가 너무 많으면 그 뜻을 추측하며 읽어 내려가기가 불가능하다.
단어의 뜻을 추론할 수 있는 실력을 기르기 위해서 다음의 필수 어휘를 미리 익혀두자.

① ②

☐ pleased with oneself	매우 자랑스러운
☐ go out of one's way to *do*	일부러(고의로) ~하다
☐ wonder [wʌ́ndər]	~이 아닐까 생각하다; ~을 이상하게 여기다
☐ end up ~ing	결국 ~하는 것으로 끝나다
☐ parking fee	주차요금
☐ on sale	할인된
☐ eventually [ivéntʃuəli]	결국
☐ discard [diskáːrd]	추론해볼 어휘
☐ look at	~을 돌이켜보다, 고찰하다
☐ founder [fáundər]	(최초) 설립자, 창설자
☐ make one's fortune	부유해지다

③ ④

☐ prized [praizd]	가치 있는, 중요한
☐ critically [krítikəli]	아슬아슬하게, 위태롭게; 비판적으로
☐ endangered [endéindʒərd]	멸종위기에 처한, 위험에 처한
☐ highly [háili]	매우, 상당히; 비싸게, 고액에
☐ fin [fin]	(물고기의) 지느러미
☐ face [feis]	(사실 등에) 직면하다; ~을 직시하다
☐ extinction [ikstíŋkʃən]	(생물) 멸종; 폐지, 종결
☐ population [pàpjuléiʃən]	(생태) 개체군, 집단; 개체 수
☐ adapt to ~ing/A	~하는 것에/A에 적응하다
☐ reproduce [rìːprədjúːs]	추론해볼 어휘

⑤ ⑥ ⑦

☐ somehow [sʌ́mhau]	아무튼; 어떻게 해서든지; 어쩐지
☐ make up for	~을 보충하다, 보완하다
☐ colleague [káliːg]	(직업상의) 동료
☐ well-crafted	정교하게 만들어진
☐ trace [treis]	흔적, 자취; ~을 추적하다
☐ make a[no] difference	차이가 있다[없다]
☐ wander [wándər]	헤매다; 떠돌다
☐ puzzle over	(문제 등을) 이해하려고 애쓰다, 고심하다
☐ organized [ɔ́ːrgənàizd]	조직된; 계획된
☐ have trouble ~ing	~하는 데 어려움을 겪다
☐ take a sip	한 모금 마시다
☐ sink in	추론해볼 어휘

다음 글을 읽고, 물음에 답하시오.　　　　　　　　　　　〈모의〉

Any great holiday, such as New Year's Day or Thanksgiving Day, brings its moments of stress. Some of these come from the pressure to prepare special meals and buy presents for relatives. But there is another sort of stress. One might call this 'relative fatigue.' This occurs when we realize that once again we are going to have to put up with spending our time together with unfamiliar uncles, aunts and cousins, whom we never see until they visit us for a holiday. For many of us, this is a big moral test.

We all recognize the vital importance of family. The holidays are a good time for individuals to strengthen the family. This means that when it comes to holiday celebrations in particular, we should share our time with our relatives. Those awkward relatives have to be included because extended families are, quite simply, a good thing. Paying attention to the uncles and aunts and all the rest underlines the message that we pass on to our children: being related to somebody counts for something.

1 위 글의 밑줄 친 'relative fatigue'의 문맥상 의미로 가장 적절한 것은?

① 낯선 친척과 지내야 하는 부담감 　　② 친척에게 줄 선물 선택의 어려움

③ 사람마다 다르게 느끼는 피로감 　　④ 명절 음식을 준비해야 하는 번거로움

⑤ 가족이 없는 사람들이 느끼는 외로움

---

relative[rélətiv] 친척; 상대적인; 관계있는　**fatigue**[fətíːg] 피로, 피곤　**put up with** ~을 참고 견디다, 인내하다　**moral**[mɔ́(ː)rəl] 도덕적인; 교훈　**awkward**[ɔ́ːkwərd] 거북한; 어색한, 서투른　**extended family** 대가족, 확대가족　**underline**[ʌ̀ndərláin] 강조하다; 밑줄을 긋다　**pass on to** ~에게 전하다, 옮기다　**count for something** 중요하다 (↔ count for nothing)

214

왼쪽 기출 지문에 의거하여 다음 과제를 해결하시오.

A 관련된 기존 유형의 풀이 해법 참고

밑줄 친 어구의 문맥상 의미 풀이 해법:
문제에서 제시되었듯이 글자 그대로의 의미를 묻는 것이 아니므로, 반드시 _____
을 통하여 해결해야 한다. 기존 유형 중 밑줄 친 대명사나 대체어구를 푸는 해법과 유사하다.

↓

B 풀이 방향 확정

단락 내에서 밑줄 친 어구의 의미가 포함된 문장에 밑줄을 그으시오.

> Any great holiday, such as New Year's Day or Thanksgiving Day, brings its moments of stress. Some of these come from the pressure to prepare special meals and buy presents for relatives. But there is another sort of stress. One might call this 'relative fatigue.' This occurs when we realize that once again we are going to have to put up with spending our time together with unfamiliar uncles, aunts and cousins, whom we never see until they visit us for a holiday. For many of us, this is a big moral test.

해답 및 해설 **89**쪽

핵 심 S K i L L N O T E

❶ 새로운 문제 유형 파악하기

↓

❷ 유사한 기존 유형 생각해보기

↓

❸ 기존 유형 풀이 해법 참고하여 새로운 문제 유형 풀이

[1-2] 다음 글을 읽고, 물음에 답하시오.

People generally feel pretty pleased with themselves when they've paid less than the regular price for something. That's why so many of us go out of our way to get a bargain. There's nothing wrong with that, but sometimes you have to wonder whether we overdo it or not. Let's say a guy wants to buy a bicycle. He goes to three stores and two shopping malls in three different neighborhoods trying to find the best price. Yes, he might end up saving a few dollars, but what about the fuel costs and parking fees? What about the hours that are now lost?

Then there's the case of buying more than we need. In my case, my dad once bought a huge box of beef ribs because they were on sale. That's not necessarily such a bad idea, but there wasn't enough room for the ribs in our freezer. We ate ribs every night for a week, but we eventually had to discard almost half the box!

Another way of looking at my dad's mistake comes from H. J. Heinz, the founder of the giant company famous for its ketchup. He said, "I didn't make my fortune from people eating my ketchup; I made it from _____."

So, the next time you go shopping, remember what Heinz said.

1

위 글의 제목으로 가장 적절한 것은?

① Enjoy Life and Never Miss a Bargain
② Save Your Money For a Rainy Day
③ Recycle Things Instead of Buying New Things
④ Fight Your Natural Tendency to Take Whatever Is Available
⑤ Sales Are Not Always the Answer! They Can Be a Disaster

2

위 글의 빈칸에 들어갈 말로 가장 적절한 것은?

① knowing how much they can afford to buy
② the ketchup that's the best in the world
③ all the restaurants that serve my ketchup
④ all the ketchup they left on their plates
⑤ people eating meat and fried potatoes

---

guess it! **discard** ⓐ ~을 버리다 ⓑ ~을 모두 먹다

수능직결구문 1. 밑줄 친 부분에 유의하여 아래 문장을 해석하시오.

He <u>might end up saving</u> a few dollars, but what about the fuel costs and parking fees?

2. 다음 문장의 네모 안에서 어법에 맞는 표현을 고르시오.

That's not necessarily so / such a bad idea, but there wasn't enough room for the ribs in our freezer.

❶ 새로운 문제 유형 파악하기

↓

❷ 유사한 기존 유형 생각해보기

↓

❸ 기존 유형 풀이 해법 참고하여 새로운 문제 유형 풀이

[3-4] 다음 글을 읽고 물음에 답하시오.

A famous saying related to fishing is "You should have seen the size of the one that got away!" These days, however, it's rare to see big fish. That's because fish, in general, are growing smaller. What has happened to all the big ones? Without humans fishing in oceans, lakes, and rivers, the bigger a fish grows, the less likely it is to be eaten. However, when people fish, **the opposite** becomes true. That's because the biggest fish are also among the most prized in the fishing industry. Consider the critically endangered bluefin tuna: a single 200-kilogram fish is worth around $200,000 in Japanese fish markets, which is the reason why people keep on catching them. Sharks are also highly prized, for their fins and other body parts; that is why many shark species are facing extinction too. And many younger fish are caught and killed before they get the chance to grow to their full size.

Because of these reasons, over time, fish populations adapt to losing their larger members by growing more slowly and to a smaller fully-grown size. After all, the fish that grow the slowest and to the smallest size are the least likely to be caught and eaten by people. However, we have discovered that the bigger a female fish grows, the better it becomes at **reproducing**. Maybe we should start _____ _____.

*bluefin tuna 참다랑어

3

위 글의 밑줄 친 'the opposite'이 궁극적으로 의미하는 바로 가장 적절한 것은?

① 막대한 수의 물고기를 잡는 것
② 큰 물고기의 개체수가 많아지는 것
③ 물고기들이 점점 작게 성장하는 것
④ 작은 물고기가 큰 물고기를 먹이로 삼는 것
⑤ 나이가 든 물고기일수록 알을 많이 낳는 것

4

위 글의 빈칸에 들어갈 말로 가장 적절한 것은?

① catching fish soon
② eating any big fish
③ looking for small fish
④ letting big fish off the hook
⑤ feeding all the female fish

---

guess it! **reproduce** ⓐ 번식하다 ⓑ 성장하다

수능직결구문 밑줄 친 <u>which</u>가 가리키는 어구를 찾아 [ ]표시 하시오.

Consider the critically endangered bluefin tuna: a single 200-kilogram fish is worth around $200,000 in Japanese fish markets, <u>which</u> is the reason why people keep on catching them.

[5-7] 다음 글을 읽고 물음에 답하시오. 〈모의〉

(A)

When I first began teaching, I was invited to a workshop for new professors. Like most people who teach at universities, I had spent a long time learning what to teach, but none learning how to teach it. Somehow, my university seemed to hope, a weekend spent with experienced professors would make up for that. My colleagues presented well-crafted lectures about the tools they used in the classroom. I enjoyed their presentations, but do not remember a thing they said.

(B)

When we were called to the next talk, he put down his cup and I noticed there was not a trace of coffee in it. I thought that was rather odd, and said so. "My doctor told me to stop drinking coffee," he explained. "So I have always used an empty cup. Doesn't make any difference." I decided to try his idea in my class, but not with an empty cup.

(C)

I took **a cup of coffee** with me to my next class Monday morning. It helped. My pauses, as I drank the coffee, not only gave my students time to think about what I had said, but gave me time to think about what I was going to say next. I began to use my pauses to look around the room to see how my students were reacting to what I had just said. When I saw their attention wander, I tried to bring them back. When I saw them puzzle over some concept that I thought I had explained, I gave another example. My lectures became less organized and less brilliant, but my students seemed to understand me better.

(D)

One thing that I do remember happened at a coffee break. Finding myself alone, I turned to a mathematics professor standing nearby. I asked him what his favorite teaching tool was. "**A cup of coffee**," he said. I asked him how he used it. "Well," he said, "I talk too much and too fast in the classroom. Students sometimes have trouble following me. So every once in a while, when I've said something I want my students to think about, I stop and take a sip of coffee. It lets what I've just said sink in."

5

위 글 (A)에 이어질 내용을 순서에 맞게 배열한 것으로 가장 적절한 것은?

① (B) — (D) — (C)　　② (C) — (B) — (D)

③ (C) — (D) — (B)　　④ (D) — (B) — (C)

⑤ (D) — (C) — (B)

6

위 글의 밑줄 친 <u>a[A] cup of coffee</u>의 역할로 가장 적절한 것은?

① 강의 및 학습을 돕는 도구

② 수업 중 졸음을 방지하는 수단

③ 학생들 간의 친목을 도모하는 수단

④ 학습 과제를 제시하는 수단

⑤ 관찰력을 향상시키는 도구

7

위 글의 내용과 일치하지 <u>않는</u> 것은?

① 필자는 신임 교수를 위한 워크숍에 참석했다.

② 필자는 휴식 시간에 수학 교수와 이야기하였다.

③ 수학 교수는 의사의 권유에 따라 커피를 마시지 않았다.

④ 필자는 월요일 아침 수업 시간에 커피를 마셨다.

⑤ 수학 교수는 수업 시간에 자신의 말이 너무 느리다고 생각한다.

---

guess it!　　**sink in**　ⓐ 서서히 잊어버리다　ⓑ 충분히 이해하다

수능직결구문　1. 다음 밑줄 친 부분에서 의미상 생략된 어구를 찾아 쓰시오.

I had spent a long time learning what to teach, <u>but none learning</u> how to teach it.

2. 다음 문장의 네모 안에서 어법에 맞는 표현을 고르시오.

I asked him ｜what / how｜ his favorite teaching tool was. "A cup of coffee," he said. I asked him ｜what / how｜ he used it.

★ 신유형 문제 해결 과정

> **1** 우선 문제의 유형을 잘 파악한다.
>
> **2** 어떤 사항이 새롭고 어떤 사항이 기존 문제와 유사한지 파악한다.
>
> **3** 관련된 기존 유형을 풀이할 때 주의할 점을 참고한다.
>
> **4** 위의 **1** ~ **3**을 종합하여 풀이 방향을 세운다.

다음을 읽고 질문에 답하시오.   〈모의〉

Several years ago, we were asked to help with the merger of two community volunteer groups, who wanted to join together in order to establish an agency that would have more influence and better financing than the two separate agencies of the past. Both were rural groups, which had traditionally and geographically been separated by a range of mountains.

We worked with the two groups to help them set goals, develop policy, and build an organizational structure. Meanwhile, the young executive director, who saw a successful merger as his primary responsibility, was especially careful about **one thing**. On either side of the mountain was a large town. Each of the former agencies had its own board, a separate staff, and long-standing regional ties. The executive director understood that the question of where the new joint agency's headquarters would be was an important question as well as a potentially explosive one. .... 후략

위 글의 밑줄 친 **one thing**이 가리키는 것으로 가장 적절한 것은?

① 경제적인 지원
② 본부 위치의 결정
③ 이사회의 회칙 제정
④ 산간 지역의 개발
⑤ 직원들의 책임감 고취

해답 및 해설 **93**쪽

등급 UP! 어휘·어법 테스트

A 각 네모 안에서 문맥에 알맞은 어휘를 고르시오.

1 We are confident / confidential that you will be satisfied with the level of service and quality of parts that we offer.

2 The boss will ignore your excused / unexcused absence just this once, so make sure it doesn't happen again.

B 각 네모 안에서 어법에 맞는 표현을 고르시오.

1 Some people may be offended by the graphic nature of the following evidence, so those who have never been exposing / exposed to crime-scene photographs, please be prepared.

2 Many students overlook the importance of starting an assignment as early / earlier as possible.

3 Those who were present at the meeting to agree / agreed that the changes should be made.

C 다음 글의 밑줄 친 부분 중, 어법상 틀린 것은?

Some people claim that serious injuries are more common in such sports as horse racing, hockey, and rugby ① than in boxing. Whether that's true or not, even the biggest fan of boxing must admit that it's the only sport ② where the singular purpose of competing is to do physical damage to another person. If you have ever seen a boxing match, then you have almost certainly seen boxers ③ to give and receive blows to the head. What you might not realize is that ④ when a boxer's gloved fist smashes into an opponent's head with great force, the opponent's brain is suddenly and violently slammed against the skull. Over time, this action results in a form of brain damage ⑤ known as "punch-drunk syndrome," a serious condition that affects as many as 15 percent of professional boxers.

*skull 두개골

해답 및 해설 **93**쪽

절대불변의 유형별 해법은 존재한다!

수능영어
절대유형

2024 **3142**

주제문 파악이 핵심!

2024 유형 →

주제문 응용이 핵심!

3142 유형

2024

유형을 정복하면,

3142

유형이 보입니다.

- **주장(20):** 주장 표현에 주목!
  ~하라 / ~하지마라
- **함의추론(21):** 주제문과 밑줄의
  연결고리 파악이 핵심!
- **요지, 주제, 제목(22~24):**
  Paraphrasing(바꿔 쓰기)이 핵심!

- **빈칸추론(31~34):** 문장(주제문)에 빈칸 생성
- **문장제거(35):** 어긋나는 내용 제거가 핵심
- **문장순서(36~37):** 글의 흐름 추적이 핵심
- **문장삽입(38~39):** 글의 선후 관계 파악이 핵심
- **요약문(40):** 주제문 바꿔쓰기가 핵심
- **장문(41-42):** 주제문 파악이 핵심

CEDU BOOK 쎄듀

논리와 속도를 키워주는 수능형 리딩스킬

The READING PLAYER 개념편

The 리딩플레이어

해답 및 해설

CEDU BOOK 쎄듀

논리와 속도를 키워주는 수능형 리딩스킬

The READING PLAYER 개념편

The 리딩플레이어

해답 및 해설

① 기출에 나오는 내용 소재

p.11

1-1 해답 ② **1** 첫 번째 **2** ①, ③

해설 빈칸 문장으로 보아, 제본된 책으로 바뀜에 따라 '어떤' 과정이 변했는지를 찾아야 한다. 바로 이어지는 설명에서, 이전에 읽은 구절을 찾을 때 쉽게 이동이 가능하게 되었다고 했으므로 이를 개괄적으로 표현하면 '정보를 찾는' 과정이 변한 것이다. **1** 첫 번째 문장에서 정보를 찾는 과정이 변했다고 하였고 이어지는 내용에서 구체적인 변화의 내용이 설명되고 있으므로 첫 번째 문장이 주제문이다. 주제문은 개괄적(general)이며, 보충설명문장들은 이를 구체적으로 뒷받침한다. **2** 제본된 책으로의 변화가 ① 기술을 남용하는 것이라거나, ③ 문서를 없애는 것이라는 부정적 내용은 적절치 않아 보인다.

해석 사람들이 파피루스처럼 펼치는 게 아닌 넘길 수 있는 페이지가 있는 책을 제본하기 시작했을 때, 정보를 찾는 과정이 변했다. 이제 독자는 이전에 읽은 구절을 찾거나 같은 작품 안의 멀리 떨어진 부분들 사이를 오가며 훑어보려고 본문 뒤로 쉽게 이동할 수 있게 되었다. 하나의 기술적인 변화로 상호 참조가 가능해졌고, 동시에 수집한 책을 보관하는 데 필요한 물리적인 공간이 급격히 줄어들었다. 페이지 번호를 매기는 것이 가능해졌고 색인도 가능해졌다. 목차도 유용한 참조사항이 되었다.
① 기술을 남용하는　③ 문서를 없애는　④ 단어의 철자를 쓰는　⑤ 문자를 창조하는

bind (책을) 제본하다, 장정하다; ~을 묶다, 동여매다 | **unroll** (말아 둔 것을) 펴다, 풀다 | **passage** (책, 시, 음악 등의) 한 구절; 통로 | **browse** 대강 훑어보다 | **cross-referencing** (같은 책 속의) 상호 참조 | **house** ~을 수납하다, 저장하다 | **index** (책 등의) 색인, 찾아보기 | **table of contents** 목차, 목록 | **workable** 유용한, 실용적인

1-2 해답 ⑤ **1** ①

해설 빈칸 문장으로 보아 현대 사회에서 우리가 알게 된 것을 찾아야 하므로, 지문에서 현대 사회에 대해 어떤 설명을 하고 있는지에 주목한다. 과학 기술 발전에 따라 개인 생활을 누리기도 하지만 우리의 행동이 감시되고 기록되어 우리가 모르는 사람들에게까지 알려진다고 했으므로 정답으로는 ⑤가 적절하다. **1** 유리 어항의 특성은 안이 훤히 들여다보이는 것이므로 이는 현대 사회에서 우리가 '대중들에게 노출된 상태'라는 의미와 연결된다.

해석 부유함의 확산, 독신 가구, 텔레비전과 컴퓨터의 발명, 이 모든 것은 우리가 이전 세대들은 상상도 할 수 없는 개인 생활을 누리는 것을 가능하게 했다. 우리는 더 이상 이웃들과 가까운 지역에 살지 않는다. 우리는 버스나 기차에 몰려 타지 않고서도 여기저기 돌아다닐 수 있다. 우리는 극장에 가거나 이웃들과 취미를 함께 할 필요도 없다. 하지만, 우리를 많은 사람들로부터 떼어놓는 데 일조하는 바로 그 과학 기술이 또한 우리의 행동을 감시하고 기록하는 것을 가능하게 한다. 비록 우리 삶을 잘 알고 있는 사람들이 점점 더 적어지지만, 대부분 우리에게 알려지지 않은 많은 사람들이 우리에 관한 무언가를 알고 있다. 우리를 대중 사회로부터 자유롭게 해줄 것이라고 생각되었던 바로 그 과학 기술이 정보의 고속도로인 것만큼이나 유리 어항 과 같다는 것이 입증되어 왔다. 현대 사회에서 자유롭다는 것은 또한 흔히 벌거벗은 것을 의미한다는 것을 알게 되었다.
① 사람들이 혼잡함 때문에 대중교통 수단을 이용할 수 없다　② 과학 기술은 우리가 자연환경으로부터 독립하게 해준다
③ 더 많은 사람들이 부유함의 확산에 무관심해진다　④ 사람들과 협력하는 것은 잘못된 결말을 이끈다

prosperity 부유함, 번영 | **unimaginable** 상상할 수 없는 | **quarter** 지역, 지방 | **move about** 여기저기 돌아다니다 | **have intimate knowledge of** ~을 잘 알고 있다

❷ 사라진 연결사

2-1 해답 ③ **1** Even if **2** You forget **3** ⑤

해설 우리의 기억력이 세상의 모든 도서관보다도 더 많은 정보를 저장한다는 것과, 그에 대한 구체적인 예시가 이어지고 있으므로 주제는 '인간 기억력의 힘'이다.

해석 열쇠를 종종 잃어버린다거나, 차를 어디에 주차했는지 잊는다거나, 혹은 중요한 서류를 찾지 못한다거나 할지라도, 우리의 기억력은 세상의 모든 도서관보다도 더 많은 정보를 저장한다. 어떤 사건을 잊어버린 지 20년이 지나, 냄새, 소리, 사람 또는 그림과 같은 것으로 인해 기억이 되살아나면, 그 즉시 당신의 머릿속에는 그 사건에 대한 모든 세부적인 것들이 떠오르게 된다. 얼마나 많은 목소리를 전화상으로 인식할 수 있는지를 생각해보라. 일전에, 20년 동안 이야기를 나누지 못했던 친구 한 명이 내게 전화를 했다. 그가 말한 것이라곤 "여보세요."뿐이었지만 그가 자신의 이름을 말하기 전에 나는 그가 누군지를 알았다.
① 우리를 행복하게 하는 것들   ② 전화 통화 예절   ③ 인간 기억력의 힘   ④ 진정한 우정의 의미   ⑤ 정보 저장 과정

store ~을 저장하다 | **bring back** ~을 되돌리다 | **instantly** 즉시 | **recall** (생각을) 떠올리다, ~을 회상하다 | **detail** 세부(사항) | **recognize** ~을 인식하다

2-2 해답 ② **1** Many animals **2** Young birds **3** ② **4** ③

해설 첫 문장 뒤에 이를 뒷받침하는 구체적인 예시, 즉 어릴 때 생존에 도움이 되는 것들을 배워야 한다는 내용이 이어지고 있으므로 정답은 ②. **4** 배우지 않으면 알지 못한다는 유사한 내용의 예가 이어지고 있으므로 Similarly(이와 유사하게)가 적절하다.

해석 많은 동물들은 어릴 때 혼자 힘으로는 거의 아무 일도 할 수 없다. (A) 예를 들어 어린 새들은 나는 법을 배워야만 한다. 수천 마리의 새끼 바다표범들은 매년 물에 빠져 죽는다. 새끼 바다표범이 날 때부터 헤엄을 칠 수 있는 것은 결코 아니다. 어미가 새끼 바다표범을 물갈퀴 아래에 끼고 데리고 나가서 헤엄치는 법을 가르쳐 주어야 한다. 새들은 배우지 않아도 노래를 한다. 하지만, 같은 종의 어른 새들이 부르는 노래를 듣지 못하면 새끼 새들은 노래를 잘하지는 못한다. (B) 이와 비슷하게 새끼 코끼리는 자신의 코가 어디에 쓰이는지 처음에는 알지 못하는 것 같다. 어미가 그것으로 무엇을 하는지 보여줄 때까지 그것은 방해되는 것 같기만 하다.

flipper 물갈퀴 | **instruction** 교육 | **species** (생물) 종(種) | **trunk** 코끼리의 코 | **get in the way** 방해되다

❸ 지나친 완벽주의, 약인가? 독인가?

3-1 해답 ⑤

해설 첫 문장에 이어 예시가 곧바로 이어지고 글의 말미에 재진술하였다. 이를 종합하여 간결하게 표현한 것으로 가장 적절한 것은 ⑤이다.

해석 요리법에서 음식의 특수한 조합과 준비 방법은 식단, 건강, 장소에 관해 축적된 지혜의 심오한 저장소를 구성한다. 예를 들어, 라틴아메리카에서는 전통적으로 옥수수를 콩과 함께 섭취했다. 각 곡물은 공교롭게도 다른 곡물에 풍부한 필수 아미노산이 부족하여 고기가 없이도 옥수수와 콩이 함께 균형 잡힌 식단을 구성한다. 이와 비슷하게 라틴아메리카에서 옥수수는 전통적으로 석회암과 함께 갈거나 석회암에 담갔는데, 이렇게 하면 옥수수에 있는 비타민 B를 섭취할 수 있게 되지만, 그렇지 않으면 비타민 B가 부족해져서 결핍성 질환에 걸리게 된다. 매우 흔히 일어나는 일로서, 한 사회가 음식을 둘러싼 음식 문화를 빠뜨린 채 새로운 음식을 받아들이면, 옥수수가 유럽, 아프리카, 아시아에 처음 들어올 때 발생한 바와 같이 사람들이 병들게 된다. 음식이 섭취되는 주변 상황은 거의 그 음식 자체만큼이나 중요하다.

cuisine 요리(법) | **constitute** ~을 구성하다 | **reservoir** 저장소; 저수지 | **accumulate** ~을 축적하다 | **deficient** 부족한, 결함이 있는 | **amino acid** 아미노산 | **abundant** 풍부한 | **grind-ground-ground** ~을 갈아 가루로 만들다, 빻다 | **soak** ~에 담그다, 적시다, 스며들다 | **deficiency disease** 결핍성 질환, 비타민 결핍증 | **adopt** ~을 받아들이다, 채택하다 | **context** 주변 상황, 전후 관계

3-2 해답 ② **1** More important **2** the happiness **3** which can ~ its own sake

해설 첫 문장(도입문)에서, '많이 버는 것'만큼이나 중요한 다른 고려사항들이 있다고 하였고 이어지는 문장을 통해 '흥미가 있는 곳에서' 일하는 것이 성공할 수 있는 중요한 고려사항임을 설명하였다. 마지막 문장이 앞선 이 두 문장을 포괄하여 재진술하고 있는 주제문으로서 이를 간결하게 표현한 ②가 요지이다.

2~3 이 글의 요지를 담고 있는 문장은 마지막 문장인 More important than success, ~.로서 주어와 동사가 도치되었을 뿐 아니라 관계대명사절이 무려 4개나 들어가 있다. 도치를 바로잡으면 The happiness [which can ~ it brings] is more important than success.이며 구조를 좀 더 자세히 분석하면 다음과 같다.

More important than success, [**which** generally means promotion or an increase in salary], is the happiness [**which** can only be found in doing work [**that** one enjoys for its own sake and not merely for the rewards (that) it brings]].

→ 첫 번째 which가 이끄는 절은 앞에 나온 success를 부연설명하고 있으며,

→ 두 번째 which는 앞의 the happiness를 수식하는 절을 이끌고 있다.

→ that은 앞의 work를 수식하는 절을 이끌고 있으며

→ it brings 앞에는 the rewards를 수식하는 절을 이끄는 목적격 관계대명사인 that이 생략되어 있다.

해석 물론 얼마나 많이 벌 수 있느냐도 중요하지만, 이와 마찬가지로 중요한 다른 고려사항들이 있고, 그것을 무시할 경우 훗날 좌절할 수도 있다. 사람들은 진정한 흥미가 있는 곳에서 자신이 열심히 일해야 한다고 인식하지 않고도 열심히 일을 할 수 있으며, 그러한 상황에서 성공이 따른다. 일반적으로 승진이나 임금 인상을 의미하는 성공보다 더 중요한 것은 단지 일이 가져오는 보상을 위해서가 아니라 사람들이 일 자체를 즐길 수 있는 일을 할 때 발견될 수 있는 행복이다.

neglect ~을 무시하다; ~을 게을리하다 | **frustration** 좌절, 낙담 | **genuine** 진정한, 참된 | **promotion** 승진 | **salary** 급여 | **for A's (own) sake** A를 위하여 | **merely** 단지, 다만

---

④ 주제문의 위치

p.18

4-1 해답 ⑤ **1** But now, before you begin to plan, count the cost. **2** ②

해설 단락 초반에는 우리가 목표를 정하고 성취하고자 할 때 나타나는 일반적인 문제점이 서술되고, 중반 이후 글의 흐름이 바뀌어 문제 해결책이 명령문으로 제시되고 이에 대한 보충설명, 즉 구체적인 예시가 이어지므로, 문제 해결책이 제시된 문장이 주제문이다.

해석 많은 경우 우리는 목표를 정하고 그것을 성취하고자 계획을 세운다. 그런 다음, 우리에게 끝까지 실천할 힘이 없음을 알게 된다. 왜 이런 일이 일어나는 걸까? 그것은 우리가 치러야 할 대가를 고려하지 않았기 때문이다. 올해 학교에서 성적을 올리려는 계획을 세웠다고 가정해 보자. 바람직하고 훌륭하다. 그러나 이제는 계획을 세우기 전에 먼저 치러야 할 대가를 생각해라. 예를 들어, 수학과 문법을 공부하는 데 더 많은 시간을 보내야 할지도 모르고, 친구들과 어울려 노는 시간은 더 줄여야 할지도 모른다. 또한, TV를 보거나 컴퓨터 게임을 하는 것을 포기해야 할지도 모른다. 계획을 세울 때는 이런 모든 것을 고려해야 한다. 치러야 할 대가를 생각하면 항상 목표에 필요한 현실성을 어느 정도 보탤 수 있을 것이다.

set a goal 목표를 세우다 | **strength** (정신적) 힘, 의지 | **follow through** 끝까지 해내다, 실천하다 | **count the cost** 치러야 할 대가를 고려[생각]하다 | **hang out with** ~와 어울려 놀다 | **take A into consideration** A를 고려하다 | **add a touch of** 어느 정도 ~을 보태다[더하다]

4-2 해답 ③ **1** Remember that ~ wonderful surprises. **2** unpredictable

해설 예측하지 못한 일이 발생하여 계획된 대로 일이 돌아가지 않는 것이 인생이지만, 이것이 또 멋진 일을 선사하기도 한다는 것을 기억하라는 것이 글쓴이의 주장이므로 주제문은 마지막 문장이며 정답은 ③.

해석 우리는 우리가 어디로 향하는지 무엇을 원하는지 알고 있다. 그러나 매우 자주, 우리가 통제할 수 없는 힘에 의해 일은 원래 계획된 대로 가지 않고 우리는 그 일이 연기되도록 조정하거나 완전히 새로운 상황을 설정해야 한다. 이것이 바로 인생이 우리에게 커브 공을 던질 때 일어나는 일이다. 진실은 인생이 예측할 수 없다는 것이다. 예를 들어, 자동차가 고장 나서 약속에 늦는다. 당신이 그 중요한 회의에 참석하지 못하는 것은 사실이지만, 결국 그런 일이 없었더라면 절대로 만나지 못했을 사람들과 긴장을 늦추며 몇 시간을 함께 보낼 수 있다. 커브 공 은 우리를 방심하지 않게 해주어 그 자체가 선물인 우주의 이치일 뿐만 아니라 뜻밖에도 멋진 일을 우리에게 가져다주는 우주의 법칙이라는 것을 기억하라.

head ~으로 향하다 **|** **adjust** ~을 조정하다; ~에 적응하다 **|** **postponement** 연기, 유예 **|** **circumstance** 상황, 환경 **|** **unpredictable** 예측할 수 없는 **|** **break down** 고장 나다 **|** **end up ~ing** 결국 ~하게 되다

원문의 변형

● **해답** ② **1**[본문] 참조 **2** 난이도 조정 **3** 필자의 주장이 강하게 드러난 문장으로 삭제하더라도 나머지 부분을 통해 글을 쓴 목적을 추론하기에 무리가 없기 때문이다. 어려운 단어(snobbishness)가 들어간 문장이기도 하다.

⑤

해설 첫 문장에서 동시대 작가 작품만 읽는 것은 근시안적이라고 비판하였고, 마지막 문장에서 옛 시대(중세 이전) 작가들 덕분에 중세 사람들이 무지에서 해방되었다고 하였으므로, 글쓴이는 고전 읽기를 권장하는 것이다.

본문 Somebody who reads only newspapers and <u>at best</u> books of contemporary authors looks to me like an extremely <u>near-sighted</u> person <u>who scorns eyeglasses</u>. He is completely dependent on the prejudices <u>and</u> <u>fashions</u> of his times, <u>since he never gets to see or hear anything else</u>. And what a person thinks on his own without being stimulated by the thoughts and experiences of other people is <u>even in the best case rather paltry</u> and monotonous.

There are only a few enlightened people with a <u>lucid</u> mind <u>and style</u> and with good taste within a century. What has been preserved of their work belongs among the most precious possessions of mankind. We owe it to a few writers of <u>antiquity</u> that the people in the Middle Ages could slowly <u>extricate</u> themselves from <u>the superstitions</u> <u>and</u> ignorance <u>that had darkened life for more than half a millennium</u>. <u>Nothing is more needed to overcome</u> <u>the modernist's snobbishness</u>.

해석 동시대의 작가가 쓴 신문과 도서만 읽는 사람은 내 눈에는 근시안적인 사람으로 보인다. 그는 그가 살고 있는 시대의 편견에만 전적으로 의존하고 있는 것이다. 다른 사람들의 생각이나 경험에 의해 자극받은 일이 없는 자기 혼자만의 생각을 갖고 있는 사람은 기껏해야 시시하고 지루한 사람일 뿐이다. 한 세기 내에서 명석한 마음과 훌륭한 가치관을 가진 계몽된 사람들은 몇 명 되지 않는다. 지금까지 보존되어 온 그들의 업적은 인류의 가장 귀중한 재산으로 여겨진다. 중세 시대 사람들이 무지로부터 천천히 스스로 해방된 것은 (그보다 이전인) 옛 시대의 몇몇 작가들 덕분이다.

near-sighted 근시안적인; 근시의 **|** **stimulate** ~을 자극하다, 격려하여 ~시키다 **|** **insignificant** 대수롭지 않은, 하찮은 **|** **monotonous** 지루한, 단조로운 **|** **enlighten** ~을 계몽하다, 가르치다 **|** **taste** (한 시대의, 개인의) 가치관 **|** **possession** (복수형) 재산, 소유물, 소유 **|** **owe A to B** A를 B의 덕택으로 알다 **|** **Middle Ages** 중세 시대 **|** **free A from B** B에게서 A를 자유롭게 하다 **|** **ignorance** 무지, 무식

1 논설문 p.23

● 해답 ④

해설 환경 변화를 위해 우리 자신부터 변하자는 주장을 하고 있는 것이므로 정답은 ④.

해석 실질적인 환경 변화는 우리에게 달렸다. 우리는 세계 지도자들이 조치를 취하기만을 기다릴 수 없다. 우리는 스스로 변화해야 하며, 나는 그렇게 할 수 있다고 믿는다. 환경을 생각할 때, 우리는 우리 자신의 책임을 생각해야 한다. 우리는 좀 더 환경 친화적이어야 한다. 너무 많은 것들을 사서는 안 된다. 너무 많은 것들을 버려서는 안 된다. 우리는 자신의 컵을 휴대해야 한다. 우리는 자연식품을 먹어야 한다. 무엇보다도, 우리는 자연으로 들어가야 한다. 간디는 오래전에 세계를 변화시키기 위해서는 자신이 먼저 변해야 한다고 말했다. 먼저 우리 자신부터 변하고, 그런 다음에 세계를 변화시키자!
① 미래를 위한 새로운 에너지를 찾아라! ② 세상이 점점 좁아지고 있다! ③ 연장자를 존경하는 마음을 가져라!
④ 지구를 구하는 것은 당신으로부터 시작된다! ⑤ 세계 지도자들이 이제 조치를 취해야 한다!

environmental 환경의 | **depend on** ~에 달려 있다 | **take action** 조치를 취하다 | **responsibility** 책임 | **environment-friendly** 환경 친화적인 | **throw away** ~을 버리다 | **above all** 무엇보다도

2 설명문 p.24

● 해답 ④

해설 아래 밑줄 친 ④에서, 신주를 위급상황에서 우선적으로 지켰다고 했으므로 정답은 ④.

해석 신주는 ① 나무로 만든 막대모양의 위패이다. 길이는 약 20센티미터 정도이고 넓이는 약 3~4센티미터 정도이다. 그 위에는 ② 고인의 이름과 약력이 적혀 있다. 신주는 실제 고인인 것처럼 여겨지기 때문에 존중하는 마음으로 조심스럽게 다뤄진다. 신주는 보통 ③ 작은 단지 속에 보관한다. 재난이나 전쟁 같은 ④ 위급상황에서, 후손들은 그 현판을 가장 우선으로 지켰다. 왜냐하면 한국인들에게 신주는 돌아가신 부모나 조부모와 같았기 때문이었다. 그것이 한국에서 ⑤ 신줏단지라는 표현이 정말로 중요한 것을 의미하게 된 이유이다.

memorial tablet 위패, 기념비 | **deceased** 사망한, 고(故) | **regard A as B** A를 B로 여기다, 간주하다 | **pot** 단지, 항아리 | **descendant** 후손, 자손

3 기사문 p.25

● 해답 ②

해설 우선, 요약문과 선택지를 보아 온라인 소비자들이 '무엇 하기'를 원하기 때문에 '더 어떻게' 구매하게 되었는지를 찾아야 하므로 본문에서 해당 내용이 서술된 부분에 주목한다. 온라인 소비자들이 원하는 것은 '더욱 좋고 값싼 상품을 찾는 것'이므로 상품을 '비교해보길' 원하는 것이고, 방문과 구매 사이에 시간이 늘어났으므로 '더 느리게' 구매하게 된 것이다.

해석 현재 온라인 구매자들은 '구매' 버튼을 누르는 데 2년 전보다 더 많은 시간을 들이고 있다. 디지털 윈도우 쇼핑(온라인상에서 아이쇼핑을 하는 것)에 대한 최근의 한 보고에 따르면, 그들이 구매 결정을 하고 주문을 하는 데는 이전보다 반나절 이상이 더 걸린다. 2005년 5월 이후로, 소비자가 처음 웹 사이트를 방문해서 실제로 구매를 하는 것 사이의 평균 시간은 19시간에서 34시간으로 늘어났다. 시간이 늘어난 이유에 관해서 그 보고서는 온라인 구매자들이 더욱 좋고 값싼 상품을 찾기 위해 사이트를 여기저기 방문한다는 점을 언급했다.

> 온라인 소비자들은 상품을 (B) 비교해보길 원하기 때문에 (A) 더 느리게 구매하게 되었다.

make a decision 결정하다 | **place an order** 주문을 하다 | **according to A** A에 따르면 | **recent** 최근의 | **average** 평균의 | **consumer** 소비자 | **actual** 실제의 | **product** 상품

수필

p.26

● 해답 ①

해설 우선 요약문과 선택지를 보아 성공적인 '무엇'을 가져야 진정으로 '어떻게' 될 수 있는지를 찾아야 하므로 본문에서 해당 내용이 서술된 부분에 주목한다. 본문에 제시된 사례를 통해, 진정한 행복에 있어서 인간관계가 얼마나 중요한 것인지를 주장하고 있으므로 빈칸에 적절한 것은 ①.

해석 내 친구 중 한 명은 가족과 아내를 위한 집을 마련해줌으로써 그들을 행복하게 해 주기를 원했다. 그래서 내 친구는 혼자서 꿈의 집을 디자인하고 만들었다. 그는 2년 동안 가족들과 시간을 전혀 보내지 못하면서 짬이 나는 시간마다 일했다. 그는 수천 달러를 아끼면서, 백만 달러 이상의 가치가 나가는 꿈의 집을 세웠다. 그러나 집이 완성되었을 때, 아내가 갑자기 그를 떠났다. 여러분이 상상하는 것처럼, 그의 가슴은 찢어졌다. 가장 힘든 점은 그가 가족을 위해서 집을 지었던 것이라고 그가 나에게 말했다. 내 친구는 신실한 사람이었다. 그러나 그는 진정으로 잘못한 것이었다. 그는 진정한 행복에 있어서 인간관계가 얼마나 중요한 것인지를 알지 못했다. 그가 가족을 위해 멋진 일을 해서 주는 것을 행복의 열쇠라고 생각했을 때, 그의 가족들이 정말 원했던 것은 그와 멋진 인간관계를 맺는 것이었다.

> 우리가 이 글을 통해서 배울 수 있는 명백한 사실은 성공적인 (B) 인간관계를 가져야 비로소 진정으로 (A) 행복해질 수 있다는 것이다.

spare 여분의, 남는 | **construct** ~을 세우다, 건설하다 | **sincere** 신실한 | **sincerely** 진정으로 | **genuine** 진짜의

우화

p.27

● 해답 ②

해설 크고 강인한 사시나무가 폭풍우에 몇 개의 가지를 잃었고, 작고 연약한 벚나무는 살아남은 예를 통해 말하려고 하는 것은 ②.

해석 올드 호크는 키가 크고 오래된 사시나무를 손짓으로 가리켰다. 그 나무는 너무나 커서 성인 남자가 나무 둘레를 두 팔로 안을 수도 없었다. "이 나무는 평생 우리 가족을 지켜주었다. 나는 이 나무를 볼 때마다 힘을 느낀다. 하지만 이 나무의 위대한 강인함이 또한 약점인 순간들이 있었지."라고 그는 말했다. "그 말은 믿기 어려워요."라고 제러미는 말했다. "이 나무는 주변의 수마일 내에서 가장 큰 나무예요." 올드 호크는 그리 멀지 않은 곳의 마른 강바닥에 있는 벚나무들을 가리키며 말했다. "저기를 봐라. 저 벚나무들은 이 사시나무와 비교해볼 때 작고 연약하지. 하지만 네가 어린아이였을 때 저 벚나무들은 가지 하나 잃지 않고 폭풍우에 살아남았단다. 반면에 이 오래된 사시나무는 몇 개의 가지를 잃었지. 이 나무는 폭풍우에 맞서 버텼지만 벚나무들이 그랬던 것처럼 바람이 부는 대로 구부러질 수는 없었단다."

gesture 손짓(몸짓)을 하다 | **cottonwood** 사시나무의 일종 | **stand guard over** ~을 지키다, 호위하다 | **chokecherry** 벚나무의 일종 | **river bed** 강바닥 | **in comparison to[with] A** A와 비교하면 | **stand up to A** A에 맞서다

6 소설 p.28

● **해답** ②

해설 'She'가 처한 상황을 통해 심정을 파악할 수 있다. 그녀가 소망하던 해변 가까이에 있는 집에 살면서 미소를 짓는다고 하였다. 그러므로 정답은 ②.

해석 그녀는 집 앞의 해변을 바라다보며 창틀에 기대어 있었다. 저 멀리 아래 해변에서 그녀의 아들인 매트가 집으로 천천히 다가오는 것이 보인다. 그녀는 이러한 순간을 사랑한다. 그녀는 집을 둘러보고 미소 짓는다. 해변 가까이에 있는 집에 살기를 얼마나 원했던가! 매트가 고작 대여섯 살일 때 그들은 한 달에 한 번씩 도시에서 해변으로 긴 여행을 하곤 했다. 이제 매트는 그가 원할 때면 언제든 엄마와 함께 바다에 나갈 수 있다.
① 외롭고 지루한   ② 행복하고 만족스러운   ③ 걱정되고 두려운   ④ 놀랍고 겁에 질린   ⑤ 호기심 강하고 흥미로운

lean against ~에 기대다 | **frame** 창틀; 틀 | **in the distance** 저 멀리, 먼 곳에서

---

7 실용문 p.29

7-1 해답 ③

해설 젊은이들의 기업 경영을 돕는 자원봉사에 참여 연락을 바라는 내용이다.

해석 즐겁고 보람된 기업 경험에 참여해보고 싶으십니까? 여러분은 지역 젊은이들의 인생과 가능성에 변화를 줄 수 있습니다. 40년 이상의 경험이 있는 Young Enterprise(YE)는 영국의 선도적인 사업 및 기업 경영 교육 자선단체입니다. 우리의 사명은 기업 경영을 통해서 젊은이들이 배우고 성공할 수 있도록 고무시키고 도와주는 것입니다. 자원봉사자들의 활발한 참여는 우리의 사명을 수행하는 데 바탕이 됩니다. 우리는 젊은 사업가들과 함께 일을 하고 지식과 실전 경험들을 나눔으로써 그들을 이끌어줄 자원봉사 조언자들이 필요합니다. 이전의 자원봉사 경험은 필요 없습니다. 당신의 열정과 헌신만 있으면 됩니다. 참여하고 싶으신 분은 저희에게 연락 주십시오.

rewarding 보람된, ~할 가치가 있는 | **enterprise** 기업, 회사; 기업 경영 | **potential** 가능성, 잠재능력 | **charity** 자선 단체 | **involvement** 참여 | **fundamental** 바탕의, 기초의, 기본의 | **enthusiasm** 열정, 열광 | **commitment** 헌신 | **get involved** 참여하다 | **contact** ~에게 연락하다

7-2 해답 ⑤

해설 본문의 밑줄 친 ⑤에서 두 번째 주말이라고 하였다. 나머지 ①~④는 아래 해석에 밑줄 친 부분을 통해 모두 일치함을 알 수 있다.

해석 웨버 대학교 청소년 학자 프로그램
청소년 학자 프로그램은 성취도 높은 학생들을 위하여 겨울철에 이용할 수 있는 기회로 고안되었습니다.

① 학년: 11, 12학년
기간: 3주 (12월 1일 월요일 – 12월 21일 일요일)

프로그램 설명
• 청소년 학자들은 40개 교육과정 중 하나를 선택하여 ② 대학 학점을 따게 됩니다.
• 수업 활동과 더불어, 모든 학생들은 ③ 대학 입학과 대인 관계에 관한 일련의 세미나에 참석할 것이 요구됩니다.
• 사교와 레크리에이션 활동이 포함됩니다.
— 학생들은 ④ 다양한 스포츠 활동에 참가할 기회가 있으며, 웨버 대학교의 레크리에이션 스포츠 센터도 이용할 수 있습니다.
— 기간 중의 ⑤ 두 번째 주말에는 학생들이 퀸즈 아일랜드로 현장 학습을 갑니다.

연락: 그레고리 스미스 박사 (프로그램 디렉터)

전화: 513-529-5825
이메일: juniorscholars@web.edu

high-achieving 고성취의 | **credit** (대학의) 학점; 신용 거래; 칭찬 | **course** 교육과정 | **coursework** (최종 성적 환산에 포함되는 과제 등의) 수업 활동 | **admission** 입학; 입장(료) | **interpersonal** 대인 관계에 관련된

---

8 ## 스토리

p.31

● **해답** ②

해설 시청을 설계한 건축가가 엉터리 기둥을 세움으로써 바라던 모든 것을 이루었다는 것을 설명하고 있으므로 이를 제목으로 적절히 표현하면 ②.

해석 1688년에 크리스토퍼 렌 경은 웨스트민스터 시의 웅장한 시청을 설계했다. 시장은 2층이 1층에 있는 그의 집무실로 무너져 내릴까 봐 두려워했다. 그는 렌에게 여분으로 지탱할 두 개의 석조 기둥을 더해 달라고 요구했다. 렌은 그 기둥들이 아무런 소용이 없을 것이고 시장의 두려움은 근거가 없다는 것을 알고 있었다. 그러나 그는 기둥들을 세웠고 시장은 고마워했다. 여러 해가 지난 후, 인부 한 명이 그 기둥들이 천장 꼭대기에 약간 못 미쳐있음을 발견했다. '엉터리 기둥'을 세움으로써 두 사람 모두 그들이 원하는 것을 얻게 되었던 것이었다. 시장은 마음이 편해질 수 있었고 렌은 사람들이 자신의 원래 설계가 옳아서 그 기둥들은 불필요했다는 것을 이해할 거라는 것을 알고 있었다.
① 기둥의 다양한 형태
② 한 건축가의 지혜로운 해결책
③ 가까스로 피했던 재난
④ 미신을 뛰어넘은 과학의 승리
⑤ 건축비를 줄이는 방법

magnificent 웅장한 | **column** 기둥 | **extra** 여분의 | **serve a purpose** 목적을 달성하다 | **baseless** 근거 없는 | **grateful** 고맙게 여기는, 감사하는 | **short of** ~에 못 미치는; ~이 부족하여 | **dummy** 엉터리의; 가짜의 | **original** 원래의, 진짜의 | **unnecessary** 불필요한

 1 **빈칸 완성 (빈칸이 첫 문장에 위치): 정답률 36%** p.32

● 해답 ②

해설 본책 p. 32 하단 참조

해석 의사소통에서 침묵의 역할은 문화마다 다르다. 북미와 아랍의 화자(話者)는 제안이나 요구에 대해 일종의 즉각적인 답을 기대한다. 일반적으로 대화 초반의 침묵은 보통 부정적인 반응으로 해석된다. 하지만, 아시아문화권의 화자는 종종 대답하기에 앞서 상대방에 대한 존경심을 표현하기 위해 침묵을 활용하기도 한다. 이러한 종류의 문화적 차이는 또한 언어수업에서 오해를 불러일으킬 수 있다. 예를 들어, 미국인 교사는 대답이 느린 아시아계 학생들을 학습 속도가 느리다고 생각할 수 있는 반면 아시아계 학생들은 좀 더 즉각적인 대답을 기대하는 미국인 교사들을 성급하다고 여길 수 있다.
① 몸짓   ③ 억양   ④ 화자 간 거리 (대화 시 화자 간에 불쾌감을 느끼지 않을 만큼의 거리)   ⑤ 표정

vary 다양하다 | **immediate** 즉각적인, 즉시의 | **response** 반응, 대답 | **suggestion** 제안 | **request** 요구, 요청 | **initial** 초기의, 초반의 | **absence** 부재; 불참, 결석 | **interpret** ~을 해석하다 | **negative** 부정적인 | **convey** ~을 표현하다, 전달하다 | **misunderstanding** 오해 | **regard A as B** A를 B라고 여기다, 생각하다 | **impatient** 성급한, 조급한

 2 **빈칸 완성 (빈칸이 후반부에 위치): 정답률 41%** p.33

● 해답 ④

해설 본책 p. 33 하단 참조

해석 매년 타임지는 세계에서 가장 근사한 발명품들을 모은다. 'STATIC!'에서 나온 꽃모양 전등은 2006년에 선정된 발명품 중 하나이다. 이 전등은 에너지 소비 의식을 높이고 좀 더 환경 친화적인 생활방식을 장려하기 위해 디자인을 활용할 방법을 모색하는 스웨덴의 'STATIC!'이라는 회사가 만든 것이다. 이 우아한 꽃 모양 전등에는 비밀이 있는데, 그것은 가정의 전반적인 에너지 소비를 감시한다는 것이다. 에너지 소비가 적다는 것을 감지하면, 이 전등은 꽃을 피워 보답하는데, 금속으로 된 꽃잎이 아름답게 벌어진다. 만일 여러분이 너무 많은 전기를 사용하기 시작하면, 전등은 다시 닫힌다. 전등 하나가 여러분이 사는 방식을 바꿀 수 있다!
① 불을 끈다는 것이다
② 정전을 확인한다는 것이다
③ 충분한 전기를 발생시킨다는 것이다
⑤ 무공해 에너지 사용을 촉진한다

nominee 지명자, 후보자 | **awareness** 의식; 자각 | **promote** ~을 장려하다; ~을 홍보하다 | **elegant** 우아한 | **household** 가정 | **consumption** 소비 | **bloom** 꽃이 피다 | **petal** 꽃잎 | **unfold** (잎·꽃봉오리 등이) 열리다, 퍼지다 | **attractively** 아름답게, 매력적으로 | **electricity** 전기

● 해답 ⑤

해설 본책 p. 34 하단 참조

해석 케냐의 순찰대원들은 후피동물인 코끼리들이 농장을 막 급습하려 할 때 경고 메시지를 전하는 휴대전화와 GPS가 장착된 목걸이를 코끼리들에게 착용시켜 왔다. 2006년에 순찰대원들은 Kimani라는 상습적인 무법 코끼리에게 그 목걸이를 채워 실험했는데, 그 코끼리는 20일 밤을 연속으로 전기 울타리를 뚫고 들어가 수천 달러의 농작물과 농기구 피해를 일으켰다. 대부분의 농부는 농장이 손해를 입을 때까지 급습을 당하는 것을 알지 못했다. 이제 Kimani의 목걸이가 매시간 Kimani의 위치를 나이로비에 있는 서버로 전송하고 그곳의 소프트웨어가 코끼리의 위치와 마을 및 농장 주변에 설정된 가상 경계선 데이터베이스를 비교한다. 만약 Kimani가 그 경계선 중 하나를 가로질러 벗어나게 되면, 그 시스템은 그 지역의 연구원들과 순찰대원들에게 경보를 보내고 그들은 코끼리를 달래서 말썽을 일으키지 않게 할 수 있다.

① 전기 울타리의 장점 　② 사냥꾼, 야생의 말썽꾸러기 　③ 순찰대원들로 말미암은 농업 피해
④ 불법 사냥을 막기 위한 목걸이 시스템 　⑤ 문자 메시지를 통한 코끼리 경보

ranger 순찰대원 | **outfit A with B** A에게 B를 착용시키다 | **equip** ~을 갖추어주다 | **collar** 목걸이; (옷의) 깃, 칼라 | **raid** ~을 급습하다, 침입하다 | **offender** 무법자, 위반자 | **break through** ~을 뚫고 들어가다 | **electric** 전기의 | **in a row** 연속해서 | **equipment** 장비, 기구 | **text** (휴대폰을 이용해) 문자를 전송하다 | **compare A with B** A와 B를 비교하다 | **virtual** 가상의 | **stray** 벗어나다; 길을 잃다, 방황하다 | **alert** ~에게 경보를 보내다 | **coax A away from B/~ing** A가 B를/~하지 않도록 달래다

---

4 요약문 완성: 정답률 37% p.35

● 해답 ①

해설 본책 p. 35 하단 참조

해석 우리는 1840년대에 미국의 국경지역을 여행한 자니 애플시드의 이야기를 잘 알고 있다. 그는 초기의 개척자들이 나무를 모두 잘라내 버린 땅에 다시 숲을 조성하기 위해 사과 씨앗 자루를 가지고 다니면서 가는 곳마다 사과씨를 심었다. 그러나 그는 자연보호론자였던 것만큼이나 무지한 환경 오염자였던 것 같다. 자니는 사과 씨앗을 심는 것과 더불어, 다니는 길목마다 개꽃이라고 불리는 잡초를 심었는데, 그것이 말라리아의 치료에 이용될 수 있다고 믿었기 때문이다. 그러나 이 부분에 대해서는 그가 틀렸다. 개꽃에 관해서 두 가지 사실만은 분명하다. 그것이 다른 모든 잡초처럼 널리 퍼질 뿐만 아니라 악취가 아주 심하다는 것이다. 그래서 자니가 지나가고 나서 몇 년 동안 화가 난 농부들은 그들의 코를 쥐고서 필사적으로 개꽃을 뽑아내고 있었다.

> (A) <u>좋은 의도</u>라 하더라도 (B) <u>잘못된 믿음</u>과 결합하면 문제를 일으킬 수도 있다.

frontier 국경지역, 변방 | **reforest** 숲을 다시 조성하다, 나무를 다시 심다 | **pioneer** 개척자 | **a sack of** 한 자루의, 한 부대의 | **innocent** 무지한; 순진한 | **polluter** 오염자, 오염원 | **conservationist** 환경보호론자 | **wander** 돌아다니다; 방랑하다 | **dog fennel** 개꽃 (국화과의 식물) | **weed** 잡초 | **stink** 악취를 풍기다 | **desperately** 필사적으로; 절망적으로 | **root out** ~을 뿌리 뽑다, 없애다

---

5 주어진 글 이후의 글의 순서: 정답률 40% p.36

● 해답 ⑤

해설 본책 p. 36 하단 참조

해석 20년 동안 존 그레이는 바다 카약으로 먼 정글에 있는 강을 누비면서 원숭이와 희귀한 새들을 가리키며 손님들을 안내하던 이름 없는 여행 안내자였다.

(C) 그 이름 없는 여행가이드가 태국의 푸껫에서 1마일 정도 떨어진 곳에 있는 여러 개의 매혹적인 조수 동굴과 외딴곳에 떨어진 석호(潟湖)를 발견했을 때 모든 것이 변했다. 그것들은 너무나 완벽했다.

(B) 투명한 물과 이국적인 물고기 떼들에 반해, 그는 이 연약한 생태계를 교란시키지 않도록 하면서 전형적인 생태관광회사를 설립했다. 그 관광은 인기가 좋았고 소문이 퍼져 나갔다.

(A) 그것이 문제의 시작이었다. 곧 탐욕스러운 사업가들이 방콕만큼 먼 곳에서부터 몰려왔다. 결국, 19개나 되는 경쟁회사가 개업했고, 이 때문에 그곳은 놀랄만한 속도로 황폐화되었다.

tour operator 여행 안내자 | **remote** 먼, 멀리 떨어진 | **rare** 희귀한, 거의 없는 | **greedy** 탐욕스러운, 욕심 많은 | **competitor** 경쟁자 | **set up a shop** 개업하다, 사업을 시작하다 | **alarming** 놀라운, 놀랄 만한 | **stun-stunned-stunned** ~을 놀라게 하다, 아연실색하게 하다; ~을 기절시키다 | **crystalline** 투명한; 수정 같은 | **exotic** 이국적인 | **stock** (동물의) 떼, 군체; 비축물 | **launch** (기업·계획을) 착수하다, 시작하다; (로켓·미사일) 발사하다 | **upset** ~을 망치다; ~의 기분을 상하게 하다 | **fragile** 연약한, 깨지기 쉬운 | **word** 소문; 정보; 단어 | **tidal** 조수(潮水)의, 조수의 영향을 받는 | **isolated** 외딴 곳에 떨어진, 고립된

 ## 6 주어진 문장의 적절한 위치: 정답률 38%

p.37

● **해답** ④

해설 본책 p. 37 하단 참조

해석 한 사람이 새로운 문화에 적응하는 것이 반드시 다른 사람과 똑같지는 않다. 어떤 경우에 사람들은 이사를 한다는 사실에 설렌다. 비록 그들이 소중한 사람들과 장소를 남겨두고 떠나는 것에 대해 약간의 슬픔을 느낄 수는 있지만, 그들은 이사 가는 것을 새로운 모험으로 여긴다. 그들은 설렘을 잃지 않은 채 이런 상태를 유지하고, 적응하는 것에 대한 어려움은 자주 드러나지 않는다. 반면에 처음부터 이사 가는 것을 절대 원하지 않는 사람들도 있다. 그들의 낙담은 그들이 현재 있는 곳에서 더할 나위 없이 행복할 때 새로운 장소로 이사 가야 한다는 것을 깨달은 그날부터 시작된다. 그들이 새로운 집이 얼마나 낯선지를 발견하게 되면서 낙담은 계속된다.

adjustment 적응; 조정 | **leave A behind** A를 두고 가다 | **show up** 드러나다 | **in the first place** 처음부터, 애당초 | **frustration** 낙담, 좌절; 장애물, 방해물 | **unfamiliar** 익숙하지 않은

UNIT 01 주제문을 통해 글의 요지 파악하기

해답 ⑤ p.42

해석 광고를 작성할 때, 광고주들은 서로 다른 문화 양식을 고려해야만 한다. 어떤 문화에서 광고는 대개 제품을 묘사하고 그 제품이 다른 제품들보다 나은 이유를 설명한다. 그러나 다른 문화에서 메시지는 말보다 상황이나 느낌에 더 의존한다. 이런 경우, 광고방송은 어떤 제품이 다른 제품보다 더 낫다고 말하지 않을 것이다. 대신, 그 목적이 제품에 대한 긍정적인 분위기나 느낌을 만들어내는 것이 될 것이다.

A In writing ads, advertisers should consider the different styles of cultures.
B **1** (1) ① (2) ① (3) ① **2** 가, 나

해답 **1** ② **2** ③ **3** ④ **4** ⑤ **5** ④ **6** ③

1

핵심 SKiLLNOTE ❶ 4 ❷ 면대면 대화가 가장 강력한 의사소통 도구이다.

해답 ② p.44

해설 1부터 3번 문장까지의 내용은 컴퓨터로는 좋은 의사소통을 하기 어렵다는 것을 설명하고 있으므로 4번 주제문을 말하기 위한 도입에 해당한다. 4번 문장에서 면대면 대화가 가장 강력하다는 주장이 나오고, 이어지는 문장들이 4번 문장을 뒷받침(얼굴을 마주하는 대화가 강력한 이유)하는 것이므로 4번 문장을 바꿔 말한 ②가 정답.

해석 만일 당신이 똑똑하다면, 당신은 좋은 의사소통은 당신의 컴퓨터 화면 훨씬 너머에 있다는 것을 인식하고 있다. 생각을 나누는 것과 일터에서 정말로 이해되는 것에 관한 한, 이메일과 인스턴트 메시지는 빙산의 일각일 뿐이다. 어찌 되었건 간에, 어느 주어진 날에 어느 사무실에서든 수없이 여러 번 일어나는 진짜 대화들이 있다. 컴퓨터를 사용하는 도구들 중 그 어떤 것이 효과적일 수는 있겠지만, 어느 것도 구식의 면대면 대화만큼 강력하지는 않다. 이것은 누군가와 얼굴을 마주하고 주의를 사로잡는 것이 당신에게 그들의 신뢰를 얻게 하고 그들의 동기를 북돋우기 때문이다. 게다가 그것은 당신이 그 사람의 완벽한 관심을 받고 있음을 보장하는 유일한 방법이다.

way 훨씬 | **beyond** ~을 넘어서 | **when it comes to A** A에 관한 한 | **the tip of the iceberg** 빙산의 일각 | **countless** 셀 수 없는, 무수한 | **old-fashioned** 옛날식의, 구식의 | **face-to-face** 얼굴을 마주 보는, 면대면의 | **engage** (주의·관심을) 사로잡다[끌다] | **motivation** 동기, 자극 | **guarantee** ~을 보장[보증]하다

The old-fashioned, face-to-face conversation is **the most powerful**.

▶ 〈none[nothing] ... as[so]+원급+as ~〉는 '~만큼 …한 것은 없다'는 뜻의 최상급 표현으로, 〈the+최상급〉으로 바꿔쓸 수 있다.

2

핵심 SKiLLNOTE ❶ 2, 6 (1번 문장은 지나치게 포괄적이다. 지문에서 다루고 있는 소재는 art 중에서도 digital art이기 때문이다.) ❷ 기술의 발전으로 인해 디지털 예술작품이 거래되는 방법이 빠르게 변화하고 있다.

해답 ③ p.45

해설 1번 문장은 단락의 내용 범위에 비해 매우 포괄적인 것으로, 주제문을 소개하기 위한 도입 문장에 해당한다. 지문에서 다루고 있는 내용, 즉 소재는 1번 문장에서 말한 우리 삶의 모든 측면 가운데서도 digital art의 매매 방식에 국한된다. 2번을 재진술한 것이 6번 문장이고 나머지 문장들은 digital art의 매매 방식이 기술 발전에 의해 어떻게 개선되었는지를 구체적으로 설명하고 있으므로 보충설명 문장에 해당한다. 그러므로 주제문인 2번과 6번 문장의 내용을 간략히 바꿔 말한 ③이 정답.

해석 기술은 예술을 포함해 우리 삶의 모든 측면에 영향을 준다. 새로운 기술이 디지털 예술작품이 구매, 판매되고 유통되는 방식을 빠르게 변화시키고 있다. 디지털 예술작품의 유통은 온라인에서 값을 지불하고 개인용 컴퓨터로 내려받는 소프트웨어와 음악이 주도한 방식을 따를 가능성이 크다. 전통적인 예술작품과 마찬가지로 디지털 예술작품도 제한적으로 생산되고 유통될 수 있다. 작품의 **originality**와 가치를 보호하기 위해 예술작품마다 비밀 일련번호를 부여하고, 하드 카피를 원하는 사람은 CD-ROM 형식을 계속 이용할 수 있을 것이다. 기술 발전의 덕분으로 이제 디지털 예술작품은 빠르고 편리하게 **circulate**될 수 있다.

① 예술작품에 대한 기술의 영향 ② 디지털 예술작품의 적절한 보관방법
③ 디지털 예술작품의 개선된 매매 방식 ④ 전통적인 예술작품 대 디지털 예술작품
⑤ 디지털 음악의 큰 인기

affect ~에 영향을 미치다 | **aspect** 측면, 양상, 국면 | **distribute** ~을 유통시키다, 배포[분배]하다 | **lead** 주도, 지휘 | **content** (보통 복수형) 내용 | **equip A with B** A에 B를 부여하다, 장착하다 | **serial** 일련의; 연속적인 | **available** 이용할 수 있는; 입수할 수 있는 | **conveniently** 편리하게

---

guess it! **originality** ⓑ (독창성) **circulate** ⓐ (~을 유통시키다)

Technology affects all aspects of our lives, ⓑ **including** art.

▶ including은 '~을 포함하여'라는 뜻의 전치사이다. 이러한 형태의 전치사로는 regarding/concerning(~에 관하여), excluding(~을 제외하고) 등이 있다.

3

핵심 SKiLLNOTE ❶ 5 ❷ 감성 지능이 높은 사람들이 성공한다.

해답 ④ p.46

해설 요약문과 선택지를 먼저 보면, '어떤' 능력이 자신의 '무엇'에 중요한 역할이라고 하는 것인지를 찾아야 한다. 단락에서 1번~2번 문장은 사람들이 흔히 IQ가 높아야 성공한다고 생각한다는 것인데, 3번 문장과 4번 문장은 각각 왜 보통의 IQ를 가진 사람들이 성공하는지와, 어떤 사람들이 실패에 더 강해지는지에 대한 의문을 제기하고 있다. 이에 대한 해답을 포괄적(높은 감성 지능)으로 말하고 있는 것이 5번 문장이자 주제문이 된다. 이어지는 문장들은 '높은 감성 지능'을 가진 사람들을 좀 더 구체적으로 설명하는 보충설명 문장들이다. 따라서 '감정'을 다스리는 능력(감성 지능)이 자신의 '발전'에 중요한 역할을 한다고 볼 수 있다.

해석 지능은 논리와 문제 해결 능력에 기초한 IQ 테스트를 이용하여 측정하는 것이 보통이다. 더 높은 IQ를 지닌 사람일수록 성공적인 삶을 살 가능성이 큰 것으로 여겨진다. 하지만, IQ가 매우 높은 사람들이 인생에서 실패하는 반면에 보통의 IQ를 가진 사람들이 큰 성공을 거두는 것은 왜일까? 실패에 맞닥뜨렸을 때 어떤 사람들은 **fall apart**하는 반면 다른 사람들은 이를 교훈으로 삼고 더욱 강해지는 것은 왜일까? 그 이유는 후자의 사람들이 높은 감성 지능을 가졌기 때문이다. 이들은 사회적 상황에서 자기 자신을 매우 잘 다스린다. 그들은 스스로에 대한 동기부여와 관계 관리에 능하며, 실수를 한 후에 **discontented**하기보다는 자기 자신을 개선한다.

논리적인 지능 이외에 (A) 감정을 다스리는 능력이 자신의 (B) 발전에 중요한 역할을 담당한다.

intelligence 지능 | **Intelligence Quotient(IQ)** 지능지수 | **logic** 논리(학) | **be faced with** ~에 직면하다 | **handle** ~을 다루다[취급하다]; (문제 등을) 처리하다 | **logical** 논리적인 | **play an important role in** ~에서 중요한 역할을 하다

---

guess it!   **fall apart** ⓐ (무너지다)   **discontented** ⓑ (불만스러운)

수능직결구문 Why, though, do some people with very high IQs fail in life while those with just average IQs become very successful?

ⓒ 반면에, 한편(으로는)

▶ 접속사 while은 여러 가지 뜻을 지니고 있으므로 문맥을 살펴 적절한 뜻으로 해석할 줄 아는 요령이 필요하다. 위 문장에서 while은 주절 뒤에서 반대나 대조를 나타내어 '반면에, 한편(으로는)'의 뜻으로 쓰이고 있다. while의 다른 뜻도 함께 알아두도록 하자.

cf. ~하는 동안: While driving, you shouldn't receive calls. (운전하는 동안 전화를 받아서는 안 된다.)

~라고는 해도, ~할지라도: While(=Although) he admitted that the problems were difficult, he didn't give up trying to solve them. (그가 그 문제들이 어렵다는 것을 인정했다 할지라도, 그 문제들을 해결하려고 노력하는 것을 포기하진 않았다.)

4

핵심 SKiLLNOTE ❶ 1 ❷ 간단한 마사지 휴식은 스트레스를 줄여주고 일의 생산성을 높여준다.

해답 ⑤

p.47

해설 2번 문장 이후는 1번 문장의 내용을 뒷받침하는 실험 내용에 대한 구체적인 설명에 해당한다. 빈칸 문장을 보면 '무엇 하기'가 쉬운지를 찾아야 하는데, 이어지는 내용에서 대부분의 사람들이 스스로 마사지를 하며 그것이 도움이 된다고 하였으므로 빈칸에 적절한 것은 ⑤.

해석 대부분의 사람은 열심히 일하는 것이 성공의 열쇠라고 믿고 있지만, 새로운 연구에 따르면 휴식을 취하면서 혼자서 마사지를 하는 것이 일로 인한 스트레스를 덜어주고 생산성을 높인다고 한다. 연구 대상자들에게 마사지 휴식을 취하기 전과 후에 수학 문제를 풀도록 한 결과, 휴식을 취한 후에 문제를 더 빠르고 정확하게 푼 것으로 나타났다. 연구원들의 말에 따르면, 다행히도 스스로 자신의 마사지 치료사가 되기는 쉽다고 한다. 사실, 대부분의 사람은 **cognizant**하는 일 없이 스스로 마사지를 한다. 예를 들면, 사람들은 두통이 심할 때 종종 관자놀이를 문지르거나, 힘든 하루 일과 후에 발을 주무르기도 한다. 이런 방법은 전문 마사지만큼 만족스럽지 않을지 모르나, 몸 전체의 긴장을 **relieve**하는 데 도움이 되는 것은 분명하다.

① 마사지를 잘하는 곳을 찾기는   ② 동네 마사지 업소에 가는 것은
③ 근무 시간에 휴식을 취하기는   ④ 건강과 관련된 문제에 대해 연구하기는

reduce ~을 줄이다[감소시키다] | **productivity** 생산성, 생산력 | **subject** (의학, 심리학 등의) 피실험자; (토론, 이야기 등의) 주제; (학교의) 과목 | **accurately** 정확히 | **perform** (일, 임무 등을) 실행[수행]하다 | **rub** ~을 문지르다[비비다] | **temple** 관자놀이; 신전, 사원 | **pleasurable** 만족스러운, 즐거운 | **overall** 전체의 | **tension** 긴장, 불안; 팽팽함

cognizant ⓐ (인식하고 있는)   relieve ⓐ (~을 덜다)

수능직결구문
능동태: Researchers gave subjects in the study math problems before and after the massage break.
　　　　주어　　　 동사　　　 간접목적어　　　　 직접목적어

→ 수동태: Subjects in the study were given **math problems** before and after the massage break.
　　　　　주어　　　　　　　 동사　　　　 목적어

▶ give와 같은 동사는 〈주어+동사+간접목적어+직접목적어〉의 형식으로 쓰여 2개의 목적어를 취할 수 있으므로 위와 같이 수동태가 되어도 동사 뒤에 목적어가 올 수 있다. 이와 같은 종류의 동사로는 lend, send, offer, show, teach 등이 있다. 참고로 수동태에서 행위의 주체를 나타내는 by researchers는 생략되었다.

5-6

핵심 SKiLLNOTE ❶ 4 ❷ 5 ❸ 9 ❹ 홈스쿨링 아동의 부모들은 이웃과의 친교, 동네 스포츠팀 가입 등을 통해 자녀에게 또래 집단과 상호작용할 수 있는 기회를 마련해주어야 한다.

해답 5 ④   6 ③   p.48

해설 5 첫 번째 단락은 홈스쿨링을 받는 학생들의 사교적 문제와 부모들이 이러한 문제를 해결해 줘야 함을 말하고 있다. 두 번째 단락은 이러한 해결 노력 중 동네를 먼저 알아가는 것에 대한 제안과 그 구체적 내용으로 이뤄져 있고, 세 번째 단락은 동네 스포츠팀에 가입하여 사회성을 기르는 또 다른 좋은 해결 방법과 그것이 좋은 이유에 대한 설명이 구체적으로 제시되었다. 즉 첫 번째 단락이 글 전체 내용을 아우르는 주장이자 요지에 해당하고 두 번째, 세 번째 단락은 구체적인 방법 제시이므로 첫 번째 단락의 내용에 해당하는 ④가 정답.

6 (A) 부모들이 자녀가 또래와 상호작용하는 기회를 만들어주어야 하는 것이므로 '책임'을 떠맡는다는 것이 적절하다. (cf. availability 유용성; (입수) 가능성) (B) 알아가는 대상으로 제시된 것이 '그 지역 동네 아이들과 부모'이므로 '동네, 이웃'에 해당하는 neighborhood가 적절하다. (cf. residence 거주(지)) (C) 공동 목표를 달성하기 위해 한 팀으로 함께 연습하고 많은 시간을 함께 한다고 하였으므로 이를 통해 형성될 수 있는 것은 깊은 '유대'일 것이다.

해석 홈스쿨링은 전통적인 형태의 교육에 참여하지 않으려는 사람들에게 많은 혜택을 제공할 수 있다. 그러나 특정한 precaution을 취하지 않으면 어린이들은 심각한 사교적 문제를 겪을 수도 있다. 예를 들어 초등학교 교육에서 사회적 상호작용은 학생들이 학교에서 습득하는 지식만큼이나 중요한 것으로 여겨진다. 홈스쿨링을 받는 학생들이 직면하는 가장 큰 문제는 peer와 상호작용할 중요한 기회를 놓치는 것이므로, 부모들이 이러한 기회를 만들어주는 (A) 책임을 추가로 떠맡아야 한다.

당신은 먼저 당신이 살고 있는 (B) 동네를 알아가는 것부터 시작할 수 있다. 그 지역의 다른 아이들이 어디에 살고 있는지를 알아내서 그 아이들과 아이들의 부모를 사귈 기회를 확실히 만들어라. 일단 이와 같은 관계가 성립되면 당신의 아이가 비슷한 연령대의 동네 아이들과 놀 수 있도록 자리를 마련한다. 주말 낚시 여행이나 바비큐 파티는 다른 부모들이 좋아하고 아이들도 반기며, 학교 숙제와 관련 있는 현장 답사는 사회적인 상호작용을 가능케 하고 교육을 제공하는 좋은 방법이다.

동네 스포츠팀에 가입하는 것은 자녀의 사회성을 적절하게 발달시켜주는 가장 좋은 방법이다. 스포츠를 하는 동안, 아이들은 공동의 목표를 달성하기 위해 한 팀으로 함께 연습하면서 많은 시간을 함께 할 수 있다. 잘하고 싶은 마음에 고무되어서 아이들은 이 시간 동안 서로 깊은 (C) 유대를 형성한다. 또한, 스포츠 활동은 아이들이 너그러운 승자가 되는 법과 defeat으로 인한 실망감을 받아들이고 극복하는 법을 배우는 데 좋은 환경을 제공한다.

provide A for B B에게 A를 제공하다 | **participate in** ~에 참여[참가]하다 | **interaction** 상호작용, 상호의 영향 | **primary school** 초등학교 | **acquire** (지식, 학문 등을 노력하여) 얻다[배우다]; (재산, 권리 등을) 취득하다 | **interact with** ~와 상호작용하다 | **take on** 책임을 떠맡다 | **make a point of ~ing** 확실히 ~하다 | **establish** (관계 등을) 성립시키다; (학교, 기업 등을) 설립하다 | **organize** ~을 계획하다, 조직[구성]하다 | **be related to A** A와 관계가 있다 | **ensure** (성공 등을) 확실하게 하다, 보증하다 | **proper** 적절한, 적당한 | **accomplish** ~을 이루다[성취하다] | **drive** ~을 (열심히 하도록) 고무하다, 고취시키다 | **setting** 환경, 배경 | **gracious** 너그러운, 정중한, 공손한 | **overcome** (곤란, 장애 등을) 극복하다

수능직결구문 <u>Social interaction</u>, for example, is thought to be as important in primary school education as <u>**the knowledge that students go to school to acquire**</u>.

▶ 비교 대상이 멀리 떨어져 있다 하더라도 그것들을 정확하게 찾아낼 줄 알아야 문맥을 바르게 이해할 수 있다. 원급을 나타내는 〈A as+형용사[부사]+as B〉 구문에서 비교 대상(A, B)의 위치를 기억해두자.

핵심 POINT REVIEW   p.50

1 요지 **2** 일반적인

A **2** / B **1** / C **3**

A 2
해설 1과 3에서 제시된 내용은 2에서 포괄적으로 제시된 내용(컴퓨터로 인해 변화된 일상생활들)에 대한 구체적인 설명에 해당하므로 2가 주제문이다.
해석 1 사람들은 자기 집에서 편안하게 물건을 구매할 수 있었고 우체국을 방문하지 않고도 소포를 부칠 수 있었다.
2 20세기 후반기 동안 컴퓨터는 사람들의 일상생활을 매우 많이 변화시켰다.
3 사람들은 '이메일'과 '다운로드'와 같은 새로운 단어를 만들어내고 배웠다.

B 1
해설 1은 손금 보기에 대한 설명에 해당하고, 2와 3은 1에서 언급된 '선천적인 선들'을 좀 더 자세히 설명하고 있으므로 1이 주제문이다.
해석 1 손금 보기라는 오랜 기술은 사람의 미래를 밝히고 그 사람의 인성을 설명하기 위한 시도로 손에 있는 선천적인 선들을 해석한다.
2 손금 보는 사람들은 대개 생명선을 보는 것으로 시작한다.
3 누군가의 손바닥을 해석하는 일을 하기 위해, 손금 보는 사람들은 오른손잡이 사람들의 오른손과 왼손잡이 사람들의 왼손에 있는 세 개의 주요 선에 집중한다.

C 3
해설 1과 2에서 제시된 내용은 3의 내용(축구의 기원이 불분명함)에 대해 더 자세히 설명하고 있으므로 3이 주제문이다.
해석 1 그러나 첫 번째 경기들은 중국과 일본에서 천 년도 더 전에 열렸을 가능성이 높았다.
2 그 경기의 현대적 버전은 잉글랜드에서 기원한 것으로 생각된다.
3 대부분의 스포츠가 어떻게 만들어졌는지는 불분명하며, 축구도 예외가 아니다.

등급 Up! 어휘 · 어법테스트   p.51

A 1 infections
해설 문맥상 세균 감염을 치료하는 데 효과적이기 때문에 infections가 정답이다. inspections는 '정밀 검사'라는 뜻.
해석 1928년에 개발된 약인 페니실린은 아직도 세균 <u>감염</u>을 치료하는 데 가장 효과적인 약이다.

2 genuine
해설 모조품(fake)으로 묵살되어 버려졌다가 진품인(genuine) 걸작으로 밝혀졌다는 문맥이 되어야 자연스럽다.

해석 모조품으로 묵살되어 백 년 이상 다락방에 버려졌던 빈센트 반 고흐의 그림 한 점이 <u>진품의</u> 걸작인 것으로 밝혀졌다.

B 1 ① high → highly
해설 ①은 부사의 자리인데 '아주, 매우' 라는 뜻을 지닌 highly가 문맥상 '논쟁적인 문제' 를 수식하기에 적절하다. high는 부사일 때 '높이' 라는 뜻.
해석 낙태가 언제나 매우 논쟁적인 문제가 될 것이고 양쪽에 강력한 견해를 지닌 많은 사람이 있을 것임을 말하기는 쉽다.

2 ① operated → operating
해설 주어인 She가 경영되는 것이 아니라 목적어인 her own business를 경영하는 것이기 때문에 능동형이 되어야 한다. 따라서 operating으로 고쳐야 한다.
해석 그녀는 자신이 자랐던 도시에서 자기 소유의 사업체를 경영하고 있다.

C ④
해설 (A) eagles 이하가 완전한 구조이므로 장소를 나타내는 관계부사인 where가 적절하다.
(B) 전명구(Among ~ attractions)가 앞으로 나와 주어와 동사가 도치된 구조인데, the Saxman Native Village가 주어로 단수라서 단수동사 is가 적절하다.
(C) 관계대명사 that이 이끄는 절이 선행사(so many ~ seals)를 수식하는 구조. 고래, 돌고래, 바다표범이 플랑크톤에 의해 이끌리는 것이라서 수동인 are attracted가 적절하다.
해석 만약 당신이 독수리가 날아오르고 고래가 대양의 수면에 정기적으로 나타나는 장소를 열망한다면, 알래스카를 찾아라. 이곳은 미국의 제일 북쪽의 주이고, 텍사스의 두 배 크기의 대륙 안에 많은 숲과 연어가 풍부한 강, 그리고 훌륭한 아름다움을 가지고 있다. 알래스카의 많은 명소 중에 세계 최대의 토템폴 수집품들의 본가인 색스맨 원주민 마을이 있는데, 만약 날씨가 좋다면, 멘델홀 빙하로 헬리콥터를 타고 가는 것은 당신이 결코 잊지 못할 경험이다. 프린스 윌리엄 사운드에서 당신은 플랑크톤에 이끌린 매우 많은 고래, 돌고래와 바다표범을 보고 아주 놀랄 것이다. 당신이 알래스카에서 목격한 아름다움의 다양성을 가진 곳이 지상에 달리 아무 곳도 없다는 것에 동의하기까지 오래 걸리지 않을 것이다.

UNIT 02 주제문이 없는 글의 요지 추론하기

해답 ①
p.54

해석 소작농은 다른 사람이 소유한 땅에 농사를 짓는 사람이었다. 땅을 사용한 대가로, 소작농은 소작료를 내거나 그들이 기른 곡식의 반을 주인에게 주어야 했다. 소작농은 해가 뜨면 일하기 시작해서 해가 질 때까지 밭에서 일했다. 그들의 집은 작고, 습기 차고, 춥고, 가구도 거의 없었다. 밤이면 소작농은 불가에 앉아 몸을 녹이고 촛불에 의지해 집안일을 했다. 그들이 먹던 음식은 변변치 못했다. 그들의 주식은 묽은 수프와 빵이었다. 고기는 특별한 날에나 먹을 수 있었고, 대개 기껏해야 한 달에 한 번이었다.
① 소작농의 고된 삶
② 소작농의 사회적 위치
③ 소작농의 식사, 불평등의 상징
④ 소작농의 가혹한 노동 조건
⑤ 소작농과 땅 소유주와의 관계

A 1 정의 **2** 의무 **3** 노동 시간 **4** 생활 환경 **B 5** 고된 삶

해답 1 ③   2 ④   3 ② **4** ④   5 ③   6 ③

1

핵심 SKiLLNOTE ❶ (1) 감소 (2) 비옥해짐 (3) 싹이 틈 (4) 빨리 자라 동물의 먹이가 됨 ❷ 숲의 생태계 유지에 여러 도움을 줌.

해답 ③   p.56

해설 단락 전반에 걸쳐 나열되고 있는 내용들은 모두 소형 산불들이 자연적으로 발생하여 도움이 되는 긍정적인 결과들이므로 정답은 ③.

해석 5~25년에 한 번씩 숲에 발생하는 산불은 항상 자연적인 일이었다. 이와 같이 가끔씩 작은 불이 나지 않으면, 죽은 나뭇가지나 잎사귀, 관목(灌木)이 쌓여 훨씬 규모가 크고 파괴적인 화재를 일으킬 수 있다. 이와 같이 자연적으로 발생하는 화재는 죽은 잎사귀와 나뭇가지를 영양이 풍부한 흙으로 **convert**하여 숲 전체를 건강하게 유지해준다. 또한, 이러한 화재에서 발생하는 열은 그것이 없으면 자랄 수 없는 어떤 씨앗들의 싹을 틔우는 데 필수적이다. 불이 난 후에 빠르게 자라나는 씨앗들과 특정 풀들은 야생 동물에게 매우 필요한 먹이를 제공해준다. 이러한 요인들 때문에 삼림 관리자들은·정기적으로 작은 불을 낸다.
① 오늘날 삼림 관리자의 정책   ② 강력한 자연의 힘, 산불   ③ 자연적인 산불이 주는 이익
④ 신비로운 자연 발생적 사건들   ⑤ 손상되기 쉬운 삼림 자원의 유지관리

wildfire 산불 | **occurrence** (사건 등의) 일, 발생, 사건 | **occasional** 가끔씩의, 이따금의 | **accumulate** 쌓이다, 모이다; ~을 축적하다 | **destructive** 파괴적인, 해를 끼치는 | **nutrient-rich** 영양이 풍부한 | **overall** 전부의, 총체적인 | **essential** 필수적인 | **factor** 요인, 원인

guess it!   **convert** ⓐ (~을 변하게 하다)

수능직결구문   Without these occasional small fires, [**dead branches, leaves and bushes**] accumulate and <u>can fuel</u> much larger and more destructive fires.
▶ 밑줄 친 can fuel은 앞의 accumulate와 주어가 같은 공통구문을 이루고 있다.

2

핵심 SKiLLNOTE ❶ (1) 유사하다. (2) 인간의 암 치료에 도움이 될 수 있다.
❷ 인간의 질병 치료를 위해 가치가 있는 일이다.

해답 ④   p.57

해설 빈칸 문장과 선택지를 우선 읽고 무엇을 묻는 것인지를 파악한다. 서로 다른 포유류 연구는 계속해서 '어떠할지'를 묻고 있으므로 이를 뒷받침할 근거를 찾는다. 빈칸 문장 바로 뒤에 예시가 이어지고 있으므로 이를 근거로 판단한다. 즉 쥐에 대한 암 연구로 인간에 대한 치료법 개발에 도움을 줄 수 있다고 했으므로, 빈칸에는 '가치 있는'이 가장 적절하다. 이 문제에서 볼 수 있듯이 대개 빈칸 문장은 주제문인 경우가 많다. 주제문의 주요 정보가 빈칸으로 처리되어 있으므로 마치 주제문이 없는 단락의 주제를 유추하듯이, 이를 뒷받침하는 주요 세부사항을 통해 추론해야 한다.

해석 인간을 비롯하여 모든 포유류는 같은 조상을 가졌기 때문에 생물학적 구조 또한 매우 유사하다. 사실, 모든 포유류는 **internal**한 장기(기관)가 같고 우리는 모두 같은 체계를 이용하여 장기들을 조종한다. 우리는 모두 심장, 신장, 폐, 간을 가지고 있으며 혈류와 신경 체계를 이용하여 이러한 장기들을 조종하는 것이다. 물론, 서로 다른 종류의 포유류의 신체는 많은 차이점이 있으나, 유사점도 매우 많아 다른 포유류를 연구하는 것은 앞으로도 가치 있는 일이다. 예를 들어, 왜 쥐가 인간보다도 어떤 특정 암에 더 저항력이 강한지 알게 된다면 그 암이 인간에게 변형되어 나타날 때의 치료법을 개발하는 데 도움을 줄 수 있다.
① 간단한   ② 힘든   ③ 혼란스러운   ⑤ 더 비싼

19

mammal 포유류 | ancestor 조상, 선조 | biological 생물학적인 | organ (심장, 신장 등의) 장기 | kidney ((인체)) 신장 | lung 폐 | liver 간 | bloodstream 혈류 | similarity 유사점, (복수형) 비슷함 | be resistant to A A에 저항력이 있다; A에 반대하다 | variation 변이, 변형

---

internal ⓑ (내부의)

수능직결구문

[Understanding why mice, for example, are more resistant to certain forms of cancer than humans are] can help us develop cures for our variation of the disease.

▶ 동명사인 Understanding이 why 이하의 절을 목적어로 취하고 있음. 이 명사구 전체가 can help의 주어이다.

3

핵심 SKiLLNOTE ❶ (1) 해로운 세균의 약품 저항력(내성)이 커질 수 있음. (2) 해로운 세균만을 공격하는 안전한 바이러스를 이용하여 반응이 일어나는지를 관찰. ❷ 불필요한 항생제 처방의 문제점을 해결하기 위해 세균성 질병이 맞는지를 확인하는 실험을 개발 진행 중이다.

해답 ②   p.58

해설 요약문 문장의 경우도 빈칸 문장의 경우와 마찬가지로 요약문을 먼저 읽고 필요한 단서를 찾는 순서로 해결한다. 요약문 문장으로 보아, '어떤' 감염을 진단하고, 잘못된 항생제 처방을 '어떻게 할' 수 있는 실험이 개발되고 있는지 본문에서 찾아야 한다. 그러므로 본문에 설명된 실험의 내용과 목적 등에 주목한다. 본문 중반 이후에 서술된 실험은, 특정 세균만 공격하는 안전한 바이러스를 이용하는 것으로서, 이를 분석하면 '세균성' 감염 여부가 진단되고 따라서 세균성 질환과 관련 없는 항생제 처방을 '막을' 수 있을 것이다.

해석 항생제는 많은 박테리아성(세균성) 질병을 치유할 수 있는 효능이 뛰어난 약품이다. 그러나 우려되는 것은 많은 의사들이 그 질병이 세균으로 인한 것인지 바이러스로 인한 것인지를 모르는 상태에서 독한 항생제를 처방하고 있다는 것이다. 바이러스성 질환일 경우 항생제는 도움이 되지 않으며 불필요한 항생제를 처방하면 유해한 세균이 약물에 대해 저항력을 가질 수 있게 된다. 그런데 한 바이오테크 회사가 이러한 문제에 종지부를 찍을 수 있는 실험을 개발 중에 있다. 그 방법은 유해 세균을 실제로 공격하는 안전한 종류의 바이러스를 이용하는 것이다. 그 바이러스를 실험용 튜브에 환자의 피와 함께 넣어서 섞으면 의사는 반응을 쉽게 detect할 수 있다. 실험은 2~4시간밖에 걸리지 않으며 이 바이러스는 특정 종류의 세균만 공격하기 때문에 정확성이 매우 높다.

> (A) 세균성 감염을 진단할 수 있고 바이러스성 질병에 대한 잘못된 항생제 처방을 (B) 막을 수 있는 실험이 개발되고 있다.

bacterial 세균의, 세균성의 | prescribe (약 등을) 처방하다 | virus 바이러스; 병원체 | medication 약물, 약제 | put an end to A A에 대한 종지부를 찍다, A를 끝내다 (= make an end of) | reaction 반응, 태도; 반작용 | accurate 정확한 | diagnose ~을 진단하다, ~의 원인을 밝혀내다 | infection 병균 감염, 공기 전염

---

detect ⓑ (~을 발견하다)

수능직결구문

If the illness is caused by a virus, the antibiotics will not help. ⓐ 그 병은 바이러스 때문이다

▶ A is caused by B: A는 B 때문이다, A의 원인은 B에 있다

4

❶ (1) 업무수행력이 뛰어나고, 외국 고객과의 협상에 능하며, 혁신적이며 자발적이다. (2) 제인이 당신 회사에서 훌륭한 직원이 될 것으로 믿는 이유에 대해 더 말해줄 수 있다. ❷ 훌륭한 자질을 갖춘 제인을 당신 회사의 직원으로 추천한다.

해답 ④   p.59

해설 본문의 전반부는 제인의 경력과 업무 수행능력을 자세히 기술하고 있으며 중반 이후에 제인이 떠난다는 것과 귀사의 훌륭한 직원이 될 것이라 생각하는 이유에 대해 더 말해줄 수 있다는 내용으로 보아, 이 글의 목적은 '직원을 다른 회사에 추천하기 위한' 것이라 할 수 있다.

해석 제인은 6년 이상 국제홍보팀의 일원으로서 일해 왔으며, 그동안 최고의 기준을 적용하여 업무를 수행해왔습니다. 4개 국어 이상의 언어로 다양한 국가에서 온 고객들과 협상하여 성공적인 거래를 이끌어 내는 제인의 능력은 우리 회사에 큰 이익이 되어왔습니다. 제인은 **supervision**이 거의 없어도 자신의 업무에서 최고가 되려는 추진력과 동기의식을 가진, 혁신적이고 자발적인 직원입니다. 제인이 떠난다면 정말 슬프겠지만, 자신의 경력을 발전시키려는 그녀의 결정을 이해하고 지지합니다. 제인의 **qualification**에 대해, 또 제가 제인이 귀사의 훌륭한 직원이 될 것이라고 생각하는 이유에 대해 더 많은 이야기를 나누고 싶으시면, 주저하지 말고 저에게 연락을 주시기 바랍니다.
① 제품 구매 고객에게 감사를 표하려고   ② 영어의 중요성에 대해 안내하려고   ③ 통신 판매 제품을 광고하려고
④ 직원을 추천하려고   ⑤ 제인의 생일을 축하하려고

duty 임무, 의무 | **negotiate** ~을 협상하다, 교섭하다 | **deal** 거래; ~을 다루다 | **benefit** ~에게 이익이 되다, 이롭다 | **innovative** 혁신적인; 창조력이 풍부한 | **drive** 추진력; ~을 추진시키다 | **motivation** 동기(의식) | **excel in** ~에 빼어나다, 탁월하다; ~보다 낫다 | **advance** ~을 발전시키다, 나아가게 하다; 전진하다 | **hesitate to** *do* ~하기를 주저하다[꺼리다]

---

guess it!   **supervision** ⓐ (관리 감독)   **qualification** ⓑ (자질)

수능직결구문   [Jane's ability to negotiate successful deals with international clients in more than four languages] has benefited this company greatly.
     ▶ 명사구인 Jane's ability가 to negotiate ~ four languages의 수식어구를 이끌어 주어가 길어진 경우이다.

5

❶ (1) 미디어의 자유는 민주주의의 기본이지만 정부가 더 많은 조치를 미디어에 취할 필요는 없는가? (2) 미국은 6개의 거대 복합기업들이 거의 100%에 가까운 매스미디어를 소유하고 있는 실정이다. (3) 이 기업들은 여러 사업을 동시에 운영하고 있으므로 그 사업의 이익에 반하는 보도는 하지 않을 것이다. ❷ 거대 복합기업들이 미디어를 소유하면 편향적 보도를 할 가능성이 높으므로 정부의 규제가 필요하다.

해답 ③   p.60

해설 두 번째 문장에서 정부가 언론에 대해 더 많이 조치해야 할 필요성을 제기하였고, 미디어와 기업의 결탁으로 인해 나타나는 문제점을 구체적으로 제시하여 이를 뒷받침하고 있으므로 정답은 ③이 적절하다.

해석 자유와 민주주의의 기본 원칙 중 하나는 정부에 의해 **uncensored**한 언론을 가진다는 것이다. 그러나 정부가 실제로 더 많은 조치를 취해야 할 필요는 없는가? 오늘날 미국에서는 언론의 거의 100%가 단 6개 기업의 소유로 되어 있으며 이들 기업들은 미디어 회사들이라기보다는 주요 **conglomerate**들이다. 이들은 무기 매매에서 석유 생산까지 모든 분야에 사업적 이해관계가 있다. 에너지 소비로 수백만 달러를 벌어들이는 회사가 화석연료 연소의 부정적인 영향을 정확하게 보도할 수 있을까? 그럴 가능성은 매우 낮으며, 극소수의 기업이 모든 지방 방송국들을 독점하고 있기 때문에 우리가 조금이라도 진정한 정치적 비판을 접하고 있다는 것은 의심스러운 일이다.

take action 조치를 취하다 | **corporation** 기업 | **interest** (보통 복수형) 이해관계 | **arms** 무기 | **dealing** 매매, 거래 | **consumption** 소비, 소모 | **accurately** 정확하게 | **fossil fuel** (석탄, 석유 등의) 화석연료 | **outlet** (방송망 산하의) 지방 방송국; 출구; 소매점 | **criticism** 비판, 비평, 비난

수능직결구문　They are not so much media companies as major conglomerates.
　→ They are **major conglomerates** rather than **media companies**.

6

핵심 SKiLLNOTE　❶ (1) 딸이 사고를 당해 발에 영구 교정기를 달게 됨. (2) 딸이 달리기 경주에서 우승했다고 아버지에게 알리며 자신에게 유리한 점이 있었다고 말함. (3) 그것은 남들보다 더 많이 노력했다는 것. ❷ 노력하는 사람은 상황이 아무리 불리해도 능히 극복할 수 있다.

해답 ③　　　p.61
해설　발에 영구 교정기를 단 딸이 달리기 경주에서 본인의 노력에 의해 1등한 것이므로 이를 잘 표현해주는 것은 ③이다.

해석　사고 후 처음으로 등교를 시작하는 날, 딸아이를 데려다 주면서 가슴이 아팠다. 아이들이 '자기와 다른' 사람들에게 얼마나 잔인할 수 있는지 알기 때문에, 발에 영구 교정기를 달고 눈에 띄게 **limp**가 있는 아이에게 최악의 상황이 벌어질까 두려웠다. 딸은 집에 돌아오자 오늘이 '달리기 경주의 날'이었다면서 자기도 뛰었다고 말했다. 가엾은 딸아이가 완주를 위해 애쓰는 모습을 생각하자 눈물이 솟았다. 내 눈에 맺힌 눈물을 본 딸아이는 미소를 지으며 말했다. "괜찮아요, 아빠. 제가 1등 했어요. 저에게 유리하게 해주셨거든요." 그 즉시 나는 교장 선생님께 전화를 해서 유리한 대우를 해주셔서 딸을 도와주신 데 대해 감사의 말씀을 전해야겠다는 생각이 들었다. 그러나 그 생각이 채 끝나기도 전에 딸아이가 말했다. "아빠, 그 경주는 공정했어요. 제가 받은 유리한 대우는 더 열심히 뛰어야 했다는 것이었거든요!"
① 뿌린 대로 거둔다.　② 백문이 불여일견.　③ 하늘은 스스로 돕는 자를 돕는다.
④ 친구를 보면 그 사람을 알 수 있다. (유유상종(類類相從))　⑤ 김칫국부터 마시지 말라.

ache (머리, 마음 등이) 아프다; 아픔 | **drop off** ~을 차로 데려다 주다, ~을 (차 등에서) 하차시키다 | **cruel** 잔인한, 매정한 | **permanent** 영구적인, 영원한 | **brace** 교정기; 버팀대 | **noticeable** 눈에 띄는, 두드러지는 | **struggle to *do*** ~하려고 애쓰다[분투하다] | **principal** 교장; 주요한

핵심 POINT REVIEW　　　　　　　　　　　　　　　　　　　　　　　　　　　　　　　　p.62

핵심
Point　　**1** 주요 세부 사항　**2** 종합

리뷰
테스트　　A **1** / B **2** / C **2**

A 1
해설　'새 조명기구의 설치, 오래된 바닥 교체, 지붕 수리'를 종합적으로 표현하면 '주택 개조'이다. (cf. daily household chores 매일 하는 집안일)
해석　해설 참조

B 2
해설　'사회에 도움 주기, 좋은 모범을 보이기, 운이 덜 좋은 사람들(사회적 약자들) 돕기, 다른 사람들을 알게 되기'를 종합적

으로 표현하면 '자원봉사자가 되는 이유'에 해당한다. (cf. reasons to vote in an election 선거에 투표하는 이유)

해석 해설 참조

C 2
해설 '창문이 깨졌는데 교체된 적이 없었다. 벽돌이 낡아 벽에서 바스러져 떨어지고 있었다. 앞문이 잠기고 녹슬어 열리지 않았다.'를 종합적으로 표현하면 '집이 오랫동안 버려졌다.'이다. (cf. There has just been a severe storm. 심한 폭풍우가 있었다.)

해석 해설 참조

A 1 comprehensive
해설 모든 기초를 다루는 프로그램이라서 comprehensive가 적절하다. complicated는 '복잡한, 어려운'의 뜻.
해석 그것은 학생들이 알 필요가 있는 모든 기초를 다루는 <u>종합적인</u> 프로그램이다.

2 industrial
해설 관심사(concerns)를 수식하는 것은 문맥상 industrial이 적절하다. industrious는 '근면한'의 뜻.
해석 오늘날 세계에서, <u>산업의</u> 관심사는 환경보호법에 따르기 위해 더 큰 노력을 하는 것이다.

B 1 near
해설 바로 가까이에 서 있었기 때문에 near가 적절하다. nearly는 '거의, 대략'의 뜻.
해석 나는 그들이 내년에 관한 계획에 대해서 무엇을 말하고 있는지 들을 만큼 바로 가까이에 서 있었다.

2 admit
해설 부분을 나타내는 Half가 주어이므로 뒤따르는 of all employees에서 all employees에 수를 일치시켜 복수 동사 admit이 옳다.
해석 모든 고용인의 절반이 그들이 실제로 아프지 않을 때 병으로 결석하겠다고 전화로 알린 것을 인정한다.

C ③
해설 (A) 지나가는 사람이 마찬가지로 멈춰서 위쪽을 응시하는 것이기 때문에 pause가 옳다. pass는 '지나가다'란 뜻.
(B) 유명한 자살 소식 다음에 자살이 증가하기 때문에 increase가 옳다. After 이하의 메릴린 먼로의 예로도 근거를 찾을 수 있다. decrease는 '감소하다'란 뜻.
(C) 텔레비전 드라마에서의 자살은 허구이기에 fictional이 옳다. traditional은 '전통의'란 뜻.
해석 행동에 관해서라면, 우리는 선천적인 모방자이다. 집단에서 한 사람이 하품하거나 얼굴을 찡그리고 다른 모든 사람은 이내 같은 것을 하고 있다. 보도에서 몇몇 사람이 위쪽을 응시하면서 멈추어 서 있고, 지나가는 사람들도 마찬가지로 <u>멈춰서</u> 하고 있다. 웃음은 심지어 코미디 쇼를 위해 미리 녹화되었을 때에도 빨리 퍼진다. 길거리 음악가는 연주 전에 자신의 모자에 항상 돈을 넣는데, 사람들이 그것을 보고 더 넣기 때문이다. 하지만, 다른 사람을 모방하는 우리의 성향은 비극적인 결과를 낳을 수도 있다. 유명한 자살 소식 다음에 자살이 <u>증가하는</u> 것은 잘 알려져 있다. 1961년 8월 6일 메릴린 먼로의 자살 이후 그달에 미국에서의 자살 수가 매년 8월 평균을 200번 초과했다. 또한, 자살률의 갑작스러운 상승은 텔레비전 드라마에서의 <u>허구적인</u> 자살을 따르는 경향이 있다. 짧은 기간 동안에 많은 십 대의 자살이 발생할 때 모방 행동이 가장 그럴듯한 원인이다.

해답 ①   p.66

해석 프로 운동선수들은 <u>그들이 해야 할 역할이 무엇인지</u>에 대해 의견이 일치하지 않는다. 몇몇 스타급 선수들은 자신들의 역할이 젊은 사람들의 역할 모델이 되는 것이 아니라, 훌륭한 선수가 되는 것이라고 믿는다. "우리는 역할 모델이 되려고 돈을 받는 것이 아니죠."라고 그들은 주장한다. 그들이 사생활에서 하는 일은 자신들의 개인적인 문제라고 확고히 믿는다. 반면, 다른 스타급 선수들은 이들의 의견에 동의하지 않는다. 그들은 스포츠 스타들은 그들이 원하지 않더라도 사람들의 역할 모델이라고 주장한다. "우리는 역할 모델이 될 것을 선택한 것이 아니라, 선택 받았어요. 우리의 선택은 좋은 역할 모델이 될 것인가, 나쁜 역할 모델이 될 것인가에 있죠."라고 그들은 말한다.

② 왜 스포츠가 그렇게 재미있는지   ③ 무엇 때문에 모델이 인기 있는지
④ 어떻게 그들이 스타급 선수가 될 수 있는지   ⑤ 왜 그들은 오직 자신의 사생활만 생각하는지

A Professional athletes
B On the contrary
C ③
D **1** 대립[상반] **2** 역할 모델 **3** 역할 모델

해답 **1** ④ **2** ③ **3** ① **4** ④ **5** ⑤ **6** ②

1

핵심 SKiLLNOTE ❶ In the ❷ 열거

해답 ④   p.68

해설 첫 문장을 통해, 먼 거리에서도 연락을 주고받을 수 있는 방법 중에 똑같은 방법을 생각해낸 여러 나라의 예가 소개될 것임을 짐작할 수 있다. 그 방법은 시각적 암호를 사용하는 것을 포함하지만, 시야가 나쁜 곳은 특이한 다른 방법을 쓴다고 했고 이어서 소리 신호를 보내는 예시들을 소개한다. ④번 문장은 직접 걸어서 메시지를 전달하는 방법에 해당하므로 글의 전체 흐름과 관계없다.

해석 먼 거리에서도 연락을 주고받을 수 있는 방법을 찾아서, 전 세계의 많은 문화는 똑같은 생각들을 발달시켰다. 이것들은 종종 메시지를 보내는 사람과 받는 사람이 알아볼 수 있는 시각적 암호로 줄이는 것을 수반했다. 그러나 산악이나 정글같이 시야가 아주 나쁠 수 있는 곳에 있는 사람들은 연락을 주고받는 몇몇 특이한 방법을 **come up with**했는데, 악기를 이용하는 것이다. 알프호른은 길이가 최대 20피트에 달할 수 있는 구부러진 나무 피리인데, 수백 년간 알프스 산맥의 봉우리들 간에 연락을 주고받는 데 사용되어 왔다. (북미에서는 미국 원주민 부족들이 도보로 메시지를 전달하던 달리기 전령들로 유명했다.) 마야인들 또한 소라고둥 껍데기로 만든 피리를 이용하여 먼 거리로 신호를 보냈다.

keep(=stay) in touch 연락을 주고받다 | **visibility** 시야 | **musical instrument** 악기 | **curved** 구부러진 | **up to** ~까지, 최대 ~ | **peak** 봉우리, 산꼭대기 | **tribe** 부족, 종족

---

guess it!   come up with ⓑ (생각해내다)

수능직결구문   The alphorn, a curved wooden horn that can be up to 20 feet long, has been used for hundreds of years to **communicate** between Alpine peaks.
▶ '~하는 데 사용되다'란 의미의 be used to *do*가 되어야 한다.
cf. be used to ~ing: ~하는 데 익숙하다

2

해답 ③   p.69

해설 본문은 근육 활동을 통제하는 화학물질인 도파민을 생산하는 뇌세포가 죽어서 나타나는 파킨슨병에 대한 것이므로, 병의 진전에 따른 근육 활동 저하와 관련된 신체적 증상 등이 순서대로 나열될 것이다. 그런데, ③번 문장은 사회적 관계에 대한 내용이므로 글 전체의 흐름과 관계없다.

해석 파킨슨병은 도파민이라는 화학물질을 생산하는 뇌세포가 죽기 시작하면서 발병하는 치명적인 뇌 질환이다. 도파민은 근육 활동의 통제를 돕는 화학 전달물질의 작용을 하므로, 뇌에서 도파민이 생성되지 않으면 점차 근육 통제력을 잃는다. 먼저, 파킨슨병으로 **afflicted**한 사람들은 팔다리와 관절에 **stiffness**를 느끼기 시작한다. (그리고 사회적 관계도 신체적인 문제만큼 견디기 어려워진다.) 그 후에, 병이 더 진행되면서 그 환자들은 경련으로 고생하게 되고 걸으려고 할 때도 큰 어려움을 겪게 된다. 후기 단계에서 그들은 언어장애와 심각한 건망증을 갖게 된다.

fatal 치명적인, 불치의 | **disorder** 장애, 질병; 무질서 | **act as A** A의 역할을 하다 | **progressive** 점진적인; 진보적인 | **loss** 실패; 감소; 손실 | **muscular** 근육의 | **limb** 팔다리, 사지(四肢) | **joint** 관절 | **progress** 진행되다; 진보하다 | **severe** 심한, 중한

---

guess it! **afflicted** ⓑ (고통받는)   **stiffness** ⓑ (뻣뻣함, 단단함)

수능직결구문 Dopamine acts as a chemical messenger to help control muscle activities, so when the brain stops **producing** it there is a progressive loss of muscular control.

▶ 문맥상 '생성하는 것을 멈추다'는 뜻이 되어야 하므로 동명사 형태로 바꿔준다. stop은 동명사와 to부정사 모두를 목적어로 취할 수 있지만 뜻이 달라지는 대표적인 동사이므로 아래의 의미 차이를 잘 기억해두자.
stop+~ing(~하는 것을 멈추다)
stop to *do*(~하기 위해 멈추다)

3

해답 ①   p.70

해설 본문 초반부는 음식 포장지 라벨의 1회 제공량에 대한 정보를 믿는 사람들의 통념에 대한 서술이고 However 이후부터 이에 대한 반박과 이를 뒷받침하는 예가 서술되고 있다. 즉 포장지 라벨의 1회 제공량에 대한 정보는 단순한 안내일 뿐이며 이것이 절대적은 아니라는 것이므로 이를 제목으로 표현한 것으로 가장 적절한 것은 ①.

해석 어떤 제품이든 포장지의 라벨을 보면 당신은 그 음식에 대한 1회 제공량(serving size)을 알려주는 영양 정보 부분을 발견하게 될 것이다. 대부분의 사람들은 1회 제공량이 당신이 먹어야 하는 양을 알려주고 있다고 믿는다. 그러나 그것은 그 음식의 특정한 양을 먹음으로써 얼마만큼의 칼로리와 **nutrient**를 얻게 되는지를 알 수 있도록 도와주는 단순한 안내일 뿐이다. 때로는 포장지에 있는 1회 제공량이 당신에게 익숙하던 양보다 훨씬 더 적을 것이다. 경우에 따라서 1회 제공량보다 더 많이 먹는 것은 아무런 문제가 없다. 예를 들어, 1회 제공량보다 더 많은 냉동채소를 먹어도 문제가 되지 않는 이유는 대부분의 채소가 칼로리와 지방은 적지만 영양소는 많기 때문이다.

① 1회 제공량의 진실   ② 음식 표기(라벨)의 필요성   ③ 손님을 대접하는 방법
④ 좋은 식사 습관   ⑤ 영양, 건강의 핵심

product 제품, 생산품 | **nutrition** 영양물 (섭취) | **serving size** (음식의) 1회 제공량 | **calorie** 칼로리 | **specific** 특정한; 구체적인 | **quantity** 양(量); 분량 | **frozen** 냉동한, 언

nutrient ⓑ (영양분)

1. Sometimes the serving size on a package will be a lot less than you **are used to eating**.
▶ '~하는 데 익숙하다' 라는 의미가 되어야 하므로 be used to ~ing 형태가 알맞다.

2. Most vegetables are low in calories and fat / yet high in nutrition.
▶ calories and fat은 앞의 low in에 공통적으로 걸리는 명사들이며, 역접을 나타내는 연결어 yet 뒤에는 의미상 most vegetables are가 생략되어 있으므로, yet 앞에서 끊어 읽는 것이 가장 자연스럽다.

4

핵심 SKiLLNOTE ❶ Our true ❷ (For example) ❸ 예시

해답 ④   p.71

해설 인간 의사소통의 80%는 말이 아닌 몸짓, 표정, 자세를 통해 드러나며 이러한 신체 표현이 함축하고 있는 각각의 의미가 예시되고 있다. 그러므로 제목으로 가장 적절한 것은 ④.

해석 인류는 생각과 감정을 표현하기 위해 말을 형성하는 소리의 복잡한 조합을 만들었다. 그러나 학자들에 따르면 모든 인간 의사소통의 80%는 다른 방법들을 통해 전달된다고 한다. 우리의 진실한 감정과 신념은 종종 무의식적인 몸짓, 표정, 자세를 통해 드러나며, 이것들은 모두 개별적인 정황에서 특정한 **connotation**을 가진다. 예를 들어, 서 있을 때 허리춤에 손을 얹은 사람은 흔히 화가 났거나 기분이 나쁜 것이다. 사회적 지위가 낮은 사람들은 대개 윗사람과 눈을 잘 마주치지 않는다. 자신감이 부족한 사람들은 **slouching**한 자세를 취하는 경향이 있는 반면, 자신감 있는 사람들은 더욱더 몸을 똑바로 세우는 자세를 보이는 경향이 있다.

① 진짜 감정을 드러내기   ② 눈을 마주치는 것의 중요성   ③ 언어 사이의 유사성
④ 신체를 통해 하는 말   ⑤ 자신감 있게 보이는 법

in an attempt to *do* ~하기 위해, ~하려는 노력으로 | **transmit** (지식, 정보 등을) 전하다, 건네다 | **means** 방법, 수단 | **expose** ~을 드러내다, 노출하다 | **unconscious** 무의식적인 | **posture** 자세 | **context** (어떤 일의) 정황, 문맥 | **superior** 윗사람, 선배; 상위의 | **upright** 똑바로 선, 직립의

---

connotation ⓑ (숨겨진 의미, 함축)   **slouching** ⓐ (앞으로 꾸부정한)

Researchers suggest, however, that 80% of all human communication **is** transmitted through other means.
▶ 요구, 주장, 제안 등의 뜻으로 쓰이는 동사의 목적절에는 〈(should+)동사원형〉이 쓰이는 것을 생각해 be를 고르지 않도록 주의하자. 문맥상 suggest가 '~을 제안하다' 가 아니라 '~을 시사하다, 암시하다' 의 뜻이므로 시제에 알맞은 is를 써야 한다.

5

핵심 SKiLLNOTE ❶ In fact ❷ (In fact), (though) ❸ 통념 제시 → 반박

해답 ⑤   p.72

해설 첫 문장에서 재택근무자의 생산성에 관한 사람들의 통념이 제시되고 이후에는 이에 대한 반박, 즉 재택근무자들이 더 생산적일 수 있다는 내용과 이를 뒷받침하는 여러 이유가 제시되고 있으므로 정답은 ⑤.

해석 많은 사람들은 감시가 어렵기 때문에 재택근무자들이 매일 사무실에 출근하는 사람들보다 덜 생산적일 것이라고 믿는다. 그러나 사실, 재택근무자들은 업무 효율과 생산성 보고에서 사무실에 근무하는 **counterpart**를 능가하는 것으로 나타났다. 재택근무자들은 직접적인 감시 없이 일하기 때문에 더 책임감을 느끼며, 이것이 그들을 더 열심히, 더 잘 일하도록 이끈다. 게다가 집에서 일하면 사무실 환경에서 자주 일어나는 여러 가지 **distraction**의 방해를 받지 않게 된다. 마지막으로, 사람들은 집에서 일할 때 개개인의 생활양식에 맞는 일정을 자유롭게 짤 수 있고, 그들이 생각하기에 알맞은 때에 일하고 쉴 수 있다.

telecommuter 재택근무자 | **supervision** 감시, 감독, 관리 | **productive** 생산적인 | **outperform** ~을 능가하다 | **efficiency** 효율, 능률 | **productivity** 생산성 | **drive A to** *do* A가 ~하게 이끌다 | **setting** 환경, 주위 | **free to** *do* 자유롭게 ~할 수 있는 | **fit** ~에 (꼭) 맞다, 적합하다 | **appropriate** 알맞은, 적당한

---

guess it! **counterpart** ⓑ (상대방) **distraction** ⓑ (주의를 산만하게 하는 것)

수능직결구문 In fact, though, telecommuters have been found **to outperform** their in-office counterparts in employee efficiency and productivity reports.
= In fact, though, they have found telecommuters to outperform their in-office counterparts ~. (능동태 형태)
　　　　　　　　　　　　　 주어　　　 동사　　　　 목적어　　　　　　　　　　　 목적보어
▶ find는 〈주어+동사+목적어+목적보어〉 형태로 쓰일 수 있는 대표적인 동사로, 위 문장은 목적어(telecommuters)가 주어 자리에 나가 수동태 형식으로 쓰인 것이다. find는 목적어와 목적보어가 능동 관계일 때 목적보어 자리에 to부정사를 취하며 수동태로 전환되었을 때 목적보어인 to부정사가 동사 뒤에 온다.

6

핵심 SKiLLNOTE ❶ 질문 → 응답, 열거

해답 ②   p.73

해설 회사를 그만두는 상황에서 작별인사를 하는 가장 좋은 방법에 대한 질문 뒤에 이에 대한 답이 단계별로 제시되어 있다. 그러므로 글의 목적으로 가장 적절한 것은 ②.

해석 당신이 회사를 그만두려고 하고 있고 고용주에게는 2주 전에 미리 알려주려고 한다. 작별인사를 하는 가장 좋은 방법은 무엇일까? 당신이 떠나게 되는 상황과 **regardless of**하게, 당신이 첫 번째로 해야 할 일은 고용주에게 당신이 일을 그만둔다는 것을 알려주는 것이다. 당신은 좋은 관계로 **part**할 필요가 있고 사장이 당신이 떠나는 것에 대해 이런저런 소문을 듣는 걸 원치 않을 것이다. 다음 단계는 동료들에게 작별 인사를 하고 당신이 새로운 일자리로 옮기거나, 퇴직하거나 아니면 다른 어떤 일을 하게 된다는 것을 그들에게 알리는 것이다. 이메일로 작별 인사를 보내는 것도 좋다. 이메일에 연락처를 넣어서, 그들과 계속 연락을 유지할 수 있다.

circumstance (보통 복수형) 상황, 사정 | **resign** 일을 그만두다, 사직하다 | **on good terms** 좋은 관계로, 사이좋게 | **departure** (직장을) 떠남; 출발 | **say(=bid) farewell to A** A에게 작별을 고하다

---

guess it! **regardless of** ⓐ (~에 상관없이) **part** ⓑ (헤어지다)

27

B 1 주제문 **2** 연결어

A 1 stay

해설 let은 <let+A+동사원형>의 형태로 쓰여 'A가 ~하게 하다'란 뜻인데, 동사원형이 들어가는 목적보어 자리이므로 stay가 옳다.

해석 나는 러시아에서 온 내 남동생의 친구가 우리나라를 방문하고 있었을 때 집에 그를 머무르게 했다.

2 it

해설 find는 <목적어+목적보어>의 문형에서 to부정사가 목적어이면 to부정사를 목적보어 뒤로 보내고 목적어 자리에 가목적어를 필요로 하기 때문에 it이 적절하다.

해석 호세는 자신의 것과 매우 다른 가치관을 지닌 나라에서 사는 것이 생소하다는 것을 알았다.

3 how

해설 I will react가 완전한 구조이므로 관계부사 how가 옳다.

해석 만약에 내가 이것과 같은 또 다른 힘든 상황을 만난다면 내가 어떻게 반응할지 솔직히 모르겠다.

B 1 defined

해설 문맥상 개발도상국이 '정의'된다는 내용이 자연스러워서 defined가 옳다. refine은 '~을 정제하다'의 뜻.

해석 개발도상국은 성공이나 특별한 자산 대신에 사회와 경제 문제에 의해 종종 정의된다.

2 founded

해설 협회가 설립되었다는 것이 문맥상 자연스러워서 found(~을 설립하다)의 과거분사형 founded가 옳다. found는 find(~을 발견하다)의 과거 · 과거분사형.

해석 의료 전문가 전국 협회는 1972년 9월 29일에 중요한 의학 연구와 정보 배포를 증진하기 위해서 설립되었다.

3 admit

해설 that절을 인정해야 한다는 내용이 문맥상 적절하기 때문에 admit이 옳다. submit은 '~을 제출하다'의 뜻.

해석 어쩌면 너는 그녀를 좋아하지 않는다. 그러나 너는 그녀가 자기가 하는 것에서 뛰어나다는 사실을 인정해야만 한다.

4 Although

해설 절을 이끌 수 있는 접속사인 Although가 옳다. despite는 전치사로 '~에도 불구하고'의 뜻이며, 절을 이끌려면 Despite the fact that으로 써야 한다.

해석 비록 그의 직책이 공학 학위를 요구했지만, 그는 결코 공학 기술을 써본 적이 없다는 것을 깨달았다.

C ④

해설 정책(a policy)이 '강조하는' 것으로 수식 받는 명사와 stress가 능동관계라서 현재분사 stressing이 옳다.

해석 세계화는 세계 모든 나라 사이의 문화적, 정치적, 경제적 그리고 기술적 정보의 교환이다. 이것은 이 모든 지역에서 어떻게 우리의 삶이 같이 연결되고 있는지 설명하는 단어이다. 실제로 우리는 바로 '하나의 세계 사회'가 되는 쪽으로 움직이고 있는 것처럼 보인다. 이 단 하나의 사회는 상호 존중과 문화적인 차이에 대한 관용을 강조하는 정책인 다문화주의를 통해 형성되기 시작하고 있다. 다문화주의 정책 때문에 문화적인 다양성(한 지역 안의 다른 문화들의 다양성)이 증가하고 있다.

해답 ⑤ p.78

해석 언어 사용에 관해서라면 두 위대한 거장인 윌리엄 셰익스피어와 제임스 조이스가 주제가 심각한 것일 때도 단순해 보이는 문장을 썼다는 것을 기억하라. (예를 들어) 셰익스피어가 쓴 〈햄릿〉은 "사느냐 죽느냐?"를 묻는다. 가장 긴 단어의 철자가 세 개다. 조이스는 클레오파트라의 목걸이만큼 복잡하고 반짝반짝 빛날 정도로 문장을 조합할 수 있었다. 그러나 그가 쓴 소설인 〈에블린〉에서 내가 가장 좋아하는 문장은 "그녀는 피곤했다."이다. 이 세 단어만큼 독자의 심금을 울릴 수 있는 말은 없을 것이다. (따라서) 언어의 단순함은 강력할 뿐 아니라 심지어 존경스럽다.
① 규칙 ② 탄생 ③ 다양성 ④ 발달

A ②
B ①
C ④

해답 **1** ② **2** ② **3** ⑤ **4** ② **5** ③ **6** ② **7** ②

1

핵심 SKiLLNOTE ❶ (1)

해답 ② p.80

해설 첫 문장에 서술된 '집을 짓는 데 이용되는 진보된 기술'에 대한 예시가 두 번째 문장부터 나열되고 있는데, 이 예시들은 모두 집의 에너지 효율을 높여 자원 절약에 도움을 주는 것들이므로 정답은 ②.

해석 많은 진보된 기술들이 오늘날 집을 짓는 데 이용되고 있다. (예를 들어) 한 가지 새로운 제품은 수도배관에 장착해 필요할 때만 물을 가열하는 온수기로, 월 가스 사용량을 줄여준다. 광전지 패널도 설치되고 있는데, 이것은 당신이 태양으로부터 동력을 직접 generate할 수 있게 해준다. 겨울에는 따뜻한 공기의 손실을 막고 여름에는 차가운 공기의 손실을 막도록 특별히 설계된 벽과 지붕 역시 인기를 얻고 있다. 이 벽에는 난방과 냉방 시 전력 소비를 줄여주는 단단한 폼 코어가 들어 있다. 절수형 appliance 외에, 이러한 신기술들이 중요한 천연자원을 절약하는 데 도움을 주고 있다.
① 집을 짓는 방법 ② 에너지 효율이 높은 새로운 집 ③ 주택 안전성 개선하기
④ 천연자원을 절약하는 방법 ⑤ 새로운 주택 설계 이해하기

attach to A A에 장착[부착]되다 | **plumbing** 수도관 | **install** ~을 설치하다 | **keep A from ~ing** A가 ~하지 못하게 하다 | **gain in popularity** 인기를 얻다 | **electricity** 전기 | **consumption** 소비; 소비량 | **vital** 극히 중대한, 절대 필요한 | **resource** (보통 복수형) 천연자원

---

guess it! **generate** ⓐ (~을 발생시키다) **appliance** ⓑ (가전제품)

2

핵심 SKiLLNOTE ❶ In other words: (2), For example: (4)

해답 ② p.81

해설 글쓴이의 주장이 가장 강하게 표현된 We should never take life or ourselves too seriously.가 주제문이다. 즉, 규칙을 너무 엄격하게 적용하지 않고 자신의 단점을 웃어넘기라는 것이므로 이는 정답 ②의 내용과 연결된다.

해석 내과의사 버니 S. 시겔은 저서인 〈평화, 사랑, 그리고 치유〉에서 "누구나 죽는다, 연인들도, 조깅하는 사람들도, 채식주의자들도, 심지어 비흡연자들도. 나는 여러분 중 일부가 가끔은 늦게 자고 아이스크림콘을 먹도록 여러분에게 이 말을 하고 있다." (다시 말하면,) 우리는 절대 인생이나 우리 자신을 너무 심각하게 받아들여서는 안 된다. 이것은 인생의 모든 측면에 동등하게 적용된다. 우리 각자는 우리를 절망하게 혹은 웃게 할 수 있는 우리 자신만의 독특한 문제들을 갖고 있다. (예를 들어,) 도구나 과학기술과 관련된 그 어떤 것에 관한 한, 나는 아주 멍청하다. 하지만 나는 그것이 나를 **bring down**하게 두지 않는다. 나는 그저 웃는데, 그것은 스트레스가 쌓이지 못하게 한다.

physician 내과의사 | **vegetarian** 채식주의자 | **occasionally** 가끔 | **aspect** 측면 | **when it comes to A** A에 관한 한 | **clueless** 아주 멍청한 | **build up** 쌓이다, 점점 커지다

𝑔uess it!　**bring down** ⓐ (패배시키다)

3

핵심 SKiLLNOTE ❶ however ❷ And / Also / Moreover 등

해답 ⑤ p.82

해설 비디오 게임이 건강에 좋지 않을 것이라는 통념과 달리, 환자들에게 비디오 게임이 미치는 긍정적인 치료 효과에 대한 내용이므로 정답은 ⑤.

해석 사람들은 보통 아이들이 비디오 게임을 너무 많이 하는 것은 건강에 좋지 않다고 생각한다. 그러나 병원과 관련된 어떤 상황에서는 사실 비디오 게임이 매우 도움될 수도 있다. 아이들은 휴대용 비디오 게임기를 병원에 가지고 오면, 앞으로 그들에게 일어날 일에 대해 덜 불안해한다. (게다가) 게임 속 영웅과 **villain** 간의 전투에 몰입할 때 환자들은 힘든 치료 중에도 덜 고통스러워한다. 또한, 수술 후에 게임을 하면서 활동성을 유지하는 아이들은 자신의 건강 문제에 대해 생각하는 데 시간을 덜 쓰게 되고, 그래서 더 빨리 낫는 것으로 보인다. 의사와 학자들은 이 점에서 아주 많은 장래성이 있음을 보고 이제는 어린 환자들에게 인터넷을 연결해주고 있으며, 따라서 어린 환자들이 다른 병원의 아이들과 **interactive**한 게임을 할 수 있게 되었다.
① 병원에 설치된 인터넷의 새로운 용도　② 미래의 의료 치료법　③ 비디오 게임 중독을 치료하는 법
④ 영웅 이야기의 심리적 영향　⑤ 비디오 게임과 환자의 회복력

portable 휴대용의, 들고 다닐 수 있는 | **concentrate on** ~에 집중하다 | **treatment** 치료(법); 취급(방법); 대우 | **operation** 수술; 작동 | **heal** (병이) 낫다, 치료되다 | **promise** 장래성, 전망; 약속 | **connect A to B** A에게 B를 연결해주다

𝑔uess it!　**villain** ⓑ (악당)　**interactive** ⓐ (쌍방향의)

수능직결구문　Doctors and researchers see <u>so</u> much promise in this <u>that</u> they are now connecting young patients to the Internet, <u>so that</u> they can play interactive games with kids at other hospitals. **해석 밑줄 부분 참조**

▶ 〈so+형용사[부사]+that ~〉은 보통 '매우 …하여 ~하다'라는 의미로 해석한다. 반면에, 쉼표 뒤에서 so that이 붙어서 나올 때는 '그래서'라는 '결과'의 의미로 해석해야 한다. 만약 앞에 쉼표가 없고 may, can, will 등의 조동사가 so that 이하에 이어지는 경우는 '~하기 위해'라는 '목적'의 의미로 해석되니 구분해야 한다.
cf. She lowered her voice <u>so that</u> her children <u>wouldn't</u> wake up.
(그녀는 아이들이 깨지 않도록 목소리를 낮췄다.)

4

해답 ②   p.83

해설 새끼 돌고래가 일정 기간 잠을 자지 않는 보기 드문 능력에 대해 추측하는 내용이므로 정답은 ②.

해석 돌고래는 그것들의 생애에서 어떤 특별한 시기에는 잠을 자지 않고도 끄떡없이 지낼 수 있는 보기 드문 능력이 있다. 새끼 돌고래는 태어난 직후 한 달 동안은 계속 깨어있다. (그에 반해) 다른 포유류들이 그렇게 오래 잠을 자지 않으면, 그것들은 반드시 위험한 결과로 고통받게 된다. (게다가) 거의 모든 새끼 포유류는 뇌와 몸을 제대로 발달시키기 위해 성체보다 훨씬 더 많이 자야 한다. 이와 달리, 새끼 돌고래들은 그것들의 어미보다도 잠이 덜 필요하다. 그렇다면, 돌고래들은 그저 성장과 학습을 위해 잠이 필요하지 않은 것일 수도 있다. 아니면, 몽유병 환자들이 깊은 수면 중에도 걷고 음식을 먹고 때로는 운전도 하는 것처럼, 돌고래들은 많은 시간을 잠을 자면서 헤엄쳐 다니는 데 쓴다고 **assume**해야 할 것이다!
① 새끼 돌고래들의 발달 단계   ② 잠을 자지 않는 새끼 돌고래들의 신비   ③ 인간과 돌고래의 관계
④ 불면증의 원인과 결과   ⑤ 수면과 지능의 관계

unaffected ~에도 끄떡없는, 영향을 받지 않는 | **mammal** 포유류, 포유동물 | **consequence** 결과, 결론; 중요성 | **infant** 유아의, 소아의 | **require** ~을 필요로 하다; ~을 요청하다 | **sleepwalker** 몽유병자

---

guess it!   **assume** ⓑ (~라고 추측하다)

수능직결구문   No other mammals can stay awake that long without suffering serious consequences.
= It is impossible for any other mammals to stay awake that long **without** suffering serious consequences.
▶ 〈부정문+without ~ing〉는 '…할 때마다 반드시 ~하다' 라는 의미의 이중부정이다. 따라서 다음 문장과도 의미가 같다.
= Whenever other mammals stay awake that long, they suffer serious consequences.

5-7

해답 5 ③   **6** ②   **7** ②   p.84

해설 5 (A)를 기준으로 그 앞의 내용은 꿈을 좇아 교사가 되기로 결심했다는 것이고 뒤의 내용은 가르치는 것이 어렵다는 것을 깨달은 것으로 서로 대조되므로 However가 적절하다. (B)를 기준으로 그 앞의 내용은 최선을 다한 아이들에게 칭찬한 것(원인)이고 뒤의 내용은 그로 인해 아이들이 진정으로 발전했다는 것(결과)이므로 As a result가 적절하다. **6** 기업 세계가 주는 경제적 보상이 아닌 교사로서 학생들의 발전을 보는 데서 더 큰 만족감을 느꼈다는 내용이므로 이와 연결되는 것은 ②. **7** 예전 태도는 기업 세계에서 해왔던 태도, 즉 언제나 빠르고 완벽하게 일을 처리했던 것을 말한다.

해석 나는 항상 아이들을 가르치고 싶었으나 교사의 급여가 가족을 부양하기에 충분하지 않았기 때문에 대학 재학 중에 다른 진로를 택했다. 그러나 기업 세계에서 여러 해를 보낸 후, 경제적으로 **secure**했으므로 나는 내 꿈을 좇아 초등학교 교사가 되기로 결심했다. (A) <u>하지만, 가르친다는 것이 얼마나 어려운지를 알게 되는 데는 그리 오래 걸리지 않았다.</u>
우리 반은 여덟 살의 자폐성 학생들로 구성되었고, 내가 그 아이들을 가르치려고 하면서 직면한 어려움은 내가 전혀 준비하지 못했던 것이었다. 수업 첫날, 한 남자아이가 내 뺨을 때렸는데, 새로운 선생님으로 인해 겁을 먹었기 때문이었다. 지미라는 또 다른 남자아이는 15개도 안 되는 단어밖에 몰랐고 글자나 숫자도 쓸 줄 몰랐다. 나는 곧 언제나 빠르고 완벽하게 일을 처리해야 했던 기업의 방식으로 교실을 이끌어서는 안 된다는 것을 깨달았다. 나는 무엇이 성공을 만들어내는지에 대한 나의 예전 태도를 버렸다. <u>나는 현실적인 목표를 세우고 아이들이 최선을 다했을 때는 비록 실패하더라도 칭찬을 했다.</u>
(B) 그 결과로, 나는 아이들이 진정으로 발전하는 것을 보기 시작했다. 지미가 글자와 숫자를 배우기 시작했을 때, 그의 부모님과 나는 서로 얼싸안고 축하했다. 학기가 끝나갈 무렵, 지미는 알파벳을 **recite**하고 20까지 숫자를 셀 수 있

게 되었다. 그의 어머니는 아들의 성과에 대해 아주 행복하고 자랑스러워했으며, 나의 노력에 대해 얼마나 고마움을 느끼는지 말해주었다. 나는 평생 처음으로 진정한 만족과 **fulfillment**를 느꼈으며, 더 이상 기업 세계의 영광을 그리워하지 않게 되었다.

path 진로; 작은 길; 통로 ∣ **raise** ~을 부양하다, 키우다 ∣ **corporate** 기업의, 법인의, 회사의 ∣ **financially** 재정적으로 ∣ **be comprised of** ~으로 구성되다 ∣ **slap** ~을 찰싹 때리다 ∣ **frightened** 두려운 ∣ **corporation** 기업, 회사 ∣ **constitute** (상태를) 만들어 내다; ~을 구성하다 ∣ **achievement** 달성, 성공 ∣ **realistic** 현실적인 ∣ **task** 과제, 직무 ∣ **progress** 발전, 진보, 전진; 발전하다, 진보하다 ∣ **accomplishment** 성과, 성취 ∣ **appreciate** ~에 대해 감사하다 ∣ **satisfaction** 만족 ∣ **no longer** 더 이상 ~하지 않다

---

guess it!   secure ⓐ (안정된)   recite ⓑ (~을 암송하다)   fulfillment ⓐ (충족)

수능직결구문
1. It did not take long until I found out just how difficult teaching could be. 해석 밑줄 부분 참조
▶ 〈It did not take long until ~〉은 '~하는 데 오래 걸리지 않았다'로 해석한다.

2. I set up realistic goals and praised my students when they did their best, even if they failed at a task. 해석 밑줄 부분 참조
▶ even if는 '비록 ~일지라도(가정)'라고 해석한다. '비록 ~이지만(사실)'이란 뜻의 even though와 함께 알아두도록 한다.
cf. I'll finish my work by Tuesday even though I'm sick. (비록 나는 아프지만, 화요일까지는 일을 마칠 것이다.)

---

p.86

핵심 POINT REVIEW

B 1 예시
2 나열

A For example[For instance]
B Second(ly)
C 주제문:1 → 주요 세부사항: 2 → 보조 세부사항: 3, 4, 5
　　　　　　　→ 주요 세부사항: 6 → 보조 세부사항: 7, 8

해설 **A** 모두 바로 앞선 문장에 대한 구체적인 예시가 이어진다. **B** 1번 문장에 언급된 various alternatives의 첫 번째(환경적으로 지속 가능한 에너지원)에 해당되는 주요 세부사항이 First 뒤에 소개되었고 ⓑ의 뒤 내용은 그 두 번째(화석연료에 도전하는 새 방법들)가 소개되고 있으므로 Second(ly)로 이어지는 것이 적절하다.

해석 세계 도처에서, 석탄을 태우는 것은 여전히 전기를 발생시키는 가장 대중적인 방법이다. 그러나 여러 대안이 개발됨에 따라 석탄은 점점 덜 사용되고 있다. 첫 번째로, 그 방법들 중 일부는 (환경파괴 없이) 지속가능한 에너지원을 사용하는 데 집중된다. (예를 들어) 지열을 이용한 전력은 세계 20개국이 넘는 곳에서 발생된다. 빠르게 성장하고 있는 또 다른 재생 가능한 에너지원은 풍력이다. 풍력은 값이 비싸지 않고 깨끗하며 결코 고갈되지 않을 것이다. (두 번째로,) 새롭게 개발되고 있는 방법들은 화석연료에 도전하고 있다. (예를 들어) 자동차들은 이제 석유와 배터리 전력을 혼합해서 사용하는 하이브리드 엔진으로 달리고 있다. 많은 배와 선박들은 전등과 라디오를 작동시키는 데 점점 더 태양 기술에 의존하고 있으며, 세계의 몇몇 지역에서는 전기를 발생시키는 주된 원천으로 태양 에너지가 사용될 수 있다.

등급 Up! 어휘 · 어법테스트
p.87

A 1 effect

해설 '(변화 등을) 초래하다'의 뜻으로 뒤에 영향의 결과가 오는 effect가 옳다. affect는 사람이나 사물에 영향을 미치는 것을 의미하며 뒤에 영향을 받는 대상이 온다.

해석 많은 부모는 자녀의 행동 변화를 초래할 능력에 자신이 없다.

2 principal

해설 문맥상 '주된, 주요한' 이유가 적절해서 principal이 옳다. principle은 '원리'란 뜻.

해석 그가 여행하는 주된 이유는 그의 가족을 방문하는 것이었다.

B 1 ○

해설 help는 〈help A (to-)v〉의 형태로 쓰여 'A가 v하는 것을 돕다'란 뜻이다. 목적보어로 동사원형이나 to-v가 와야 하므로 carry가 옳다.

해석 방금 만난 남자는 내가 새로운 도서관으로 책을 운반하는 것을 도와주었다.

2 × for → with

해설 provide는 〈provide A with B〉의 형태로 쓰여 'A에게 B를 제공하다'란 뜻이다. 그러므로 for가 with로 바뀌어야 한다.

해석 이 기획은 젊은 사람들에게 일을 제공하도록 계획되었다.

3 × similarly → similar

해설 feelings 이하의 명사를 꾸며주는 것은 형용사이므로 similar로 바꾸어야 한다. similarly는 '비슷하게'란 뜻의 부사.

해석 우리가 비슷한 감정, 태도 등등을 가진 사람들을 만났을 때, 우리는 그들에게 끌린다.

C ③

해설 (A) 문맥상 '뚜렷한 차이점'이 되어야 하므로 distinct가 옳다. extinct는 '멸종된, 사라진'의 뜻.

(B) 문맥상 '3~4일 지속하는 고열'이 되어야 하므로 lasts가 옳다. rest는 동사일 때 '쉬다'란 뜻.

(C) 문맥상 '기껏해야 몇몇의'란 뜻이 되어야 하므로 at most가 옳다. at least는 '적어도'란 뜻.

해석 유행성 감기 철에 아프기가 어렵지 않다고 할지라도, 당신이 감기인지 유행성 감기에 걸렸는지 구별하기가 항상 쉽지는 않다. 두 병은 비슷해 보일지도 모른다. 그러나 감기와 유행성 감기의 증상 사이에는 몇몇의 뚜렷한 차이점이 있다. 우선 첫째로, 감기는 보통 열을 수반하지 않지만, 유행성 감기는 3~4일 지속하는 고열을 일으킨다. 둘째로, 감기가 때때로 당신에게 가벼운 두통을 유발할 수 있을지라도, 강한 두통은 유행성 감기와 훨씬 더 함께 할 것 같다. 셋째로, 감기에 걸린 사람은 기껏해야 몇몇의 가벼운 아픔과 고통을 경험할 것이다. 그러나 아픔과 고통은 유행성 감기의 피하기 어려운 결과이고 종종 아주 심해질 수 있다. 마지막으로 감기는 보통 피로를 유발하지 않지만, 유행성 감기에 걸린 사람은 매우 피곤함을 느껴서 거의 움직일 수 없을지도 모른다.

UNIT 05 장문 독해 빠르게 해치우기

p.90

해석 지식이 힘이라고 주장하는 사람들이 많다. 그럼에도 불구하고 우리들은 때로 어떤 것에 대해 전혀 알지 않기를 바란다. 우리는 왜 이렇게 느끼는 것인가? 행복해지려면 지식이 정말 필요한 것인가? 내 경우에는, 더 많이 아는 것이 걱정이 많고 비참한 삶으로 이끄는 일이 더 자주 있는 것 같다. 우리가 무언가를 하는 데에 더 나은 방법이 있다는 것을 전혀 알지 못한다면, 그 방법들이 필요하다고 느끼지 않을 것이다. 지식은 더 많은 것에 대한 욕구를 불러올 뿐이다. 그러므로 행복을 위해서는 아무것도 모르는 것이 이로울지 모른다. 더구나, 사물이 어떻게 돌아가는지를 알기보다, 즐기는 것, 즉 단지 있는 그대로 받아들이는 것이 더 나은 경우가 종종 있다. 왜 우리는 물이 필요한가? 왜 우리는 음식이 필요한가? 물과 음식 없으면 우리가 존재하지 못한다는 것만 아는 것이 더 편하지 않은가?

지식이 좋지 않다거나 힘이 없다고 말하는 것은 아니지만, 지식은 그저 내가 지식을 가지고 진정 더 잘 살 수 있는지 없는지만을 생각하게 만든다. 내가 더 어렸을 적에는 대부분 시간을 더 행복하다고 생각했으며, 삶의 복잡함을 이해하지 못했기 때문에 '살아있음'을 느끼기가 더 쉬웠다. 결국, 우리가 지식을 더 많이 얻을수록 그에 따른 혼란을 더 많이 얻게 된다. 세상은 빛보다 어둠 속에 있을 때 더 단순한 것이다.

A ①　　B ②　　C ②　　D ②

해답 1 ③　2 ④　3 ④　4 ③　5 ④　6 ③

1-2

핵심 SKiLLNOTE ❶ 도시의 집값이 상승하면서 교외로 이주하여 장거리 통근을 하는 사람이 늘면서 많은 가정에 문제를 일으키고 있다. ❷ 장거리 통근으로 인해 가족이나 이웃과 함께 보낼 수 있는 시간이 감소하고 있다. ❸ 장거리 통근으로 인한 건강상의 문제는 가정생활을 더욱 어렵게 한다. ❹ 장거리 통근으로 인한 가정 문제 ❺ 첫 번째 단락 ❻ 열거

해답 1 ③　2 ④　　　　　　　　　　　　　　　　　　　　　　　　　　　　p.92

해설 1 핵심 SKiLLNOTE 해답 참조 **2** (A)의 앞뒤는 원인-결과에 해당하므로 '결과'를 나타내는 연결어 Therefore가 적절하다. (B)의 앞은 장거리 통근이 건강에 위험할 수 있는 사실 중 하나(교통사고의 원인이 될 가능성)가 설명되고 있고, 뒤는 건강에 위험할 수 있는 또 다른 사실(비만 위험성 증가)을 서술하는 것이므로 '첨가'를 나타내는 연결사가 적절하다.

해석 지난 20년간 주택 가격이 급격히 올랐기 때문에, 대부분 사람들은 더 이상 주요 도시의 중심부에 가까운 곳에서 살아갈 여유가 없다. (A) 따라서, 이러한 사람들이 땅값이 더 싸고 적당한 가격의 집이 있는 도시 외곽 지역으로 퍼져 나가고 있다. 그러나 교외로 이사하는 것은 적어도 하나의 주요한 약점이 있다. 바로 긴 통근시간이다. 부모들이 매일 직장에 도착하고 집으로 돌아오는 데 몇 시간씩 걸린다면, 이는 가정에 많은 **strain**을 유발할 수 있다.

최근 연구에 따르면 통근 시간이 10분 길어질 때마다 가족과 함께 지내고 지역사회 활동에 참여하는 시간은 10% 줄어든다고 한다. 매일 긴 통근시간을 보내는 부모들은 아이들의 방과 후 활동에 거의 참여하지 못하고 이런 가정은 함께 저녁을 먹거나 가족의 **bonding**에 중요한 다른 활동에 시간을 보낼 수 없다.

가정생활을 더 힘들게 하는 또 한 가지는 매일 하는 장거리 통근이 사람들의 건강에 위험할 수 있다는 사실이다. 길 위에서 운전하는 동안 운전자들이 종종 음식을 먹거나, 전화를 거는 것과 같은 다른 일에 집중하기 때문이다. 당연히 이것은 사람들이 도로에 신경을 덜 쓰게 만들고, 그 결과 많은 교통사고의 원인이 된다. (B) 게다가, 통근 시간이 30분 늘어날 때마다 비만이 될 위험이 3퍼센트까지 증가한다고 한다. 마지막으로, 매일 하는 장거리 통근은 이미 직장에서 힘든 하루를 보낸 사람들에게 스트레스를 더 가중시킨다. 이런 모든 주요한 건강상의 문제가 가족에게는 경제적으로뿐만 아니라 심적으로도 엄청난 짐이 될 수 있다.

1. ① 내 집 마련의 어려움　② 일과 가정생활의 균형을 이루는 방법　③ 길어진 통근 시간으로 인한 가정 문제
④ 도심 지역의 교통 문제　⑤ 과도한 운전으로 인한 건강상의 위기

no longer 더 이상 ~않다 | **affordable** 적당한 (가격), 알맞은 | **suburb** 교외; 부근, 주변 | **drawback** 약점 | **commute** 통근(거리); 통근하다 | **involvement** 참여 | **take part in** ~에 참여하다 | **attend to A** A에 전념하다, 정성을 들이다 | **in turn** 그 결과로; 차례로 | **obese** 비만인, 지나치게 살찐 | **put in** (시간을) 보내다 | **burden** 짐; 부담 | **financially** 경제적으로; 재정적으로

ᵍᵘᵉˢˢ ⁱᵗ!　**strain** ⓑ (부담)　**bonding** ⓐ (긴밀한 유대)

수능직결구문　What also makes family life more difficult is that long daily commutes can be dangerous for people's health.
　　　　　　　　　　　　　　　주어　　　　　　　　　　동사

▶ 문장구조가 복잡할 때는 그 문장의 주어와 동사가 무엇인지 찾으면 해석이 훨씬 간단해진다. 여기서 What은 선행사를 포함하고 있는 주격 관계대명사로서 〈What+동사(makes)+목적어(family life)+목적보어(more difficult)〉 형태의 명사절이 주어의 역할을 하고 있다.

3-4

핵심 SKiLLNOTE ❶ 대한민국에서 인터넷이 널리 사용되면서 사이버폭력 문제가 등장했다. ❷ 정부는 사이버폭력을 막기 위해 인터넷 실명제를 도입했다. ❸ 사람들이 온라인상의 예절에 대해 교육받지 않는다면 사이버폭력의 피해는 계속될 것이다. ❹ 사이버폭력의 문제점과 해결책 ❺ 마지막 단락 ❻ 문제 제기 – 해결방안

해답 3 ④ **4** ③ p.94

해설 3 핵심 SKiLLNOTE 해답 참조 **4** (c)를 제외한 모두는 인터넷에서 발생할 수 있는 사이버폭력에 해당하며, (c)는 해당되지 않는다.

해석 대한민국은 세계 어느 나라보다 국민 1인당 광대역 인터넷 접속이 많으며 이러한 접속 용이성과 함께 '사이버폭력'이라는 문제가 등장했다. 21세의 학생인 최현아 씨는 이제 사진 찍히는 것을 두려워한다. 가장 최근에 사진을 찍었을 때, 그 사진은 얼굴이 이상하게 색칠되고 이목구비가 **distorted**한 채 인터넷에 올려졌기 때문에 그녀는 걱정하고 있다. 그녀는 굴욕감을 느꼈으며 사생활이 침해당했다고 생각했다. 최 양은 "나에게 이런 일이 생길 것이라고는 전혀 생각하지 못했다"라며 자신의 불면증과 계속되는 걱정에 대해 얘기했다. 현재 사이버폭력은 단순한 모욕의 형태로 나타나거나 사이버 스토킹과 성희롱과 같이 더 심각한 형태로 일어나고 있다. 이러한 종류의 민원이 지난해 2배로 늘었으며, 명예훼손 신고건수는 3배로 늘었다.

이러한 문제를 해결하기 위해 정부는 모든 웹사이트에서 사이트 이용을 허용하기 전에 사용자의 실명을 **authenticate**하도록 하는 법안을 통과시켰다. 모든 대한민국 시민은 주민등록번호를 입력해야하고, 이것이 정부 컴퓨터로 확인된다. 하지만, 많은 비평가들과 전문가들은 정부의 규제가 사이버폭력의 해결책은 아니라고 말한다.

사람들은 일반적으로 사회에서 어떻게 행동해야 하는지를 배우는 것과 같이 사이버 공간에서 어떻게 행동해야 하는지에 대해 배울 필요가 있다. 그렇지 않으면, 이러한 문제들이 계속해서 온라인에서 일어나는 일의 한 요소가 될 것이다. 사람들이 인터넷에 **malicious**한 글을 올리는 것이 **in person**하게 나쁜 말을 하는 것만큼 용인될 수 없는 일이라고 생각하게 된다면, 이런 사건의 발생률은 줄어들 것이다. 현재 사람들은 이러한 행동이 '실제 세상'에서 일어나는 일이 아니기 때문에 이러한 행위를 장난으로 여긴다. 하지만, 그들은 사이버폭력의 피해자들이 분노와 무력감과 함께 불면증과 같은 실제 증상들로 고통받고 있음을 알아야 할 것이다.

3. ① 증가하는 온라인 게임의 문제점 ② 인터넷에서 사용할 사진 촬영하기 ③ 인터넷상의 스토킹 발생 ④ 사이버폭력의 문제점과 해결책 ⑤ 웹사이트 사용자 등록하기

broadband 광대역(의) | **connection** 접속, 연결; 관계 | **per capita** 1인당 | **connectivity** 접속 용이성 | **end up** 결국[마침내는] (~으로) 되다 | **feature (복수형)** 이목구비, 얼굴; 특징 | **humiliate** ~에게 굴욕감을 느끼게 하다, 창피를 주다 | **violate** ~을 침해하다; ~을 위반하다 | **constant** 끊임없이 계속하는, 불변의; 일정한 | **insult** 모욕(적 언동) | **sexual harassment** 성희롱, 성적으로 괴롭히기 | **nature** 종류; 성질, 본성 | **triple** 3배가 되다 | **combat** ~을 제거하기 위해 노력하다; ~와 싸우다 | **identification** 신원 증명; 신분증 | **verify** ~을 조회하다; ~을 확인하다 | **regulation** 규제, 단속; 규정 | **in general** 일반적으로 | **remark** 글, 비평; 말 | **unacceptable** 용인할 수 없는, 받아들이기 어려운 | **incidence** (사건의) 발생률, 빈도 | **symptom** 증상 | **helplessness** 무력함

---

guess it!　**distorted** ⓑ (왜곡된)　**authenticate** ⓑ (~을 법적으로 인증하다)
malicious ⓐ (악의 있는)　**in person** ⓐ (본인이 직접)

수능직결구문　1. With that connectivity comes the problem of "cyberviolence."
<u>　　　　　　</u>　<u>　　　　　　　　　　　　　</u>
동사　　　　주어

▶ 이 문장은 〈부사(구)+동사+주어〉의 순서로 배열된 전형적인 도치구문이다. 도치구문은 주어보다 부사(구)나 목적어를 강조하고 싶을 때 사용한다.

2. Choi Hyun-ah, a 21-year-old student, is now afraid to have her picture **taken**.

▶ 사역동사로 쓰인 have를 사용할 때는 목적어와 목적보어가 능동의 관계인지 수동의 관계인지 알아야 한다. 문맥상 누군가에게 사진을 찍힌 것을 의미하므로 목적어 her picture의 보어인 take는 수동을 나타내는 과거분사 taken으로 바꿔 써야 한다.

35

핵심 SKiLLNOTE ❶ 강아지 때부터 키우던 개가 늙어서 죽음이 가까워 왔다. ❷ 가족들은 개가 죽자 많이 슬펐지만 오히려 파티를 열고 추억을 공유했다. ❸ 힘든 시간이었지만 긍정적인 대처로 잘 이겨낼 수 있었다. ❹ 애완견의 죽음과 그 슬픔을 성공적으로 극복해낸 경험 ❺ 마지막 단락 ❻ 시간순

해답 5 ④   6 ③   p.96

해설 **5** 핵심 SKiLLNOTE 해답 참조 **6** (A)는 무엇을 가져온다는 문맥인데, 빈칸 바로 뒤에 제시된 이유로 인해 '비극'도 함께 가져오는 것이라고 할 수 있다. (B)는 '애도하는' 대신 들어갈 수 있는 말이어야 하고, 이어서 축하 파티를 했다고 했으므로 '축복해야'가 알맞다. (C)의 앞의 내용은 샘을 잃은 힘든 시기를 잘 극복했다는 내용이고, 바로 뒤의 but이 이끄는 내용도 우리가 '그것(it)'에 휩쓸리게 하지 않았다는 것이므로, '슬픔'을 나누었다는 내용이 적절하다.

해석 태어난 지 6주 된 귀여운 골드 리트리버, 샘을 처음 얻었을 때, 한 친구는 귀여운 작은 강아지를 집에 데려올 때는 피할 수 없는 (A) 비극도 함께 가져오는 것인데, 개가 사람보다 오래 사는 일이 드물기 때문이라고 했다. 나는 친구의 말을 심각하게 받아들이지 않았지만 13년이 지난 후, 친구의 말이 무슨 뜻인지 알게 되었다. 샘은 점차 매우 **frail**하고 약해져만 갔고 나는 이제 샘을 보내야 할 때가 되었음을 느낄 수 있었다. 가족 중의 누군가가 죽는다는 것은 가슴이 찢어질 일이었지만 나는 아이들을 위해 강해져야 했다. 그날 밤 나와 남편은 아이들에게 이제 샘이 천국으로 갈 때가 되었다고 설명해주었다. 다음날 우리는 샘이 **mercifully**하게 삶을 끝낼 수 있도록 병원으로 데려갔다. 우리 가족의 소중하고 사랑스러운 구성원 하나가 죽게 될 것을 알았기에 나는 **devastated**했다. 하지만, 내가 할 수 있는 일은 아무것도 없었다. 집에 돌아왔을 때 집은 너무도 텅 비고 슬프게 느껴졌다. 그때 나는 우리가 샘과 함께 보냈던 행복한 시간을 모두 기억하기 시작했고, 샘이 없는 것을 **mourn**하는 대신 샘의 삶을 (B) 축복해야 한다는 것을 깨달았다. 그날 저녁 나는 축하 파티에 쓸 케이크를 구웠고, 우리가 가진 샘에 대한 좋은 기억을 나누며 그 밤을 보냈다.
샘이 죽은 지 몇 달이 지났지만 우리는 여전히 샘을 무척이나 그리워한다. 하지만, 우리는 감정적으로 힘들었던 상황에 긍정적으로 대응했기 때문에 힘든 시기를 잘 극복했다. 우리는 (C) 슬픔을 함께 나눴지만, 그 슬픔에 우리가 휩쓸리게 하지는 않았다. 집에 강아지를 데려온 것은 힘든 상황을 불러오는 일이기도 했지만, 여러 해 동안의 좋은 기억과 사랑을 가져오는 일이기도 했다.

5. ① 집을 가정으로 만드는 요소   ② 모든 가족이 겪는 변화   ③ 애완동물을 살 때 고려해야 할 것
④ 애완동물의 죽음을 받아들이는 것을 배우기   ⑤ 행복한 일을 위한 가족 행사

adorable 귀여운, 사랑스러운 | **point out** ~을 지적하다 | **inevitable** 피할 수 없는, 필연적인 | **outlive** ~보다 더 오래 살다 | **put down** (동물을) 고통 없이 죽이다; ~을 내려놓다 | **heartbreaking** 가슴이 찢어지는, 마음이 아픈 | **for the sake of** ~을 위하여 | **overcome** ~을 극복하다, 이기다 | **response** 대응, 반응 | **overwhelm** ~을 압도하다

---

guess it!   **frail** ⓐ (연약한)   **mercifully** ⓐ (고통 없이, 안락하게)
devastated ⓑ (망연자실한)   **mourn** ⓐ (~을 애도하다)

수능직결구문   1. It has been several months ⓑ **since** Sam died, and we still miss him a great deal.

▶ 접속사 since는 두 가지 뜻을 지니고 있으므로 문맥을 살펴 적절한 뜻으로 해석할 줄 아는 요령이 필요하다. 위 문장처럼 주절에 계속적 용법의 현재완료가 사용될 경우 since는 대개 '~ 이래로'라는 뜻으로 쓰인다. '~ 때문에'라는 뜻으로 쓰인 since의 예도 함께 알아두도록 하자.
cf. Since the typhoon was very violent, many houses were damaged. (태풍이 매우 거셌기 때문에 많은 집들이 부서졌다.)

2. But we didn't let it ⓒ **overwhelm** us.

▶ 사역동사로 쓰인 let, have, make는 목적어와 목적보어의 관계가 능동일 경우 목적보어로 동사원형을 취한다.

A 1 주제 **2** 근거, 도입부 **3** 주제, 주장

B 1 앞부분 **2** 주제

②

해설 서예(작품)에 대한 여러 소개, 즉 특성과 목적, 즐거움, 작품의 감상 포인트 등으로 구성되어 있으므로 정답은 ②. 정답이 ①이 되려면 서예가 어떻게 변하여 왔는지 그 과정에 대한 서술이 주가 되어야 한다.

해석 서예는 하나의 독특한 예술이다. 왜냐하면, 전통적인 화가들이 그러하듯이 자연의 한 풍경 또는 사람의 초상화를 그리는 대신에, 서예가의 목적과 즐거움은 글자들이라고 불리는 아시아의 글쓰기 체제의 아름다운 단어나 글자를 창조하는 데 있다. 이는 가장 단순한 도구인 붓, 잉크, 그리고 종이를 사용하여 이루어진다. ...(중략)... 서예의 매우 오래된 작품들에서 개개 글자의 의미는 흔히 알려져 있지 않지만, 상관없다. 요는 그 그림을 '읽는' 데에 있지 않고 그것의 우아함, 단순함, 그리고 아름다움을 감상하려는 데에 있기 때문이다. 바로 그 최고의 서예가들은 그들이 그리는 글자의 형태와 흐름에 있어서 자신들의 성격 또는 '혼'이라는 깊은 면면을 드러낸다고들 한다.

등급 Up! 어휘·어법테스트
p.99

A 1 encounter
해설 문맥상 다양한 장르를 '만날지도' 모른다가 자연스러워서 encounter가 옳다. encourage는 '~을 격려하다'란 뜻.
해석 인사동의 오래된 음반 가게에 들어가자마자, 당신은 쉽게 들을 수 있는 음악에서부터 재즈와 고전 음악까지 폭넓고 다양한 장르를 만날지도 모른다.

2 shortage
해설 경험을 가진 사람들에 대한 막대한 수요가 있다는 내용으로 미루어보아 문맥상 전문가의 '부족(shortage)'이 적절하다. strength는 '힘, 강점'의 뜻.
해석 노동인력에서 훈련받은 전문가의 부족 때문에 경험을 가진 사람들에 대한 막대한 수요가 있다.

3 supply
해설 여기서 they는 종속절의 supervisors를 지칭해 '감독관들이 ~ 주어야만 한다'가 문맥상 적절하므로 '공급하다, 주다'라는 뜻의 supply가 옳다. demand는 '~을 요구하다'란 뜻.
해석 만약 감독관들이 고용인에게 주말에 시간 외로 근무하기를 요구한다면, 그들은 식사와 마실 것을 주어야만 한다.

B 1 ① like → alike
해설 My suits를 보충설명해주는 형용사 보어의 자리이므로 서술적 용법으로 쓰이는 alike가 옳다. like는 〈look like A〉 형태에서 전치사로 쓰여 'A처럼 보인다, A인 것 같다'란 뜻을 나타낸다.
해석 나는 내가 옷을 너무 수수하게 입어왔다는 생각이 들었다. 내 양복은 모두 비슷해 보인다. 나는 새롭고 산뜻하면서도 조금 더 유행하는 것을 원한다.

2 ② raised → rose
해설 문맥상 '주문이 ~ 상승했다'가 되어야 하므로 '상승하다, 오르다'란 뜻의 자동사 rise의 과거형 rose로 바꾸어야 한다. raised는 '~을 올리다'의 뜻인 타동사 raise의 과거형이다.
해석 자동차나 기계와 같은 값비싼 상품에 관한 공장에의 주문이 지난달 3.4 퍼센트 강세로 상승했다.

C ③
해설 (A) happen은 자동사이기 때문에 수동태로 쓸 수 없어서 능동태인 happened가 옳다.
(B) 문맥상 앞의 special variations in their genes를 보충설명하는 계속적 용법의 관계대명사 자리로 which가 알맞다. 관계사 what은 선행사를 포함하고 계속적 용법으로 쓸 수 없음에 주의한다.

(C) 살충제에 대한 모기의 저항력이 완전해져서, 천적이 거의 없어졌고, 이로 인해 모기의 개체 수가 증가했다는 문맥. 문장에서 the mosquitoes를 받는 소유격 자리로 복수형인 their가 옳다.

해석 살충제는 모기와 같은 해충을 죽이기 위해 광범위하게 사용된다. 최근 연구에서, 새로운 살충제가 모기 개체 수를 크게 줄였지만, 모든 모기를 죽이지는 못했다. 많은 수가 살충제 공격에서 살아남았다. 모기들은 유전자 안에 독특한 변이를 가지고 있었는데, 이것은 모기들이 살충제에 저항력을 가지게 했기 때문에 이 현상이 일어났다. 이 살아남은 모기들은 그 후에 살충제에 대한 같은 선천적인 저항력을 가진 새끼들을 낳았다. 그 사이에 살충제는 보통 모기를 먹는 잠자리 다수를 죽였다. 궁극적으로, 살충제에 대한 모기의 저항력은 완전해져서, 천적은 거의 없어졌고, 이로 인해 모기의 개체 수가 증가했다.

UNIT 06 예상하며 읽기

해답 ⑤   p.102

해석 길을 걸어갈 때 나무들이 있는지조차 모를 수도 있지만, 새로운 연구에 따르면 나무들은 그늘을 제공하는 이상의 더 많은 일을 한다. 환경학자들은 시카고의 두 공공주택 연구조사를 선정하였다. 그 두 가지 연구조사에는 주변에 나무가 많은 건물들과 실질적으로 전혀 없는 건물들이 있었다. 그 연구에 따르면, 초목이 많은 구역에 비해 초목이 적은 건물 구역에서 폭력과 재산 범죄가 두 배 가까이 높았다. 왜일까? 한 가지 설명은, 초목이 이웃들을 위한 자연적인 모임 장소를 만들어 결국에는 지역사회의 <u>유대를(을)</u> 더 강하게 한다는 것이다. 이는 또한 아이들을 더 잘 감독하고 건물들을 더 잘 지켜 볼 수 있는 분위기를 만들 수 있을 것이다.
① 공포 ② 음모 ③ 불화 ④ 편견

A 그늘을 제공하는 것 이상의 일
B 나무가 하는 일 또는 나무의 역할
C 유대

해답 1 ⑤   2 ④   3 ②   4 ③   5 ③   6 ②

1

핵심 SKiLLNOTE ❷ a possible correlation between the power of positive thinking and an improvement in physical coordination

해답 ⑤   p.104

해설 첫 문장을 통해 연구의 목적이 긍정적인 사고력과 신체와의 협응력 향상 사이의 상관관계를 탐구하는 것임을 알 수 있다. 이에 따른 연구내용과 결과가 설명되고 있으므로 제목으로 ⑤가 적절하다.

해석 긍정적인 사고력과 신체적인 **coordination**의 향상 사이의 있음직한 상관관계를 탐구하기 위해, 한 집단의 연구원들이 개인의 농구 자유투를 던지는 능력을 향상시키는 3가지 다른 방법을 사용해서 연구를 실행했다. 첫 번째 집단은 공 던지는 연습은 전혀 하지 않고 대신 공이 골인하는 것을 상상하며 시간을 보냈다. 두 번째 집단은 공 던지기 연습은 했으나 시각화 기법을 사용하는 시간은 전혀 갖지 않았다. 세 번째 집단은 공 던지기 연습과 함께 그들이 던진 공이 성공적으로 골인하는 것을 마음속에 그리는 연습도 했다. 세 집단 모두 실력이 좋아졌으나, 첫 번째와 세 번째 집단이 두 번째 집단보다 훨씬 더 향상되었다.
① 어려운 상황에서 긍정적으로 사고하기   ② 운동선수들의 신체적인 한계   ③ 자유투 실력을 향상시키기는 방법
④ 스포츠에서 눈에 보이는 경기력 향상시키기   ⑤ 마음과 몸의 관계

explore (문제 등을) 탐구[조사]하다; 탐험하다 | **correlation** 상관관계, 상호 관련 | **positive** 긍정적인 (↔ negative 부정적인) | **improvement** 향상, 진보 | **at all** 전혀, 조금도 ~ 하지 않다 | **spend+시간+~ing** ~하면서 시간을 보내다 | **visualization** 시각화; 심상 | **visualize** ~을 마음속에 그리다[상상하다]; ~을 시각화하다

---

guess it! **coordination** ⓐ ((근육의) 공동작용, 협응력)

---

2 핵심 SKiLLNOTE ❷ The idiom "fall from grace" is used to describe a person's loss of status, respect, or prestige.

해답 ④ p.105

해설 첫 두 문장을 통해 관용어 'fall from grace'의 쓰임에 대한 내용이 이어질 것임을 알 수 있다. 주어진 문장에서 관용어 'fall from grace'가 사용되는 또 다른 사례를 언급하고 있으므로, 이 관용어가 사용되는 첫 번째 사례인 대중들의 존경과 사랑을 잃는 경우를 설명하는 내용이 끝나고, 주어진 문장에서 가리키는 명성(reputation)이나 지위(rank)를 잃는 사람을 묘사하는 두 번째 경우가 설명되기 직전인 ④에 위치하는 것이 흐름상 가장 자연스럽다.

해석 'fall from grace (하나님의 은총을 잃다, 사람들의 신임을 잃다)'라는 관용어는 어떤 사람의 지위나 존경, 명망의 상실을 묘사하는 데 사용된다. 일반적으로 이 관용어는 그 '타락한' 사람이 너무 나쁜 어떤 짓을 저질러서 권위에 있는 사람들이 그 사람을 좋아하거나 존경하는 것을 멈출 때 사용된다. 이 경우에 있어서, '권위'가 항상 사회의 고위층 구성원을 의미하는 것은 아니고, 일반 대중을 의미할 수도 있다. '권위'가 대중을 가리킬 수 있는 한 가지 그러한 사례는 관용어 'fall from grace'가 유명인을 묘사할 때이다. 'fall from grace'가 사용될 수 있는 또 하나의 방식은 그들의 명성이나 지위를 잃어버린 사람을 가리키는 것이다. 이 관용어를 정치인이나 군대 인사, 경찰을 묘사하는 데 사용할 때, 'fall from grace'의 개념은 그들이 처벌되거나, **demote**되거나, 직업을 잃어버리게 되었다는 것을 의미할 수 있다. 이 관용어의 현대적 어법과 관계없이, 그것의 기원은 종교적으로, 아마도 천국에서 쫓겨난 천사들과 관련이 있다.

refer to A A를 가리키다, A와 관련이 있다 | **idiom** 관용어, 숙어 | **prestige** 명망 | **authority** 권위 | **instance** 경우, 사례 | **celebrity** 유명 인사 | **personnel** (조직·군대의) 인원; 인사 | **regardless of** ~에 상관[관계]없이 | **usage** (단어의) 용법; 사용 | **supposedly** 아마(도) | **cast out** ~을 쫓아내다

---

guess it! **demote** ⓐ (~을 강등시키다)

---

3 핵심 SKiLLNOTE ❷ Waste created by unwanted electronic equipment

해답 ② p.106

해설 우선 요약문 문장을 보면, '어떠한' 전자 장치가 증가할수록 환경에 대한 '무엇'이 증가하고 있는지를 본문에서 찾아야 함을 알 수 있다. 본문 첫 문장에서 쓸모없는 전자 장비 폐기물이 축적되고 있다고 하였으므로 이로 인한 문제점이 본문에 다뤄질 것임을 짐작할 수 있다. 이어지는 내용에서, 버려지는 컴퓨터가 매립지에 묻히면 유독성 물질로 인해 수질과 토양이 오염될 수 있다고 하였으므로 '버려지는' 전자 장치가 증가할수록 환경에 대한 '위협'이 증가할 것이다.

해석 쓸모없는 전자 장비 때문에 발생하는 폐기물이 놀라운 속도로 **accumulate**하고 있다. 6천만 대 이상의 컴퓨터가 미국의 쓰레기 매립지로 옮겨져 온 것으로 추정되고 있고, 연구원들은 머지않아 2억 5천만 대의 컴퓨터가 구형이 되어 교체될 것으로 예상한다. 이러한 전자 장비들이 매립지에 묻히면 제품 내부의 유독성 물질이 땅속으로 스며들어 가 수질과 토양을 **contaminate**할 수 있다. 폐기물 처리 전문가들이 오염을 최소화하기 위해 여과기와 체를 사용하고 있지만, 쓰레기 소각로

에서 태워지는 전자 장비들은 여전히 공기 중으로 유독가스를 방출한다. 과학자들은 이러한 오염물질 중 어느 것이든 접촉하게 되면 심각한 건강 문제를 일으킬 수 있다고 말한다.

> (A) 버려지는 전자 장치의 수가 증가할수록, 환경에 대한 (B) 위협도 증가하고 있다.

unwanted 쓸모없는; 원치 않는 | **at an alarming pace** 놀라운 속도로 | **estimate** ~을 추정하다; ~을 평가하다 | **landfill** (쓰레기) 매립지 | **in the near future** 머지않아, 가까운 미래에 | **outdated** 구식의, 시대에 뒤진 | **toxic** 유독성의 | **soak** 스며들다; 젖다 | **disposal** 처리, 처분 | **filter** 여과기, 필터 | **screen** (흙, 모래 등을 거르는) 체; ~을 차단하다 | **minimize** ~을 최소화하다; ~을 얕보다 | **release** ~을 방출하다; (뉴스 등을) 공개하다 | **fume** (유해·불쾌한) 연기

---

 accumulate ⓑ (쌓이다)   **contaminate** ⓐ (~을 오염시키다)

수능직결구문 **Although** disposal experts use filters and screens to minimize pollution, electronic equipment that is burned still releases some toxic fumes into the air.

▶ although와 despite는 둘 다 '~에도 불구하고'란 뜻이지만 although는 접속사로서 〈주어+동사〉 형태의 절을 이끄는 반면, despite는 전치사이므로 명사(구)와 함께 사용된다. 이와 마찬가지로 접속사 because는 절과 함께, 구전치사 because of는 명사(구)와 함께 쓰인다.

4

핵심 SKiLLNOTE ❷ another way to transmit knowledge

해답 ③

p.107

해설 첫 문장으로 보아, 문자가 발명되기 전 사회가 '어떤 방법으로 지식을 전수했는지'에 대한 내용이 다뤄질 것임을 알 수 있다. 그중 한 가지로 음악이 언급되었는데, ③번 문장은 공동체 유대감을 높이려는 목적으로 음악이 연주되었다는 것이므로 사회의 지식 전수 방법에 관한 내용의 흐름과 맞지 않다.

해석 문자 언어의 발명 이전에, 사회는 지식을 전수할 또 다른 방법이 필요했다. 보통 그것은 부족에게 중요한 정보를 물려주는 문제였다. 연장자들은 젊은 구성원들에게 역사나, 항해 자료나, 식용될 수 있는 지방 식물에 대해 말해줄 필요가 있었다. 음악은 부족의 연장자들이 이런 정보를 암기하기 위한 한 가지 중요한 방법에 해당되었다. (전통적으로 음악은 그것을 함께 연주함으로써 공동체 내의 유대감을 enhance할 목적으로 연주되었다.) 정보는 작은 덩어리로 쪼개져서 노래되어지거나 악구(樂句)에 가사로 붙여졌다. 오늘날조차도 원시 문화는 지식을 이런 식으로 전수하는데, 예를 들어 뉴기니아의 한 교육받은 이아트물족 사람은 문자 기록의 혜택 없이도 1만 개 이상의 씨족 이름을 알고 있다.

transmit ~을 전하다 | **hand down** ~을 물려주다 | **tribe** 부족, 종족 *cf.* tribal 부족의 | **navigational** 항해술의 | **represent** ~에 해당하다; ~을 대표하다 | **break down A into B** A를 B로 나누다[쪼개다] | **chunk** 덩어리 | **chant** 노래를 부르다; 읊조리다 | **set** (가사를 곡에) 붙이다 | **primitive** 원시적인, 원시 사회의 | **clan** 씨족; 집단 | **benefit** 혜택

---

guess it! **enhance** ⓐ (~을 높이다)

40

5-6

해답 5 ③   6 ②

p.108

해설 5 우선 글의 첫째 단락의 내용을 파악해본다. however가 들어간 두 번째 문장은 부모들이 아이들에게 완벽한 환경을 만들어주려는 잘못된 시도로 극단적인 상태에 이르기도 한다고 했으므로, 그 시도는 바로 과잉보호하는 것이고, 그게 왜 잘못된 것인지에 대한 서술이 다음 단락들에서 이어질 것임을 예상할 수 있다. 그러므로 요지로 가장 적절한 것은 ③. **6** (b) '자존심 키우기'는 과잉보호의 예라 할 수 없다.

해석 모든 부모들은 자기의 자녀가 안도감을 느끼고 행복하길 바라며 당연히 성공적인 삶을 살기를 바란다. 그러나 아이들에게 완벽한 환경을 만들어주려는 잘못된 시도로 일부 부모들은 극단적인 상태에 이르기도 한다. 이들은 자녀를 과잉보호하는 부모들로, 세상의 현실로부터 아이들을 **shield**하기 위해 끊임없이 아이들의 삶을 세세한 부분까지 모두 관리한다. 그들이 이렇게 하는 것은 자녀들이 사소한 실패나 어려움을 전혀 겪지 않을 때에만 자존심을 키워줄 수 있다고 잘못 믿고 있기 때문이다.

그러나 아이들에게 근거 없는 칭찬을 하는 것은 아이들이 자신 없는 정체성을 형성하도록 하는 원인이 된다. 이런 아이들은 진정한 성취에도 거의 만족하지 못한다. 또한, 과학적 연구에 따르면 아이들에게 **undeserved**한 칭찬을 해서 아이들의 자아를 부풀리는 것은, 아이들의 자의식을 부족하게 하기 때문에 장기적으로 해가 된다고 한다. 가장 중요한 것은, 이와 같이 과잉보호 성향의 부모 밑에서 자란 아이들이 부모의 보호와 지도 아래 있다 보니 인생의 어려움에 잘 대처하는 방법을 배울 기회를 빼앗긴다는 것이다.

최근 연구에 따르면 아이들이 저지른 실수가 유능한 성인으로 성장할 수 있도록 도와주며, 아이들이 그러한 실수를 하고 그것을 바로잡을 수 있도록 처음부터 내버려 두어야만 한다고 한다. 부모들이 **prematurely**하게 뛰어들어, 아이들을 도와주는 것은 부모가 아이들에게 스스로 알아서 할 능력이 없다는 메시지를 전하는 것과 같고, 시간이 흐르면서 이러한 아이들은 불가피하게 이 메시지를 믿게 된다는 것이다. 지도와 보호는 아이들을 양육하는 데 필수적이지만, 자유와 실수를 할 기회를 주는 것 역시 중요하다는 것을 기억할 필요가 있다.

5. ① 의사결정의 자유는 아이들을 망친다.　　② 칭찬은 아이의 자존심을 형성시켜준다.
③ 과잉보호는 아이에게 해가 될 수 있다.　　④ 아이의 미래를 계획하는 것은 중요하다.
⑤ 실패는 아이들이 자신감을 잃게 한다.

misguided 잘못 알고 있는; 잘못 지도된 | **attempt** 시도 | **extreme** (보통 복수형) 극단적인 상태; 극도의 | **overprotective** 과잉보호하는 | **constantly** 끊임없이, 항상 | **in order to** *do* ~하기 위해서 | **mistakenly** 잘못하여, 실수로 | **self-esteem** 자존(심), 자부(심) | **feed** ~을 공급하다; ~에게 음식을 먹이다; (가족 등을) 부양하다 | **unjustified** 근거가 없는, 정당하지 않은 | **insecure** 자신 없는; 불안정한 | **identity** 주체성; 정체; 동일함 | **accomplishment** 성취; 업적 | **pump up** 부풀리다; 과장하다 | **ego** 자아 | **compliment** 칭찬; ~을 칭찬하다 | **long-term** 장기적인 | **self-awareness** 자의식, 자각 | **rob A of B** A에게서 B를 빼앗다 | **cope with** ~을 잘 대처(처리)하다; ~을 극복하다 | **in the first place** 처음부터, 첫째로 | **rescue** ~을 구출[구조]하다; 구출 | **inevitably** 불가피하게, 필연적으로 | **as well** ~도 또한

ᵍuₑₛₛ it!   **shield** ⓑ (~을 보호하다)   **undeserved** ⓐ (부당한)   **prematurely** ⓑ (조급하게)

수능직결구문   Feeding kids unjustified praise, however, causes them to develop insecure identities; these kids <u>rarely</u> feel satisfied even with their real accomplishments.

　ⓐ **hardly (ever)**, ⓒ **seldom**

　▶ rarely는 '좀처럼 ~하지 않는'이란 뜻의 준부정어로서 비슷한 뜻의 hardly (ever) (거의 ~하지 않다), seldom (좀처럼 ~하지 않는)과 바꿔 쓸 수 있다.

1 소재 **2** 예상 **3** 점검

A ② / **B** ② / **C** ①

A ②

해설 many ways to keep your brain active and your memory strong에 대한 내용이 포괄적으로만 소개되었으므로 이에 대한 구체적인 내용에 해당하는 ②가 이어질 것이다.

해석 많은 사람들은 그들이 나이를 먹어감에 따라 기억력 저하가 불가피하다고 믿는다. 그러나 이는 반드시 당신에게 해당되지는 않을 수 있다. 연구에 의하면 뇌를 활동적으로 그리고 기억력을 강하게 유지할 방법들이 많이 있다.

B ②

해설 쇼핑 중독이 다른 중독성 장애와 닮았다는 점이 포괄적으로 제시되었고 이에 대한 구체적인 내용이 없기 때문에 ②가 이어질 것임을 알 수 있다.

해석 쇼핑은 대부분의 사람들에게 즐겁고 여유로운 활동이고, 대부분의 사람들에게는 얼마를 쓰는지를 통제하는 데 아무런 문제가 없다. 그러나 약 8%의 사람들은 심각한 쇼핑 장애를 가지고 있다. 이러한 쇼핑 중독은 도박이나 과식 그리고 알코올 남용 같은 심각하고 중독성 있는 다른 장애와 무척 닮았다.

C ①

해설

해석 무언가가 '누워서 떡 먹기' 라고 일컬어질 때 그것이 매우 쉽다고 말할 수 있다. 그러면서 당신은 이른바 관용어라는 것을 사용하고 있는 것이다. 모든 관용어들과 마찬가지로 그 표현이 전달하는 의미는 개개 단어의 표준적인 의미와는 다르다. 관용어는 대부분의 언어에서 흔하지만 많은 것들은 길고 재미난 역사를 가지고 있다.

A 1 ① relative → relatively

해설 형용사 high를 수식하는 것은 부사이기에 relatively로 고쳐야 한다. relative는 형용사로 '상대적인' 의 뜻.

해석 주요 과목에서 상대적으로 높은 점수를 받은 학생들만이 대학원에 받아들여질 것이다.

2 ① engineering → engineered

해설 소프트웨어 패키지가 설계되는 것이기 때문에 수동태로 써야 해서 engineer의 과거분사형인 engineered로 고쳐야 한다.

해석 이 소프트웨어 패키지는 양질의 웹사이트를 빨리 개발할 필요가 있는 사람들을 위해 설계되었다.

B 1 comparable

해설 문맥상으로 전치사 to와 함께 쓰여 '~에 필적하는' 의 뜻인 comparable이 옳다. comparative는 '비교의' 란 뜻.

해석 오늘날 세상을 바꾸고 있는 기술 혁명의 중요성은 18세기 후반에 시작한 산업 혁명에만 필적한다.

2 attendance

해설 문맥상 '교실 출석이 저조했다' 는 뜻이므로 attendance가 옳다. attendant는 명사일 때 '참석자' 의 뜻.

해석 장기적인 질병과 뒤이은 동기부여의 부족 때문에, 학생들의 교실 출석이 매우 저조했다.

3 respective

해설 문맥상 '각각의 소유권자의 소유물이다' 가 자연스러워서 respective가 옳다. respectable은 '존경할 만한' 의 뜻.

해석 이 공유된 웹사이트의 사용은 무료이지만, 모든 원천은 각각의 소유권자의 소유물이다.

C ②

해설 occur는 자동사라서 수동태로 쓸 수 없기에 능동형인 have occurred로 고쳐야 한다.

해석 문화를 가로질러 다양한 방법론에 의해 오랫동안 축적된 풍부한 통계는 사람이 더운 온도에서 더 공격적이 된다는 개념을 강하게 지지한다. 언제나 겨울보다 여름에, 더 시원한 해보다 더 더운 해 동안, 그리고 더 추운 도시보다 더 더운 도시에서 더 많은 폭력 범죄가 발생해왔다. 공격이나 폭력의 간접적인 행동 또한 유달리 더운 날씨일 때마다 증가한다. 온도가 불쾌하게 올라갈수록, 과학 실험에서 피실험자는 정상적인 행동을 적의 있는 것으로 더 판단하기 쉬워진다. 마찬가지로, 냉방이 부족한 자동차 안에서 운전자는 자신을 방해하고 너무 천천히 움직이는 자동차의 운전자 쪽으로 '교통 체증으로 인한 짜증'을 더 행동화하는 경향이 있다.

해답 ④ p.114

해석 무언가에서 나는 냄새를 맡고 봄날을 떠올린 적이 있는가? 어떤 향기가 당신을 행복하게 한 적이 있는가? 과학자들은 특정한 냄새가 그렇게 한다는 것을 발견했다. 그들이 알고 있는 것은 레몬은 사람들로 하여금 신선하고 청결한 것들을 떠올리게 한다는 것이다. 가정용 세제와 비누를 만드는 사람들은 종종 레몬 향을 이용한다. 바닐라 향은 사람들이 긴장을 푸는 데 도움을 준다. 바닐라 향은 병원에 있는 환자들에게 매우 도움이 될지도 모른다. 계피 향과 사과 향은 많은 사람들에게 그들의 집을 떠올리게 한다. 어떤 상점은 손님들을 편안하게 해주기 위해 이런 향을 공기 중에 퍼지게 한다. 그렇게 해서 손님들은 더 많이 구입하고 싶어질 것이다.

> (A) 냄새가 사람들의 (B) 느끼는 방식을 바꿀 수 있다는 것이 발견되었다.

A scientists
B the smell of vanilla
C cinnamon and apple
D customers

해답 **1** ⑤ **2** ⑤ **3** ① **4** ③ **5** ② **6** ③

1

핵심 SKiLLNOTE ❶ a wall or a mountainside **❷** reflect a sound

해답 ⑤ p.116

해설 주어진 문장의 내용은 결과를 나타내는 접속사 So가 이끌어 앞에 언급된 내용의 결과로 바다 밑바닥의 위치와 물고기 떼의 위치 파악이 가능하다는 것이다. ⑤ 앞은 물고기 떼도 소리를 반사시킨다는 내용이고, ⑤ 뒤는 장치 개선으로 어떤 물고기 떼인지도 구별이 가능하다는 것이므로 ⑤가 적절하다.

해석 모든 사람이 만일 누군가가 벽이나 산기슭 가까이에서 소리를 지르면 메아리가 되돌아올 거라는 것을 안다. 이 단단한 물체에서 멀어질수록, 메아리의 귀환이 더 오래 걸릴 것이다. 배의 외부를 두드림으로써 생긴 소리는 바다 바닥면에서 반사될 것인데, 두드리는 소리와 메아리의 접수 사이의 시간 간격을 측정함으로써 그 지점에서의 바다의 깊이가 계산될 수 있다. 그렇게 생겨난 것이 현재 어부들에 의해 일반적으로 사용되고 있는 음향측심(수심 측정) apparatus이다. 모든 단단한 물체는 소리를 반사시키는데, 물체의 크기와 성질에 따라 다양하다. 물고기 떼도 이렇게 한다. <u>그러므로 사람들은 자연히 그저 바다 밑바닥을 알아내는 것에서 물고기 떼의 위치를 찾아내는 것으로 자그마한 진전을 이루었다.</u> 경험이 쌓이고, **apparatus**가 개선되면서, 지금은 물고기 떼를 찾아내는 것뿐만이 아니라 그것의 메아리의 패턴에 의해 그것이 연어인지 혹은 다른 잘 알려진 물고기인지 구별하는 것도 가능하다.

school (물고기, 고래 등의) 떼 | **solid** 고체의 | **tap** (가볍게) ~을 톡톡 두드리다; (가볍게) 두드리기 | **exterior** 외부, 외면 | **interval** 간격; (연극 등의) 중간 휴식 시간 | **depth** 깊이 | **calculate** ~을 계산하다; ~을 추정하다 | **salmon** 연어

---

guess it!   **apparatus** ⓑ (장치)

수능직결구문   So people naturally made the small step forward from just locating the sea bottom to **locating** schools of fish.
▶ 여기서 to는 앞의 from과 호응하여 〈from A to B〉의 어구를 이루는 전치사이므로 전치사의 목적어로 쓰일 수 있는 ~ing가 되어야 한다.

2

핵심 SKiLLNOTE ❶ **it**: a common goal   **they**: each individual

해답 ⑤   p.117

해설 본문 중간의 it is essential ~에서 필자가 주장하는 바가 나타나 있다. 즉 개개인의 강약점을 이해하고 그들이 어떻게 다른 팀원들과 상호작용을 하고 영향을 주고받느냐가 중요하다는 것이므로 이는 곧 ⑤의 내용과 연결된다.

해석 위대한 성과는 공동의 목표 하에 함께 그 목표를 달성하는 데 **be committed to**하는 사람들에게서 나온다. 각자의 위치에서 최고의 성과를 올리는 사람이 있다고 해서 팀이 반드시 성공을 거둘 수 있는 것은 아니다. 실제로 개개인의 성과는 훌륭하지만 집단으로 제 기능을 다하지 못하는 팀원들로 구성된 팀은 평균에 불과한 성과를 내기도 한다. 관리자나 코치는 팀원 개개인의 강점과 약점을 파악하는 것이 필수적이며 개개인의 선수들이 다른 팀원들과 어떻게 상호작용을 하고 영향을 주는지를 이해하는 것은 더욱 중요하다. 나머지 팀원의 성과를 높일 수 있는 팀 플레이어를 얻기 위해 슈퍼스타를 넘겨주는 것이 필요할 때도 있다.

performer 실행자; 연기자, 연주자 | **essential** 필수적인 | **strength** 장점 (↔ weakness 단점) | **interact with** ~와 상호작용하다, ~에게 서로 영향을 끼치다 | **affect** ~에게 영향을 미치다 | **pass over** ~을 넘겨주다; ~을 가로지르다; ~을 간과하다 | **enhance** ~을 높이다, 고양시키다 | **performance** 성과, 달성

---

guess it!   **be committed to** ⓐ (~에 헌신하다)

3

핵심 SKiLLNOTE ❶ **They**: Villagers in the remote Solomon Islands   **them**: unusually stubborn or large trees   ❷ 소리를 질러 나무를 죽이는 일

해답 ①   p.118

해설 요약문의 내용을 보면, 화를 내는 큰 소리에 사물은 '어떠' 하지만, 살아 있는 생명체는 그것에 쉽게 '어떻게' 될 수 있는지를 찾아야 함을 알 수 있다. 즉 사물과 살아 있는 생명체의 특성이 서로 대조되고 있는 것이므로 이를 서술한 본문 후반부 내용에 집중한다. 사물이라 할 수 있는 것은 본문에서 잔디 깎는 기계이고, 살아 있는 생명체는 나무와 개인인데, 사물은 화난 목소리에 영향 받지 않지만 살아 있는 것의 영혼은 죽일 수도 있다고 했으므로 정답은 ①.

해석 저 멀리 솔로몬 제도에 사는 사람들은 유달리 **stubborn**하거나 덩치가 큰 나무를 쓰러뜨릴 때 재미있는 방법을 쓴다. 그들은 그런 나무를 향해 엄청나게 큰 소리를 반복해서 질러댄다. 고함을 지르면 나무의 정기가 죽어서 나무도 죽게 된다고

한다. 발전한 세상에 사는 우리는 그런 원시적인 관습에서 벗어났다고 생각하는 경향이 있다. 그러나 우리 모두는 고함을 지른다. 나는 실망하거나 화가 나면 내가 기르는 개에게 소리를 지를 때가 있다. 그리고 오늘만 해도 나는 이웃이 잔디 깎는 기계에 대고 고함을 지르는 것을 들었다. 내 개와는 달리, 잔디 깎는 기계는 아무리 크고 화난 목소리에도 절대 영향을 받지 않는다. 그러나, 인간과 동물을 포함하여 살아 있는 것에 관해서라면, 솔로몬 제도 사람들이 일리가 있는 것 같다. 거친 소리로 고함을 지르면 살아 있는 것의 영혼을 죽일 수도 있다.

> 사물은 화를 내는 큰 소리에 (A) 해를 입지 않는 반면, 살아 있는 생명체는 (B) 상처받기 쉽다.

bring down ~을 쓰러뜨리다; (짐 등을) 내리다 | **repeatedly** 반복적으로, 계속해서 | **scream** 소리 지르다 (=yell) | **horribly** 지독하게, 무시무시하게 | **cause A to do** A로 하여금 ~하게 하다 | **outgrow** (습관, 관습에서) 벗어나다 | **primitive** 원시적인, 원시 사회의 | **practice** 관습; 연습 | **frustrated** 실망한, 좌절한 | **lawnmower** 잔디 깎는 기계 | **as for** ~에 관해서라면 | **have a point** 일리가 있다, 이치에 맞다 | **harsh** 거친; 귀에 거슬리는

ɡuess it! **stubborn** ⓐ (단단한, 다루기 힘든)

4

핵심 SKiLLNOTE ❶ These highly trained animals, the highly intelligent assistant, the blind man's partner in sight

해답 ③ p.119

해설 빈칸 문장과 선택지를 보면, '어떠하다면' 시각장애인의 동반자(안내견)가 명령에 따라 길을 건너는지를 묻고 있음을 알 수 있다. 빈칸 문장 앞뒤 문맥에서, 시각장애인의 명령이 있어도 위험이 있을 때는 명령에 따르지 않는다고 했으므로, '모든 상황이 괜찮아야' 길을 건너라는 명령에 따를 것임을 알 수 있다.

해석 안내견의 가장 놀라운 능력 중의 하나는 **selective**한 불복종이라 불린다. 고도로 훈련된 이 동물들은 특정 상황에서 **perceive**하는 위험을 근거로 명령에 복종할 때와 복종하지 않을 때를 안다. 예를 들어, 안내견과 시각장애인이 인도와 차도 사이의 연석에 다다르면, 지능이 아주 높은 이 조수는 걸음을 멈춰 서 시각장애인에게 그곳에 도착했음을 알려 준다. 그러나 안내견은 신호등이 빨간불에서 파란불로 바뀌는 것을 모르기 때문에 시각장애인이 자동차의 흐름이 멈춘 것을 소리로 알고 개에게 앞으로 나가도록 명령한다. 모든 상황이 괜찮다면, 앞을 볼 수 있는 시각장애인의 동반자는 그 명령에 따라 길을 건넌다. 그러나 자동차가 다가온다면, 개는 위험이 지나갔다는 느낌이 들 때까지 명령에 따르지 않을 것이다.
① 크게 말하면 ② 잘 훈련되면 ④ 보상이 주어지면 ⑤ 신호등이 바뀌면

disobedience 불복종 | **obey** ~에 복종하다 (↔ disobey 불복종하다) | **given** 특정한 | **command A to do** A에게 ~할 것을 명령하다 | **proceed** 나아가다, 계속하다

ɡuess it! **selective** ⓑ (선택적인) **perceive** ⓐ (~을 감지하다)

수능직결구문 These highly trained animals know when **to obey** an order ~.
cf. People can take little responsibility for their actions when **obeying** authority.
▶ 〈의문사+to do〉는 명사적 용법으로 쓰여 문장 중에서 주어, 목적어, 보어 역할을 한다. 위 문장에서 when to obey an order는 know의 목적어 역할을 한다. 한편, when은 의문사로서 부사절을 이끄는 접속사 역할을 할 수도 있으며, 아래 문장의 obeying authority는 분사구문으로서 접속사인 when을 남겨둔 형태이다. (= ~ when (they are) obeying authority.)

5

핵심 SKiLLNOTE ❶ investing in Korean fast-food chains where Korean dishes are served the same way every time

해답 ② p.120

해설 맥도널드 체인점이 인기를 누리는 이유처럼 한국 음식도 체인점에 투자하고, 만들기 쉬운 조리법을 다양한 언어로 출판하자는 등 한국 음식을 국제적으로 대중화하는 아이디어들이 소개되고 있다. 그러므로 가장 적절한 정답은 ②.

해석 맥도널드와 같은 식당 체인점이 전 세계적으로 인기를 누리는 것은 무엇 때문일까? 단지 저렴한 가격과 빠른 서비스 때문일까? 더 중요한 것은 당신이 전 세계 어느 곳에 있는 이런 식당의 체인점을 가더라도 비슷한 맛과 품질을 느낄 수 있다는 사실이다. 세계 시장에서 한국 음식이 더 널리 받아들여지는 것을 **inhibit**하는 요인은 각 요리마다 조리법이 너무나 다양하게 존재한다는 것이다. 한국 음식이 국제적으로 대중적인 관심을 받는 방법 중 하나는 다양한 종류의 맛있는 토종 한국 음식에 대한 조리법을 만들기 쉽고 따라 하기 쉬워 여러 나라의 언어로 된 책으로 출판하는 것이다. 또한, 한국 요리가 매번 똑같은 방식으로 나오는 한국 식당 체인점에 투자를 하는 것도 다른 좋은 방법이며, 이렇게 함으로써 사람들이 훌륭한 한국 요리에 더 쉽게 관심을 가질 수 있을 것이다.

① 쉽게 따라 하고 쉽게 요리할 수 있는 한국의 요리법　　② 한국의 요리를 널리 알리는 아이디어
③ 한국 음식이 국제적으로 차지하는 위치는 어떠한가　　④ 한국 요리를 알리는 성공적인 캠페인들
⑤ 한국 음식점 서비스의 중요성

attribute A to B A는 B 때문이다, A를 B의 덕분으로 돌리다 | **popularity** 인기 | **branch** 지점, 분점; 나뭇가지 | **acceptance** 받아들임, 용인 | **cuisine** 요리; 요리법 | **mass** 대중의; 대량의 | **appeal** 호소; 매력 | **recipe** 조리법, 요리법; 비결 | **a wide range of** 다양한, 광범위한 | **authentic** 토종의, 고유의; 진짜의 | **invest in** ~에 투자하다 | **develop a taste** 관심을 갖다

ᵍᵘᵉˢˢ ⁱᵗ !　**inhibit** ⓐ (~을 못하게 막다)

6

핵심 SKiLLNOTE ❶ perfectionists

해답 ③ p.121

해설 정답인 ③을 제외한 나머지 선택지들이 가리키는 것은 모두 perfectionists이다.

해석 ① 어떤 사람들은 살면서 자신이 이룬 일들이 충분히 만족스럽지 못하다고 생각한다. 이들은 자신이 제대로 일을 해내지 못했다고 느끼기 때문에, 마감시한이 다 되도록 프로젝트나 문서를 작업하고 다시 뜯어고치곤 한다. ② 이런 사람들은 완벽주의자, 즉 이룰 수도 없고 비현실적인 목표를 위해 **strive**하는 사람들이다. ③ 많은 사람들이 완벽주의자의 **trait**가 성공을 향해 추진할 때는 도움이 된다고 생각한다. 그러나 연구 결과, 실제로 이러한 완벽주의는 성공에 방해가 된다고 한다. ④ 이러한 태도를 가진 사람들은 결코 스스로 개인적인 만족감이나 성취감을 느끼도록 가만 내버려두지 못한다. 게다가, 현실적인 목표를 세우는 사람들이 ⑤ 목표를 너무 높게 잡는 사람들보다 훨씬 많은 것을 달성한다.

accomplish ~을 이루다, 성취하다 | **perfectionist** 완벽주의자 | **unobtainable** 이룰 수 없는, 얻기 어려운 | **drive** 추진력; 동기, 욕구 | **interfere with** ~에 방해가 되다 | **set a goal** 목표를 세우다

ᵍᵘᵉˢˢ ⁱᵗ !　**strive** ⓑ (노력하다)　**trait** ⓑ (특성, 특색)

수능직결구문　These people are perfectionists: people who strive for unobtainable and unrealistic goals.
　　ⓑ 앞 내용에 대한 설명 또는 예시하는 내용을 이끎
　　▶ 콜론(:)의 용법: 뒤에 설명이나 예를 이끈다. 앞과 뒤의 문장은 서로 '동급' 이어서 두 문장 중 어느 하나만 쓰여도 되는 같은 의미라고 볼 수 있다.

cf. 세미콜론(;)의 용법: 뒤의 문장이 앞의 문장을 보조 또는 뒷받침해주거나 내용상 많이 관련된 경우 쓰인다. 우리말로 해석할 때는 '그러므로', '그러니까' 등의 접속사를 넣으면 자연스러운 경우가 많다.

e.g. This theory is supported by many scientists; I have no doubt about it.
(이 이론은 많은 과학자들이 지지하고 있으므로 나는 그것에 대해 전혀 의심하지 않는다.)

---

1 [**The virus can develop different characteristics**], <u>which</u> means it can easily become resistant to drugs.
해석 그 바이러스는 다른 특성을 발생시킬 수 있는데, 이는 그것이 약에 쉽게 저항력 있게 될 수 있다는 것을 의미한다.

2 Look at <u>this</u>! I'm just an amateur collector, but I think I have found [**a rare 17th century coin**]. If I am correct, this will be a very valuable find. Let's take it to the coin shop and have its value assessed.
해석 이것을 봐라! 나는 그저 아마추어 수집가이지만, 희귀한 17세기 동전을 발견한 것 같다. 내가 맞으면 이것은 아주 귀중한 발견이 될 것이다. 동전 가게에 가져가서 가치를 평가받아보자.

3 When you are prepared for <u>them</u>, [**small natural disasters**] can be managed effectively. If you are not prepared, though, you can suffer greatly.
해석 네가 그것들에 대비한다면, 사소한 자연재해는 효과적으로 관리될 수 있다. 그러나 대비하지 않는다면 크게 고통받을 수 있다.

4 Mike was [**devastated**] when his grandmother passed away. His sister, Michelle, was also very sad, but she seemed to deal with the situation much better.
해석 마이크는 할머니가 돌아가셨을 때 큰 충격을 받았다. 그의 여동생인 미셸 또한 매우 슬퍼했지만, 그녀는 그 상황에 훨씬 잘 대처하는 것처럼 보였다.

A 1 another
해설 뒤의 명사가 단수이기 때문에 another가 옳다. other는 복수명사를 수식하며 둘 다 불특정한 대상을 나타낸다.
해석 만약 당신이 이 회사로부터 이용 가능한 색에 관심이 없다면, 당신은 또 다른 배급자로부터 하나를 선택할 수 있다.

2 ago
해설 ago는 '지금부터 ~전에' 이란 뜻이고 before는 '그때부터 ~전에' 란 뜻이다. '지금부터 2년 전에' 란 문맥이므로 ago가 옳다.
해석 오늘의 토너먼트는 프랑스에서 2년 전에 열린 것보다 훨씬 더 경쟁적일 것이다.

3 Most of
해설 most of는 뒤에 〈한정어(the, my, this 등)+명사〉의 형태로 쓰여 '~의 대부분' 이란 뜻으로 옳다. almost는 '거의' 란 뜻의 부사로 명사를 수식할 수 없다.
해석 우리 이윤의 대부분이 하드웨어 부서에서 나오지만, 소프트웨어 부서도 우리에게 여전히 유용하다.

B 1 contribute
해설 문맥상 '프로젝트에 기여하는' 것이 자연스러워서 contribute가 옳다. distribute는 '~을 분배하다' 란 뜻.
해석 집단의 일원은 프로젝트에 똑같이 기여하도록 지시받았다.

2 appreciate

해설 앞의 내용으로 유추해보았을 때 문맥상 18세기 미술을 이전보다 '높이 평가한다'가 자연스러워서 appreciate가 옳다. depreciate는 '가치를 저하하다'란 뜻.

해석 나는 미술 역사 수업을 듣고 그 시대가 얼마나 크게 훗날 미술 운동에 영향을 끼쳤는지를 배운 이후로 그 어느 때보다 더 18세기 미술을 높이 평가한다.

3 damaged

해설 damage는 무생물일 때 쓰이고, injure는 '사람이나 동물의 신체 · 건강 · 감정 · 명성 등을 손상시키다, 해치다'의 뜻이다. ship은 무생물이므로 damaged가 옳다.

해석 손상된 배는 수리를 위해 가장 가까운 부두로 옮겨졌다.

C ①

해설 (A) 우리 자신을 실제보다 더 뚱뚱하다고 믿는 것은 자아상이 '비뚤어져' 있기 때문이다. 따라서 문맥상 distorted가 옳다. distracted는 '마음이 산란한'의 뜻.

(B) 앞 문장에서 정신과 육체의 관계에 주의해야 하는데, 이것의 필요가 무시되면 정서적으로 건강하지 않을 것이라고 했으므로, 문맥상 이것은 '육체의(physical)'가 적절하다. psychological은 '심리적인'의 뜻.

(C) 통일체가 되는 것은 정신과 육체를 '결합하는' 것이 문맥상 적절하기에 uniting이 옳다. separate는 '~을 분리하다'의 뜻.

해석 우리 중 많은 사람은 우리의 육체를 무시하려고 한다. 우리는 그것들에서 벗어나서 살과 피가 존재하지 않는 상상의 세계로 가려고 한다. 육체에 대한 우리의 인식은 주로 부정적이고, 우리는 그것들을 추하고 살찐 것으로 비난한다. 우리의 자아상은 너무 비뚤어져 있어서 우리는 자신을 실제보다 더 뚱뚱하다고 믿는다. 그러나 우리는 자신을 더 현실적으로 봐야 하고, 정신과 육체 간의 관계에 주의해야 한다. 만약 육체의 필요가 무시된다면, 우리는 정서적으로 건강하지 않을 것이다. 우리는 육체의 개개의 체격과 뼈 구조, 그리고 운동, 휴식, 음식에 관한 육체의 요구를 포함해 우리가 바꿀 수 없는 것을 받아들여야만 한다. 우리의 몸이 잘 돌보아질 때, 우리의 정신도 올바르게 활동한다. 통일체가 되는 것은 정신과 육체를 결합하는 것을 의미한다.

UNIT 08 글의 핵심내용 빠르게 파악하기

해답 ⑤   p.128

해석 자녀의 숙제가 부담됩니까? 많은 부모들이 자녀의 학습에 관여하기를 원하지만, 학습에 관여할 만한 올바른 지식과 능력을 갖추고 있지 않다고 생각한다. 많은 부모들이 학교에 다니던 때 이후로 시대가 너무나 많이 변해서 그 당시 교수법은 현재의 교수법과 종종 완전히 다르다. 이러한 이유로 인해 많은 부모는 교과과정, 현대 교수법, 아이들의 학습법을 이해하는 데 도움을 주는 강좌를 학교가 운영하기를 원한다. 다시 말하면, 학교가 부모에게 자녀의 학습을 돕는 방법에 대해 다양한 조언을 주는 강좌를 열 필요가 있다.

A That is to say, it is necessary for schools to open courses to give parents various tips on how to help their children learn.

B necessary, important, essential, vital처럼 '중요함'을 뜻하는 어휘가 포함되었다.

해답 1 ③   2 ③   3 ③   4 ④   5 ③   6 ②

1

핵심 SKiLLNOTE ❶ ~ we should establish good habits that allow us to more effectively utilize the beginning of each day. ❷ shouldn't(~하지 말아야 한다), should, must(~해야 한다)처럼 강한 주장의 표현이 사용되었다.

해답 ③   p.130

해설 요약문을 먼저 읽고 우리가 '언제의' 시간을 최대한으로 이용하는 습관을 들이면, 우리의 '무엇'을 달성하고 인생의 목표를 실현할 수 있을지를 찾으며 읽는다. '~해야 한다(should)'란 표현이 들어간 마지막 문장에 주제가 잘 드러나 있다. 인생을 최대한 활용하고 우리가 될 수 있는 모든 것에 더 근접하려 한다면, 우리가 이른 아침 시간을 더욱더 효과적으로 활용할 수 있게 하는 좋은 습관을 정립해야 한다고 했으므로 (A)에는 morning, (B)에는 potential이 적절하다. 마지막 문장의 the beginning of each day는 요약문에서 morning으로, becoming all we can be는 realize our full potential로 말바꿈되었다.

해석 만일 하루를 시작하기 위한 일과를 하고 싶은 대로 의도적으로 설정한다면, 나머지 삶을 하고 싶은 방식으로 보내는 쪽으로 커다란 발걸음을 내디딘 셈이 될 것이다. 우리가 우리의 아침을 어떻게 보내는가는 우리의 자제력의 정도에 대한 리트머스 시험이다. 우리는 우리를 더욱더 효율적이고 생산적이게 만들어 주고, 생각하고 쉴 더 많은 시간을 허용해 주는 미리 결정된 정해진 일과를 따르는가? 아니면 우리는 준비를 하고 문을 나서서 딱 제시간에 직장에 도착하기 위해 마구잡이로

scramble하는가? 우리가 하루에 어떻게 다가가는가가 우리 일과의 힘을 드러낸다. 만일 우리가 인생을 최대한으로 이용하고 우리가 될 수 있는 모든 것이 되는 것에 더 가까이 가려면, 우리에게 하루의 시작을 더욱더 효과적으로 이용하도록 허용해 주는 좋은 습관을 정립해야 한다.

⬇

> 만일 우리가 우리의 (A) 아침 시간을 최대한으로 이용하는 좋은 습관을 정립한다면, 우리는 우리의 온전한 (B) 잠재력을 발현할 수 있고 우리의 삶의 목표를 성취할 수 있다.

intentionally 의도적으로 | **self-mastery** 자제, 극기 | **predetermined** 미리 정해진 | **productive** 생산적인 | **randomly** 무작위로, 마구잡이로 (= at random) | **expose** ~을 드러내다, 노출하다 | **get the most out of A** A를 최대한으로 활용하다 | **utilize** ~을 이용하다

_{guess it!} **scramble** ⓑ (허둥대다)

_{수능직결구문} How we spend our mornings **is** the litmus test for our degree of self-mastery.
▶ 의문사 how가 이끄는 절이 문장 전체의 주어인데, 구나 절이 주어가 될 경우 단수 취급하므로 동사도 단수형인 is가 되어야 한다.

2

핵심 SKiLLNOTE ❶ Eco-lodges, on the other hand, provide enjoyable experiences and protect the environment. ❷ on the other hand, however, but, contrary to처럼 앞 내용과 대조되는 내용을 이끄는 연결어가 사용되었다.

해답 ③   p.131

해설 글의 초반 내용은 대규모 휴양지들의 환경적 폐해이고, on the other hand가 있는 세 번째 문장부터 환경친화적 숙박시설들의 장점들이 열거되고 있으므로 요지로 적절한 것은 ③.

해석 대규모 휴양지들은 편리하고 안락하지만, 막대한 양의 천연자원을 소모하고, 많은 오염을 일으킨다. 게다가 대규모의 건설은 자연 **habitat**을 파괴하고 야생생물에 피해를 줄 수 있다. 반면에 환경친화적 숙박시설들은 즐거운 체험을 제공하면서 환경을 보호한다. 이 숙박시설들은 주변의 자연환경과 조화롭게 어울리도록 설계된 휴양지이다. 이 건물들은 환경에 해가 없는 것이 확인된, 해당 지역에서 생산되고 **renewable**한 자재를 사용해서 짓는다. 태양열과 같은 재생 가능한 에너지원을 사용하여 전기를 공급하고 숙박시설에서 배출되는 모든 쓰레기는 재활용된다. 환경친화적 숙박시설에 머무르면 휴가가 끝난 후에도 오랫동안 지속되는 만족감을 느끼게 될 것이다.

resort 휴양지; 의지하다 | **consume** ~을 소모하다, 다 써 버리다 | **resource** (보통 복수형) 천연자원; 수단 | **harm** (사람, 사물 등을) 해치다[훼손하다]; 손해 | **wildlife** 야생생물 | **eco-** 환경, 생태의 | **lodge** (행락지 등의) 숙박시설, 소규모 별장; 오두막 | **designed to** *do* ~하도록 설계[고안]된 | **fit in with** ~와 일치[조화]하다 | **harmoniously** 조화롭게

_{guess it!} **habitat** ⓑ (서식지)   **renewable** ⓐ (재생 가능한)

_{수능직결구문} Renewable energy sources, such as solar power, are used to ⓐ **provide** electricity.
cf. I am used to ⓑ **spending** the weekends with my family. (나는 가족들과 주말을 보내는 것에 익숙하다.)
▶ 문맥상 '전기를 공급하기 위해 사용된다' 란 뜻이 되어야 하므로 〈be used to *do* (~하기 위해 사용되다)〉란 표현이 쓰여야 한다. 〈be used to ~ing (~하는 데 익숙하다)〉와 구분해서 알아두자.

3

핵심 SKiLLNOTE ❶ The scientists, therefore, believe that this extra-dense wood is part of what gives a Strad its beautiful sound. ❷ therefore, hence, thus처럼 결론이나 결과를 나타내는 연결어가 사용되었다.

해답 ③   p.132

해설 첫 문장은 글의 주요 소재인 스트라디바리우스 바이올린에 대한 도입 문장에 해당하고 두 번째 문장에서 그 바이올린이 최고의 소리를 내는 이유에 대한 일종의 문제 제기를 하였다. '결과, 결론'을 나타내는 therefore가 포함된 글의 맨 마지막 문장이 이에 대한 답이자 주제문이다. 그러므로 제목으로 적절한 것은 ③.

해석 안토니오 스트라디바리우스가 만든 바이올린은 수 세기 동안 특별한 의미와 높은 가치를 유지해왔다. 음악가들과 청중들은 '스트라디바리우스의 바이올린'이 최고의 소리를 낸다는 데는 동의하지만 그 누구도 그 이유를 설명하지는 못했다. 그런데 최근에 과학자들이 그럴듯한 대답을 찾아냈는데 그것은 바로 기후였다. 스트라디바리우스는 1645년부터 1700년대 초까지 작업했는데 이 시대는 종종 '소빙기(小氷期)'라 불린다. 이 기간 동안 날씨가 유난히 춥고 식물이 성장할 수 있는 기간이 짧았기 때문에, 나무들은 다르게 자랐다. 나이테가 훨씬 더 가늘고 목재가 훨씬 더 **dense**했으며 모든 스트라디바리우스 바이올린은 이 특별한 나무로 만들어졌다. 따라서 과학자들은 이렇게 특별히 조밀한 목재를 쓴 것이 스트라디바리우스 바이올린의 소리를 아름답게 한 이유 중 하나라고 믿는다.

① 스트라디바리우스 바이올린 제작법   ② 소빙기(小氷期)의 영향
③ 스트라디바리우스 바이올린이 특별한 이유   ④ 음악가와 그들이 선호하는 바이올린
⑤ 과학적 도구로서의 나무 나이테 분석

come up with (안 등을) 생각해내다 | **growing season** 성장기 | **ring** (나무의) 나이테; 고리; 반지 | **particular** 특별한, 특수한 | **extra-** 특별한; 여분의

---

guess it!   **dense** ⓐ (조밀한, 밀집한)

수능직결구문   Stradivarius worked from 1645 to the early 1700s, a time often referred **to as** the "Little Ice Age."
▶ 위 문장은 'refer to A as B(A를 B라고 부르다)'라는 어구가 수동형으로 바뀐 것이다. 수동태 형태인 'A be referred to as B(A가 B라고 불리다)'를 통째로 알아두자.

4

핵심 SKiLLNOTE ❶ One study showed that doing several tasks simultaneously can have serious effects on the brain. / For instance ❷ For example / for instance, for example과 같이 예시를 나타내는 연결어 앞에 주제문이 등장한다.

해답 ④   p.133

해설 첫 문장에서 문제 제기(많은 일을 한꺼번에 처리하는 것이 유익한가?)를 한 뒤, 두 번째 문장에서 관련 실험의 결과(두뇌에 심각한 영향을 끼친다)를 설명하였다. 그리고 뒤이어 이를 뒷받침하는 구체적인 예시들이 이어지고 있다. 그러므로 정답은 두 번째 문장을 간략히 표현한 ④.

해석 오늘날의 사람들은 과거 세대가 일주일 동안 해낸 일보다 더 많은 일을 하루 안에 해낼 수 있다. 그런데 한 번에 그렇게 많은 일을 처리하는 것이 정말 유익한 일일까? 한 연구에 따르면 여러 가지 일을 **simultaneously**하게 처리하는 것은 두뇌에 심각한 영향을 끼칠 수 있다고 나타났다. 예를 들어, 일상적으로 숙제를 하는 동안 TV 시청과 전화 통화, 게임을 하는 어린이들은 성인기에 집중력 감소로 고생할 수 있다. 그리고 당연히 이미 어떤 일을 하는 중에 다른 일을 더 하게 되면, 사고의 깊이와 질이 떨어진다. 또한 이러한 방식으로 행동하는 것은 아이들의 뇌를 지속적으로 **stimulate**해서 스트레스를 받게 하고 꼭 필요한 정신적 휴식을 취하지 못하게 함을 의미한다.

① 온라인 도구를 이용한 효과적인 교육   ② 젊은이들이 여가시간을 활용하는 방법
③ 집중력을 증가시키는 방법   ④ 과도한 멀티태스킹의 좋지 않은 영향
⑤ 신기술이 가져온 많은 가능성

accomplish ~을 이루다, 성취하다 | **generation** 세대; 동시대의 사람들; 발생 | **at once** 한 번에 | **beneficial** 유익한, 이로운 | **have an effect on A** A에 영향을 미치다 | **routinely** 일상적으로 | **suffer from** ~로 고생하다, 고통받다 | **capacity** 능력, 역량 | **concentrate** 집중[전념]하다 | **adulthood** 성인기 | **depth** 깊이 | **task** 일, 업무 | **constantly** 지속적으로 | **prevent A from ~ing** A가 ~하는 것을 막다[방해하다] | **relaxation** 휴식; (긴장, 근육, 정신 등의) 이완 | **excessive** 지나친, 과도한

---

simultaneously ⓑ (동시에)　**stimulate** ⓐ (~을 자극하다)

수능직결구문 People today have the ability to accomplish more things in one day than past generations
did(= **accomplished**) in a weak, ~.
　▶ 비교 구문에서 〈타동사+목적어〉가 반복되는 경우에는 대동사 do[did, does]를 사용해 반복을 피하는 것이 보통이다. 생략된 표현은 than 앞부분에 존재하므로 문맥을 살펴 생략된 부분을 제대로 찾아내도록 하자.

5

핵심 SKiLLNOTE ❶ Let yourself _____ the feelings, good or bad.　❷ 긍정 또는 부정의 명령문이 사용되었다.

해답 ③　　　　　　　　　　　　　　　　　　　　　　　　　　　　　　　　　p.134

해설 빈칸이 마지막 문장에 있으므로 그 직전 문장에서 단서를 찾는다. 자신의 감정을 자신에게나 다른 사람에게 말하는 것이 훌륭한 출발점이라고 했으므로 빈칸 문장의 문맥은 감정들을 '존중하라'가 가장 적절하다.

해석 우리들 대부분은 용납될 수 없는 감정들이 있다는 것을 믿으며 자라왔기 때문에 우리의 감정을 억누른다. 우리 중 어떤 이들은 모든 감정이 용납될 수 없다고 배운 반면에, 또 어떤 사람들은 분노나 울음과 같은 특정 감정이 용납될 수 없다고 배웠다. 사실, 어떤 종류의 감정에도 절대적으로 잘못된 것은 없다. 누군가가 당신에게 슬픔이나 분노를 느끼지 말라고 말할 때, 그 사람은 불가능한 것을 요구하는 것이다. 당신은 당신이 가지고 있는 감정을 부인할 수는 있지만 그것이 생기는 것을 막을 수는 없다. 감정이 지나가게 하기 위해 필요한 것은 감정을 **acknowledge**하고 받아들이는 것이다. 자기 자신이나 혹은 다른 누군가에게 '난 화가 나(또는 슬퍼, 혹은 두려워)'라고 말하는 것이 훌륭한 출발점이다. 좋건 나쁘건 당신 스스로 그 감정들을 존중하라.
① 부인하라　　②숨겨라　　④ 선택해라　　⑤ 구별하라

push down ~을 억누르다; ~을 꽉 누르다 | **unacceptable** 허용할 수 없는 | **emotion** 감정 | **absolutely** 절대적으로; 완전히 | **stop A from ~ing** A가 ~하는 것을 막다 | **accept** ~을 받아들이다, 인정하다 | **frightened** 두려운

---

acknowledge ⓐ (~을 인정하다)

수능직결구문 We push down our feelings because most of us have been brought up to believe that there are feelings which are unacceptable. ⓑ **자라왔다**
　▶ '~을 키우다, 양육하다'의 의미를 지닌 bring up이 현재 완료 수동형(have been p.p.)과 함께 쓰여 '자라왔다'란 뜻이 된다.

6 핵심 SKiLLNOTE ❶ Respected child psychologists recommend a cooling-off period of at least one day before discussing a problem. ❷ 전문가들의 의견, 조사나 연구 결과를 인용하였다.

해답 ② p.135

해설 학생의 문제를 해결하기 전에 적당한 유예기를 갖게 하는 것이 좋다는 내용으로서 구체적 사례를 언급한 뒤에, 전문가들이 권장한 내용이 주제문이 제시되어 있다. 따라서 이 글의 요지는 '② 문제를 바로 해결하기보다는 유예기를 두어라.' 이다.

해석 학생이 화가 났을 때, 교사는 "그 문제를 우리 반 학급회의 안건으로 올리겠니?"라고 제안할 수 있다. 이것은 즉각적인 만족감을 주면서, 문제를 해결하려고 애쓰기 전에 유예기를 제공한다. 한 특수교육 교사가 이것을 해보았고 그녀의 학생들이 확실히 화가 난 상태로 안건 용지로 걸어가, 그들의 문제점을 그곳에 적고, 조용히 걸어 나갔다고 보고했다. 그들이 자신들의 문제점이 곧 **address**될 거라는 것을 아는 것이면 충분했다. 존경받는 아동 심리학자들은 문제를 논의하기 전에 적어도 하루의 유예기를 권장한다. 사흘보다 훨씬 더 긴 시간을 기다려야 하는 것은 맥 빠지게 하는 일이다. 이것이 주 1회의 회의가 효과적이지 않을지도 모르는 이유이다.

be willing to *do* 기꺼이 ~하다 | **agenda** 의제, 안건 | **cool off** 식다 | **special-education** 특수교육 | **obviously** 분명하게, 명백하게 | **calmly** 침착하게, 차분하게 | **discouraging** 낙담시키는, 실망시키는 | **ineffective** 효력이 없는

---

address ⓑ ((문제를) 다루다)

 When a student becomes upset, the teacher can suggest, "Would you be willing **to put that problem on our class meeting agenda**?" This gives immediate satisfaction, while providing for a cooling-off period before trying to solve the problem.

▶ 문맥에 의거하여 This가 지칭하는 바를 판단해야 한다. 밑줄 친 This가 포함된 문장에서 콤마 뒤의 while providing ~ 은 접속사가 명시된 분사구문으로서 의미상 주어가 문장 주어인 This이다. 즉, 즉각적인 만족을 주고, 문제 해결 전에 유예기를 제공하는 것은 '그 문제를 학급회의에 안건으로 내는 것' 이다.

핵심 POINT REVIEW p.136

핵심 Point

A **1** 중요함 **2** '~해야 한다' **3** 최상급 **4** 명령문

B **1** 역접 **2** 결론 **3** 예시, 예시

리뷰 테스트

A The government needs to assist the environmentally conscious drivers rather than charge them.

해석 모든 운전자들은 '어떤 종류의 연료를 사용하는지와 상관없이' 도로에 움푹 파인 곳과 교량 등을 고치기 위해 '자신들의 공정한 몫을 지불해야만 한다'. 그러나 진보주의적인 운전자들에게 새로운 세금을 부과하기 전에, 정부는 좀 더 진보적인 태도를 취해야 하지 않는가? 정부는 환경을 의식하는 운전자들에게 비용을 청구하기보다는 그들을 도울 필요가 있다.

B Yet with a small shift in perspective we can change this definition to "a plant whose virtues have not yet been discovered."

해석 잡초는 '잘못된 장소에서 자라는 식물' 이라고들 해왔다. 그러나 관점을 조금 바꾸면 우리는 이 정의를 '장점이 아직 발견되지 않은 식물' 로 바꿀 수 있다. 많은 잡초들은 먹을 수 있고 약효가 있다.

A 1 take them out

해설 구동사의 목적어가 대명사일 때 동사와 부사 사이에 위치하기에 take them out이 옳다. 명사일 때에는 부사 앞·뒤 모두 가능하다.

해석 만약 당신이 당신의 과제를 끝마쳤고 가지고 왔다면, 그것들을 꺼내주세요.

2 neat

해설 keep은 〈keep A B〉의 형태로 쓰여 'A를 B의 상태로 유지하다'란 뜻이다. 목적보어로 형용사가 오므로 neat가 옳다. neatly는 부사로 '깔끔하게'란 뜻.

해석 다른 많은 학생들이 있는 기숙사로 이사했기 때문에, 나는 내 책상을 깔끔하게 유지해야 할 더 많은 압박을 느낀다.

B 1 complement

해설 '적포도주는 스테이크와 야채의 탁월한 보완물'이 문맥상 자연스러워서 complement가 옳다. compliment는 '칭찬'의 뜻.

해석 적포도주는 완벽하게 구워진 스테이크와 맛좋게 준비된 야채의 탁월한 보완물이다.

2 adopt

해설 애완동물을 소유하거나 '입양하는' 사람들이 문맥상으로 자연스러워서 adopt가 옳다. adapt는 '~을 적응시키다'란 뜻.

해석 시애틀에서 애완동물을 소유하거나 입양하는 사람들에 대한 허가증 요금이 1월 1일에 5달러에서 7달러 증가할 것이다.

C ⑤

해설 그들(they)이 한 '난처하게 하다(embarrass)'의 동작이 그들 자신에게 가해질 때에는 목적어 자리에 재귀대명사를 쓰기에 themselves로 고쳐야 한다.

해석 많은 사람들이 문맹을 장애로 간주하지 않는다. 그러나 문맹자들은 우리 사회에서 엄청난 문제에 직면한다. 읽거나 쓸 수 없는 사람들은 그들이 할 수 있는 것이 극심하게 제한된다. 그들은 인터넷을 사용할 수도, 지하철 표지를 읽을 수도, 또는 메뉴를 주문할 수도 없고, 그들은 슈퍼마켓에서 이미 그들에게 익숙한 상품들만 오직 고를 수 있다. 또 다른 문제는 문맹자들은 교육에 접근할 수 없다는 점이다. 문맹인 사람들은 자신들의 고용 기회를 개선할지도 모르는 강좌를 수강하는 것이 불가능하다는 것을 깨닫는다. 마지막으로, 그들은 자신들의 아이들이 배우는 데 도움을 주기 어렵다. 그들은 숙제를 도와줄 수 없고, 자신들의 아이들 또는 그들 자신을 난처하게 한다는 염려 때문에 선생님과의 만남을 피하기 위해 무엇이든 할 것이다.

해답 ②   p.140

해석 18세기 유럽에서는, 루이 15세가 남자들이 코에 파우더를 바르고 입술에 립스틱을 바르는 것을 멋스러운 것으로 만들었다. 1960년대 비틀스는 긴 머리와 가녀린 소년의 모습으로 여성들의 마음을 흔들었다. 요즘 빅뱅 같은 가수들은 스모키 눈 화장을 하는 반면, '꽃보다 남자'의 주연 남자배우들은 파스텔 색의 스웨터와 곱슬곱슬한 머리를 즐긴다. 중년의 남성들도 여성들처럼 역시 깨끗한 피부와 가는 허리 굵기에 집착한다. 티 없는 피부와 화려한 색상의 옷은 예쁜 소년의 차림새를 완성하는 중요한 요소이다. 아름다워지고 싶어 하는 남자들 역시 꽃무늬와 파스텔 색상에 <u>관심</u>을 보인다. 더 이상 여성들만이 유일한 고객은 아니다.
① 두려움   ③ 무시   ④ 자비   ⑤ 무관심

A   빈칸이 포함된 문장
C   ②
D   여성뿐만이 아니라 남성들도 멋을 내는 것에 관심이 있다.

해답 **1** ②   **2** ⑤   **3** ②   **4** ③   **5** ①   **6** ②

1

핵심 SKiLLNOTE ❶ 6 → 1 또는 6 → 5 ❷ 비만과 건강상 문제를 일으키는 요인

해답 ②   p.142

해설 빈칸 문장으로 보아, 비만이나 만성적인 건강문제의 원인으로 지적된 것을 본문에서 찾아야 함을 알 수 있다. 첫 문장에서 비활동적인 삶의 방식이 비만을 부른다고 하였고, 빈칸 문장의 앞 내용은 활동량이 적은 생활방식의 구체적인 예에 해당하므로 정답은 ②.

해석 힘들고 활동적인 생존에서 오늘날의 더 비활동적인 삶의 방식으로의 변화는 **obesity**가 늘어나는 주된 역할을 해 오고 있다. 200만 년 전 인간의 뇌가 커지면서 에너지가 풍부한 음식물이 필요해졌다. 열량과 영양이 훨씬 더 풍부한 식량을 얻기 위해 우리 조상은 들판을 이리저리 뛰어다니며 사냥을 해야 했다. 이것은 조상들이 많은 열량을 소비했다는 의미이다. 활동량이 적은 생활방식으로 바뀌면서, 오늘날의 인간은 생존하는 데 필요한 것보다 훨씬 많은 열량을 함유한 음식을 먹고 있다. 게다가, 전화 한 통화만 하면 문 앞까지 음식을 배달시켜 먹을 수 있게 되었다. 간단히 말하면, <u>신체적 활동의 감소가</u> 비만이나 만성적인 건강문제의 원인이 되어 왔다.
① 하루 최대 열량   ③ 음식 산업의 성장   ④ 배달 음식의 낮은 품질   ⑤ 영양분이 골고루 함유된 음식 섭취

struggling 힘든, 발버둥 치는 | **active** 활동적인 (↔ inactive 비활동적인) | **play a major role in** ~에 중요한 역할을 하다 | **expansion** 확장 | **nutrient** 영양분, 영양소 | **ancestor** 조상, 선조 | **burn up** (에너지, 열량을) 소비하다 (=burn off) | **contain** ~을 담고 있다, 포함하다 | **survive** 살아남다 | **A contribute to B** A가 B의 원인이 되다; A가 B의 한 도움이 되다

---

guess it!   obesity ⓑ (비만)

수능직결구문   Moreover, we can simply pick up the phone to get a meal **delivered** to our door.
  ▶ 'get+목적어(a meal)+목적보어'로 이어지는 구문에서 목적어와 목적보어 사이의 관계가 수동이므로 delivered가 되어야 맞다.

핵심 SKiLLNOTE ❶ 2 ❷ 5 ❸ 상대를 고려한 언어 사용의 중요성

해답 ⑤   p.143

해설 첫 두 문장은 구조가 같고 내용이 대칭되는데 두 번째 문장이 But으로 시작하므로 if절의 상황이 서로 반대임을 알 수 있고 주절 또한 you can ___(A)___ use와 you should adjust가 서로 반대되는 의미를 담아야 한다는 점을 유추할 수 있다. adjust가 '조정하다' 이므로 조정하지 않아도 되는 것을 찾으면 freely use가 적절하다. 그 이후에는 사람들을 깔보는 것과 그들이 이해하지 못할 정도로 어렵게 말하는 것을 피하라, 즉 청중을 존중하고 그들의 수준을 고려해 언어를 선택하라는 내용이 이어지고 있으므로, 청중에 대해 모르면 언어를 '맞출(adapt)' 수 없다는 내용이 되어야 글의 흐름이 자연스럽다.

해석 만일 당신이 전문적인 학술회의에서 다른 물리학자들과 특수 상대성 이론에 관해 토론하는 물리학자라면, 당신은 당신 직업의 기술적인 jargon을 (A) 자유롭게 사용할 수 있다. 그러나 만일 당신이 물리학자가 아닌 한 무리에게 그 원리들을 설명해 달라고 요청받으면, 당신은 당신의 어휘를 조정하여 당신의 자료를 평범한 언어로 제공해야 한다. 단지 사람들에게 깊은 인상을 주기 위해서 전문적이거나 '내부자' 언어를 사용하지 마라. 중요한 것은 소통하는 것이다. 피해야 할 두 가지 극단은 사람들을 깔보는 투로 말하는 것과 talk over their heads하는 것이다. 여기에서 주의해야 할 중요한 핵심은 청중을 모르면 우리는 분명히 우리의 언어를 청중에게 (B) 맞출 수 없다는 것이다.

physicist 물리학자 cf. physician 내과의사 | **relativity** 상대성 | **adjust** ~을 조정[조절]하다 | **technical** 전문적인; 기술적인 | **talk down to A** A를 깔보는 투로 말하다 | **restrictively** 제한적으로 | **adapt** ~을 (새로운 상황 등에) 맞추다[조정하다]

---

guess it!   **jargon** ⓐ (전문용어)
talk over one's head ⓑ (이해 못할 정도로 어렵게 말하다)

수능직결구문   An important point to note here is **that** we obviously cannot adapt our language for our audience if we do not know our audience.
▶ 뒤에 완전한 형태의 절이 왔으므로 관계대명사 what은 적절하지 못하다. 여기서 that은 is의 보어가 되는 명사절을 이끄는 접속사.

핵심 SKiLLNOTE ❶ 4 → 3 → 5 ❷ 리얼리티 TV 프로그램의 문제점

해답 ②   p.144

해설 빈칸 문장으로 보아 리얼리티 프로그램이 실상은 '어떠하다' 는 것이다. 문장에 역접을 나타내는 연결사 however가 있으므로 바로 직전 문장의 내용을 보면, 리얼리티 프로그램으로 인해 뉴스, 다큐멘터리(내용이 '사실' 에 기반함)와 드라마(내용이 '허구' 에 기반함) 사이의 경계가 흐려진 상황이라고 하였다. 또한, 빈칸 문장 이후에서, 리얼리티 프로그램에는 선택된 사람들이 참여하며 환경이 매우 인위적이라고 했으므로 실제로는 '허구' 에 더 가깝다는 의미이다. 그러므로 빈칸을 추론할 때 가장 적절한 것은 ②.

해석 전 세계적으로 리얼리티 TV 프로그램이 엄청나게 인기를 얻고 있고 방송사들에 높은 시청률과 이득을 안겨 주고 있다. 리얼리티 TV 프로그램은 실제 생활 속 상황을 경험하는 일반인들을 주인공으로 삼는다고 주장한다. 리얼리티 프로그램으로 뉴스, 다큐멘터리와 드라마 사이를 구분하는 경계가 blur되고 있는 상황이다. 그러나 평론가들은 이러한 리얼리티 프로그램이 사실은 실제 삶과 공통점이 거의 없다고 주장한다. 오히려 이런 프로그램은 매우 구체적인 역할을 맡도록 신중히 선택된 사람들이 참여하는 매우 artificial한 환경이나 마찬가지다. 그들은 대본이나 지시 없이 행동하는 것처럼 보이지만, 이런 프로그램에 나오는 출연자들은 보통 면밀하게 감시당하고 엄격한 지침 내에서 행동하길 강요받는다. 이러한 지침은 흔히 가장 불쾌하고 당혹스런 행동을 유도하기 위한 것이다.

① 젊은이들의 삶의 방식을 반영한다   ③ 매우 모험적이고 위험한 일을 시도한다
④ 현재로서는 매우 인기 있다   ⑤ 방송사에 많은 이윤을 안겨준다

enormously 엄청나게, 막대하게 | **bring in** (수입·이익을) 가져오다; (수확물을) 거둬들이다 | **profit** 이득, 이윤 | **claim to do** ~한다고 주장하다 | **feature** ~을 주인공으로 삼다, 특색으로 삼다 | **critic** 비평가, 평론가 | **little more than** ~와 거의 마찬가지로 | **specific** 구체적인; 특정한 | **monitor** ~을 감시[관리]하다 | **force A to do** A가 ~하도록 강요하다 | **guideline** 지침, 정책 | **embarrassing** 당혹스러운, 곤란한

---

guess it! blur ⓑ (~을 흐리게 하다) artificial ⓐ (거짓의)

수능직결구문 These guidelines are often to encourage the most ugly and embarrassing behavior. **해석 밑줄 부분 참조**
▶ are to encourage는 '목적'을 나타내는 〈be+to부정사〉이다. 그 밖에 자주 쓰이는 다른 의미도 알아보자.
cf. 예정: My manager is to fly to Los Angeles this afternoon.
       (부장님은 오늘 오후에 로스앤젤레스로 가는 비행기를 타실 예정이다.)
  가능: His speech is to be heard by all the audience. (그의 연설은 모든 청중들이 들을 수 있다.)

4

핵심 SKiLLNOTE ❶ 5 → 4 → 6 ❷ 음식을 섭취해서 에너지를 얻는 로봇의 개발

해답 ③   p.145

해설 빈칸 문장과 선택지로 보아, 이 연구가 '어떤 상태로' 최악의 상황에서 오랜 시간 움직이는 로봇을 개발하려는 것인지를 찾아야 한다. 우선 '이 연구(This research)'가 지칭하는 것이 무엇인지 알아야 하므로 바로 직전 문장을 보면, 죽은 파리나 썩은 사과로 전력을 얻는 로봇 개발 연구임을 알 수 있다. 또한 빈칸 문장 직후 문장에서, 연구의 필요성이, 로봇의 임무 수행지가 전기 콘센트가 없는 곳이기 때문이라고 하였다. 이를 종합하면 빈칸에는 '전지를 재충전하지 않는 상태로'에 해당하는 어구가 적절하다.

해석 미래의 로봇들은 어떤 전지로 작동될 것 같은가? 요즘 쓰이는 것과 비슷한 것일까? 어쩌면 전혀 전지를 쓰지 않을지도 모른다! 믿기지 않겠지만, 과학자들은 죽은 파리나 썩은 사과로 전력을 얻을 수 있는 새로운 로봇을 개발해 왔다. 이 연구는 전지를 재충전하지 않고 최악의 상황에서도 오랜 시간 동안 움직일 수 있는 로봇을 개발하려는 의도에서 나온 것이다. 이러한 연구가 필요한 이유는, 로봇이 임무를 수행하게 될 해저와 같은 곳 일부에는 전기 **outlet**이 없기 때문이다. 이 문제에 대한 해결책은, 동물처럼 자연의 음식을 먹고 **digest**해서 에너지를 얻는 로봇을 개발하는 것이었다.
① 원격 조종장치 없이 ② 작은 에너지 탱크 없이 ④ 유지관리를 거의 혹은 전혀 하지 않고도 ⑤ 인간의 개입이 없이

battery 전지, 건전지 | **run on** (전기, 연료 등으로) 작동하다; 계속 유지되다 | **be similar to A** A와 비슷한, 유사한 | **rotten** 썩은, 상한 | **operate** 움직이다; ~을 조종하다

---

guess it! outlet ⓑ (콘센트) digest ⓑ (~을 소화하다)

5

해답 ① p.146

해설 빈칸 문장으로 보아, 인터넷이 '어떠한' 정보교환 통로이자 유통 경로라는 것인지를 찾아야 한다. 빈칸 문장이 첫 문장이자 주제문일 것이므로 이후에 이를 뒷받침하는 근거가 나올 때까지 읽어 내려가면 된다. 두 번째 문장에서, 인터넷으로 인해 지역 기업도 세계적인 마케팅이 가능하고 고객 기반이 크게 확대될 수 있다고 하였으므로, 이와 연결되는 선택지를 찾으면, 인터넷이 '세계 어디라도 접근을 가능하게 해주는' 특성을 설명하는 것이라 할 수 있다.

해석 인터넷 덕분에 시장거래가 **drastically**하게 변화하고 있다. 인터넷이 세계 어디라도 접근을 가능하게 해주는 저렴하고 비교적 간단한 정보교환 통로이자 유통 경로이기 때문이다. 인터넷을 통해서, 지역의 기업이 쉽게 세계적으로 마케팅을 할 수 있고 그 기업의 잠재 고객 기반을 크게 확대할 수 있다. 지역 기업이 국제적으로 시장거래를 하는 일은 매우 비용이 많이 들고 복잡해서 대기업들만이 할 수 있었던 과거에는 불가능한 일이었다. 그러나 오늘날에는 파일을 웹사이트에 올리는 것이 필요한 일의 전부다. 웹사이트를 구축하는 것만으로 모든 기업이 대기업을 **overtake**할 수 있는 것은 아니지만, 소규모 기업도 이제는 세계 시장에서 경쟁할 기회를 갖게 된 것이다.
② 최신 기술 중의 하나인 ③ 많은 고객이 선호하는 ④ 지역의 판매 촉진 운동을 도와주는 ⑤ 사업의 위험성을 더 높이는

marketing 시장거래, 매매 | **distribution channel** 유통 경로 | **significantly** 크게, 상당히 | **expand** ~을 확장하다 | **potential** 잠재적인; 가능성 있는 | **establish** ~을 구축하다, 설립하다 | **corporation** 기업, 주식회사 | **compete in** ~에서 경쟁하다; ~에 참여하다

ɡᵘᵉˢˢ ⁱᵗ! **drastically** ⓑ (대폭) **overtake** ⓐ (~을 따라잡다)

수능직결구문 Today, however, the uploading of files to a website is all **that** it takes. **필요한 일의 전부**
▶ 선행사에 all, no, any, some, few, every 등이 포함되면 주로 관계대명사 that을 사용한다. 또한, take는 보통 비인칭 주어 it과 함께 '시간, 노력 등을 필요로 하다'란 뜻으로 쓰인다는 것을 함께 알아두자.

6

해답 ② p.147

해설 (A) 앞에 고대 이집트인들이 동물을 신성시했다는 내용이 나왔고 (A)가 이끄는 문장은 애완동물도 인기가 있었다는 내용이다. 동물에 대해 긍정적인 내용이 이어지고 있으므로 빈칸에는 유사성을 나타내는 연결어 Similarly나 Likewise가 적절하다. (B) 많은 이집트인들이 내세에 외롭지 않기 위해 애완동물이 함께 묻히기를 원했다는 앞 내용과 이집트인들의 무덤에서 미라로 만들어진 동물들이 많이 발견됐다는 뒤 내용은 서로 인과 관계에 있다. 따라서 결과를 나타내는 연결어 As a result가 적절하다.

해석 고대 이집트인들은 자연 세계와 그 안의 동물들과 가까웠다. 고양이, 황소, 매가 특히 고대 이집트인들에게 신성했는데, 그들은 그것들이 특정 신과 여신의 영혼을 **embody**한다고 믿었다. (A) 마찬가지로, 애완동물이 이 당시에 인기가 있었다. 비록 그것들이 신성하게 여겨지지 않았을지라도, 개, 고양이, 원숭이 같은 흔한 동반자들은 고대 이집트 사회에 매우 중요했다. 사실 그들은 집에서 동물들을 키우는 유일한 고대 문화 중 하나였고, 많은 이집트인들은 내세에서 동지애를 가지도록 그들과 함께 묻히는 쪽을 선택했다. (B) 그 결과 과학자들은 고대 이집트인들의 무덤에서 수백만 마리의 미라로 만들어진 동물들을 발견해 왔다.

hawk 매 | **sacred** 신성한 | **goddess** 여신 | **companion** 동반자 *cf.* companionship 동지애 | **afterlife** 내세, 사후세계 | **mummify** (시체를) 미라로 만들다

A 2 양괄식

B 2 바로 앞뒤

C 1 주제문　**2** 주제

④

해설 빈칸 문장과 선택지로 보아, 판사가 공통되는 기반을 제공할 수 있다는 내용을 연결시킬 알맞은 어구를 찾아야 한다. 바로 앞 문장을 보면 '이 문제(this problem)'를 해결하기 위해 판사가 독립된 과학자를 뽑을 수 있게 되었다고 했다. 그 문제란 반대되는 양측, 즉 원고 측과 피고 측이 과학적인 데이터의 해석에 거의 동의하지 않는다는 것으로, 이를 해결하기 위해서는 어느 한쪽에 치우치지 않는 전문가의 의견을 제공함으로써 판사가 공통되는 기반을 제공할 수 있을 것이다.

해석 과학적 증거의 제시를 수반하는 법정 소송 사건에서, 피고 측 변호사와 그의 상대편인 원고 측 변호사들은 대개 자신들의 의뢰인들에게 유리한 방식으로 데이터를 해석하는 과학자들을 활용한다. 이는 판사들에게 문제를 야기하는데, 판사들은 이렇게 상충하는 증거에 근거하여 사건을 공정하게 결정할 과학적 지식을 가지고 있지 않기 때문이다. 설상가상으로, 양쪽은 사건과 관계된 과학적 데이터의 해석에 좀처럼 동의하지 않을 것이다. 이 문제를 해결하기 위해, 판사들은 이제 자신들의 독립된 과학자들을 뽑을 수 있다. <u>어느 한쪽에 치우치지 않은 전문가 의견을 제공함으로써</u> 판사는 양측이 기점으로 삼는 공통되는 기반을 제공할 수 있다.

A 1 that
해설 that은 '그렇게'란 뜻의 부사로 쓰여 부사인 far를 수식하기에 옳다. as far라는 표현은 없으며 as far as는 접속사로 쓰여 '~하는 한'의 뜻.
해석 만약 상황이 더 나빠진다면, 전쟁이 일어날 수도 있지만, 나는 정치가들이 그렇게까지 하지 않기를 바란다.

2 do we offer
해설 not only가 문두로 나오면 주어와 동사가 도치되어 〈조동사+S+V〉의 형태로 바뀌기 때문에 do we offer가 옳다.
해석 우리는 경쟁적인 가격에 양질의 제품을 제공할 뿐만 아니라, 최고의 서비스와 가장 긴 보증기간도 제공한다.

B 1 evacuated
해설 눈이 덮인 지붕이 지탱할 수 없을 것 같아서 빌딩을 '떠났다'가 문맥상 자연스러워서 evacuated가 옳다. evaluate는 '~을 평가하다'란 뜻.
해석 나는 빌딩을 떠났는데, 왜냐하면 심하게 눈이 덮인 지붕이 지탱할 수 있다고 생각하지 않았기 때문이다.

2 restrictions
해설 사업에 불리한 '제한'이 문맥상 자연스러워서 restrictions가 옳다. registrations는 '등록'의 뜻.
해석 그가 동의하지 않을 것은 당연했다. 그가 자신의 사업에 불리한 제한에 투표할 것이라는 가능성은 없었다.

3 odd
해설 패션 취향이 저급한 것처럼 보이는 것은 그의 '이상한' 양말 때문이므로 문맥상 odd가 옳다. even은 '평범한'의 뜻.
해석 그는 이상한 양말을 신고 있었는데, 이것은 그가 패션에 저급한 취향을 가진 것처럼 보이게 했다.

p.148

p.149

C ③

해설 (A) 문맥상 연료 엔진이 '자동차의 전지를 재충전하는 데 사용되다' 라는 의미이므로 be used to부정사 형태인 recharge가 적절.

(B) enough가 '~할 만큼 (충분히)' 라는 뜻의 부사로 쓰일 때에는 형용사(strong), 동사, 부사 뒤에서 이를 수식한다.

(C) people's ~ pollution이 명사구로 전치사가 이끌기 때문에 because of가 옳다. because는 절을 이끈다.

해석 하이브리드 자동차는 두 가지 다른 종류의 엔진의 조합에 의해 동력을 공급받는 것이다. 가장 흔한 종류의 하이브리드 자동차는 휘발유와 전기형이다. 이 자동차는 작은 엔진을 작동시키기 위해 연료를, 전기 모터를 돌리기 위해 전지를 사용한다. 연료 엔진은 자동차의 전지를 재충전하는 데 사용되고, 이번에는 이것이 전기 모터에 동력을 공급한다. 동시에, 연료 엔진과 전기 모터는 적당한 속도로 자동차를 움직이기에 충분할 만큼 강한 동력을 공급한다. 오늘날, 환경, 특히 대기 오염에 대한 사람들의 걱정 때문에 하이브리드 자동차는 연료만 사용하는 모델을 대신하기 시작하고 있다.

U N I T **10** 글의 흐름에 맞게 문장 배열하기

해답 ④   p.152

해석 브로콜리는 쓴맛이 난다고 생각하는가? 요리사를 탓하지 마라!

(C) 연구원들은 맛이 있고, 없는 것은 맛보는 사람의 유전자에 따라 좌우될 수 있다고 말한다. 유전자는 눈동자 색과 얼굴 모양을 결정한다.

(A) 유전자는 또한 우리 혀의 미각돌기 개수도 결정한다. 어떤 사람들은 미각돌기를 많이 가지고 있다.

(B) 이 때문에 그들은 어떤 음식의 맛이 불쾌할 만큼 강하다고 느낀다. 그들에게 브로콜리는 매우 쓴맛이 난다.

> Do you think broccoli tastes bitter? Don't blame the cook!

(C) Researchers say that what tastes good or bad can depend on the taster's genes. Genes determine the color of your eyes and the shape of your face.

(A) Genes also determine how many taste buds are on your tongue. Some people have many taste buds.

(B) Because of this, they find the flavor of some foods unpleasantly strong. Broccoli tastes very bitter to them.

A 1 반복 표현 **6** 연결사
B 5 대명사 **6** 연결사

1

핵심 SKiLLNOTE • [본문] 참조

본문

The feeding habits of wild dolphins have been extensively studied and are well understood.

(A) Dolphins are predators that chase their prey at very high speeds. The formation of their teeth and the beaks that hold them are very important to dolphins' feeding habits. Species that have long beaks and many teeth feed on fish.

(C) Dolphins with shorter beaks and fewer teeth, however, eat more squid. In either case, the prey is usually swallowed whole. To get fish that are hard to catch, dolphins have developed a special hunting method.

(B) The hunting method is called "herding." When herding, a group of dolphins will control the movements of a large school of fish while individual members take turns swimming through the school and feeding.

해답 ②   **p.154**

해설 우선 주어진 문장의 내용으로 보아, 야생 돌고래의 식습관에 대한 연구 내용이 이어질 것임을 알 수 있다. (A)는 돌고래에 대한 소개와, 이빨 구조와 주둥이 모양에 따른 식습관을 소개하고 있고 (C)는 역접을 뜻하는 연결사 however와 함께 (A)와 대조되는 돌고래 종의 식습관이 이어지므로 (A)-(C)의 순서가 알맞다. (B)의 The hunting method는 (C)에서 언급된 a special hunting method를 받는 것이므로 전체적인 순서는 (A)-(C)-(B)가 되어야 한다.

해석 야생 돌고래의 식습관에 대해서는 폭넓은 연구가 이루어지고 있으며 이에 대해서는 잘 알려져 있다.

(A) 돌고래는 **prey**를 매우 빠른 속도로 추적하는 육식 동물이다. 이빨 구조와 이빨을 지탱하는 주둥이가 돌고래의 식습관에 매우 중요하다. 주둥이가 길고 이빨이 많은 종(種)은 물고기를 먹고 산다.

(C) 하지만 주둥이가 더 짧고 이빨 개수가 더 적은 돌고래는 오징어를 더 많이 먹는다. 어느 쪽 돌고래든 먹이를 통째로 삼키는 것이 보통이다. 잡기 어려운 물고기를 잡기 위해 돌고래는 독특한 사냥법을 발달시켰다.

(B) 이 사냥 방법은 'herd하기'라고 불린다. 집단 사냥을 할 때는 각 돌고래가 차례로 물고기들 사이를 헤엄치며 먹이를 먹는 동안 무리 지은 돌고래들이 큰 물고기 떼의 움직임을 통제한다.

extensively 폭넓게, 널리, 광범위하게 | **predator** 육식 동물; 포식자 | **formation** 구조, 형태; 형성 | **beak** 주둥이, 부리 | **squid** 오징어 | **swallow** ~을 (꿀떡) 삼키다 | **school** (물고기, 고래 등의) 떼 | **take turns ~ing** 교대로 ~하다

---

guess it!   **prey** ⓐ (먹이)   **herd** ⓐ (무리를 지어가다)

본문

The University of Rochester is offering an innovative new class called "Physics of Music."

(B) The class is taught by astrophysicist Alice Quillen, and it focuses on explaining the physics behind how each different design has its own unique pitch.

(A) Using what they have learned, her students get the opportunity to design and build their own musical instruments, concentrating on one particular design that is meant to produce a corresponding pitch.

(C) Quillen's belief is that building these instruments will interest students and teach them the basics of physics and its role in real life. At the end of the semester, students who have completed their projects successfully use their home-made instruments to perform a concert.

해답 ③   **p.**155

해설 주어진 문장의 내용으로 보아, 로체스터 대학의 새로운 강좌(an innovative new class)에 대한 설명이 이어질 것임을 예측할 수 있다. (A)의 they가 지칭할 수 있는 것이 주어진 문장에는 없지만, (B)의 The class는 an innovative new class를 받을 수 있으므로 내용을 확인한다. 강좌의 강의 교수 소개와 내용이 설명되고 있으므로 (B)가 주어진 문장에 이어 나오는 것이 적절하다. (A) 문장의 주어인 her students는 (B)에서 소개된 교수의 학생들을 지칭하고, (C)의 these instruments는 (A)에서 언급된 '학생들이 직접 만든 악기들(their own musical instruments)'을 지칭하므로 (B)-(A)-(C)의 순서가 되어야 한다.

해석 로체스터 대학은 '음악의 물리학'이라는 혁신적인 새 강좌를 열고 있는 중이다.
(B) 천체물리학자 앨리스 퀼렌이 강의하는 이 강좌는 각각의 다양한 디자인이 어떻게 자신만의 독특한 음조를 내는지에 대한 물리학 이론을 중점적으로 설명한다.
(A) 학생들은 배운 내용을 이용해서 자기만의 악기를 디자인하고 만들어 보는 기회를 얻는데, 특정한 디자인에 집중해서 그에 상응하는 pitch를 내도록 한다.
(C) 퀼렌은 이러한 악기를 만드는 것이 학생들의 흥미를 유발하고 그들에게 물리학의 기초와 실생활에서 물리학이 어떤 역할을 하는지에 대해 가르칠 수 있을 것이라고 믿는다. 학기가 끝날 무렵에는 실습을 잘 마친 학생들이 직접 만든 악기를 이용해서 콘서트를 연다.

innovative 혁신적인 | **physics** 물리학 | **instrument** 악기; 도구 | **concentrate on** ~에 집중하다 | **particular** 독특한 | **corresponding** 그에 상응하는, 일치하는

---

guess it!   pitch ⓐ (음조)

수능직결구문   Using what they have learned, **her students** get the opportunity to design and build their own musical instruments, concentrating on one particular design that is meant to produce a corresponding pitch.
　　　　▶ Using과 concentrating의 의미상 주어는 her students로 동일하다. 이처럼 분사구문의 의미상 주어가 주절의 주어와 일치할 때 생략된다.

핵심 SKiLLNOTE • [본문] 참조

본문

If you have ever had the funny feeling that your dog was laughing at you, you were probably right. Scientists now believe that the "huffing" noise, which is made when dogs breathe out loudly, is actually a form of laughter. This was recently discovered by a researcher when she recorded the various sounds that dogs typically make and then played those sounds back to other dogs. The dogs had different and distinct reactions to each sound. Most dogs reacted negatively to the sounds of growling, barking or howling, but all the dogs began to play or reacted positively to the huffing sounds. **The researcher also found that this laughter was used when the dogs were inviting other animals to play.** What is more interesting is that they did not only make the sound to other animals, but also when they were playing with a toy by themselves.

해답 ⑤   p.156

해설 주어진 문장에서, 그 연구자가 개들이 다른 동물들과 놀려고 이 웃음을 이용한다는 것 또한 발견했다고 했으므로 이 문장이 들어가서 전후 문맥이 자연스러운 곳을 찾는다. ⑤의 앞 내용은 개가 숨을 가쁘게 내쉬는 소리, 즉 웃음소리에 대해 연구자가 발견한 첫 번째 내용에 해당한다. ⑤의 뒤는 다른 동물들과 놀 때뿐만 아니라 혼자서 놀 때도 웃음소리를 낸다는 더 재미난 내용을 추가 소개하는 것이므로 주어진 문장이 들어갈 곳으로 가장 적절한 것은 ⑤이다.

해석 기르는 개가 당신을 보고 웃는 것 같은 말도 안 되는 느낌을 느껴본 적이 있다면, 그 느낌이 아마 맞을 것이다. 이제 과학자들은 개가 큰 소리로 숨을 쉴 때 내는 'huff' 하는 소리가 실제로 웃음의 일종이라고 생각한다. 이것은 최근에 한 연구원이 개들이 전형적으로 내는 다양한 소리를 녹음한 다음, 그 소리를 다시 다른 개들에게 들려줌으로써 발견되었다. 그 개들은 각 소리마다 다르고 **distinct**한 반응을 보였다. 대부분의 개는 으르렁거리거나 짖거나 길게 짖는 소리에는 부정적인 반응을 보였으나, 숨을 가쁘게 내쉬는 소리에 대해서는 모든 개가 장난치기 시작하거나 긍정적인 반응을 보였다. 그 연구원은 또한 개들이 다른 동물들에게 같이 놀고 싶을 때 이 웃음을 보인다는 것도 알게 되었다. 더 재미있는 것은 개들이 다른 동물들에게만 그 소리를 내는 것이 아니라, 혼자서 장난감을 갖고 놀 때에도 그 소리를 냈다는 것이다.

typically 전형적으로 | **reaction** 반응, 태도 | **negatively** 부정적으로 (↔ positively 긍정적으로) | **growl** 으르렁거리다 | **bark** 짖다 | **howl** 긴소리로 짖다, 울부짖다

---

guess it! **huff** ⓐ (숨을 가쁘게 내쉬다)   **distinct** ⓐ (독특한)

수능직결구문 1. This was recently discovered by a researcher when she recorded the various sounds that dogs typically make and then **(she)** played those sounds back to other dogs.
  ▶ 앞에 나오는 **dogs**를 played의 의미상 주어로 착각하지 말아야 한다. play가 '(테이프 등을) 틀다'라는 의미로 쓰였음을 안다면 의미상의 주어를 쉽게 찾을 수 있다.

2. What is more interesting is they did not only make the sound to other animals, but also **(they made the sound)** when they were playing with a toy by themselves.
  ▶ A와 B를 대등하게 연결하는 〈not only A, but also B〉 구문에서는 앞 절과 중복되는 부분을 뒤 절에서 생략하는 경우가 많다.

본문

The word "leader" is often associated with power, prestige and wealth and, if asked, most people would say that they would like to be in a leadership position. Being a leader certainly has its advantages. People in such positions are often respected and enjoy a high level of social status, and their opportunities for gaining further power and wealth are great. There are some drawbacks, however. Business leaders are in charge of solving many problems with employees, products, and services, many of which are out of their control. **Due to this**, **they** **report their jobs as being highly stressful, and many of them experience burnout and leave their positions.** Those who do stay in leadership roles often report that they feel isolated and lonely in the workplace because being in such a role greatly limits the number of people they can confide in.

해답 ⑤   p.157

해설 주어진 문장은 이들이 자신의 일에 스트레스를 받아 지쳐서 그 자리를 떠나고 만다는 내용이고, Due to this,로 시작하므로 앞 내용은 원인, 주어진 문장은 그로 인한 결과임을 알 수 있다. 주어진 문장의 they는 문맥상 Business leaders를 가리키며, 이러한 결과를 초래하는 것은 그들이 통제하기 불가능한 많은 문제를 해결할 책임이 있기 때문인 것으로 보아야 한다. 바로 뒤에 지도자가 겪는 또 다른 문제점이 언급되고 있으므로 뒤 문장과도 자연스럽게 이어진다.

해석 '지도자'라는 단어는 대개 권력, 명예, 부(副)와 연관이 있어서, 누가 물어본다면 대부분의 사람들은 지도자의 자리에 있고 싶다고 대답할 것이다. 지도자가 된다는 것은 분명히 유리한 점이 있다. 그러한 위치에 있는 사람은 대개 존경받고 높은 수준의 사회적 지위를 누리며, 더 많은 권력과 부를 얻을 기회가 많다. 그러나 **drawback**도 있다. 사업상의 지도자는 종업원, 제품, 서비스 등 많은 문제를 해결할 책임이 있는데, 이런 문제들 중 다수는 그들의 통제가 불가능하다는 것이다. 이 때문에, 이들은 자신의 일에 매우 스트레스를 받는다고 말하며, 대다수는 완전히 지쳐서 결국 그 자리를 떠나고 만다. 지도자의 역할로 계속 남아 있는 사람들은 종종 직장에서의 소외감과 고독을 호소하는데, 지도자의 역할을 한다는 것은 **confide in**할 수 있는 사람의 수를 크게 제한하기 때문이다.

be associated with ~와 연관되다; ~이 연상되다 | **prestige** 명성, 신망 | **respected** 존경받는 | **be in charge of** ~에 책임이 있다 | **out of control** 통제할 수 없는 | **burnout** 극도의 피로, 쇠진 | **isolated** 소외된, 고립된

guess it! **drawback** ⓑ (결점) **confide in** ⓑ (~을 신뢰하다)

(C) When I was a kid, baseball was a fascination and an obsession, and my heroes were the undeniable greats of my favorite sport, such as Lou Gehrig and Babe Ruth . In 1946, I turned 11 and, when I was not watching or playing baseball, I made pocket money by hiding and waiting near the 3rd hole of a golf course in Central Queens. When a player would hit a ball off course, I would run out, take it and sell it at a discount to the next player who came by. On one particular day , though, I was taught a lesson that I will never forget.

(B) Things started off well. A shot curved off course and into the bushes. Payday, I thought. I sprinted towards where I thought the ball had landed, but when I got there I could not find it. I quickly looked through the bushes until, finally, I found it. But it was too late! As I bent down to pick up the ball, a large shadow crept over me. I was caught with the stolen ball in my hand. Shyly, with a look of terrible guilt, I turned around to face the man who was towering over me. It was my greatest hero, Babe Ruth .

(A) I smiled with embarrassment and, with a weak voice, I said, " Babe ." He was older now, but he still had the energy to shout the meanest list of insults that I had ever heard. My fragile childhood spirit was broken. How could the "Babe" act in such a way? To me, it had seemed unthinkable and impossible. Years later , though, I understood the painful lesson that I had learned that day. Heroes, however much we idolize them, are simply people just like the rest of us. Losing the innocence of childhood is never easy, but it is a normal part of life.

해답 5 ⑤ **6** ④ **7** ④ p.158

해설 5 골프장에서 골프공을 주워 되팔아 용돈을 벌면서 잊지 못할 교훈을 배우게 되었다는 내용의 (C), 그러다가 베이브 루스에게 들키게 된 내용의 (B), 베이브 루스와 나의 대화와 구체적인 교훈의 내용을 설명한 (A)가 이어지는 것이 적절하다. **6** 어릴 적 자신의 영웅이었던 베이브 루스와의 일화로 인해 얻은 교훈에 대한 설명이므로 ④가 적절하다. **7** 베이브 루스가 필자에게 모욕적인 말들을 퍼부을 힘은 남아 있었다고 하였고 그 때문에 뼈아픈 교훈을 얻었다고 했으므로 정답은 ④. 필자가 찾은 것은 골프공이므로 ①은 오답이며 ②, ⑤는 글에 언급된 바 없고, 필자는 골프장에서 주운 공을 판 것이므로 ③도 오답이다.

해석 (C) 내가 어릴 적, 야구는 매혹적인 것이자 **obsession**이었고, 내 영웅은 루 게릭과 베이브 루스 같이 내가 가장 좋아하는 스포츠에서 누구도 부인할 수 없는 위대한 인물들이었다. 1946년, 나는 열한 살이 되었고 야구를 보지 않거나 연습하지 않을 때는 센트럴 퀸스의 골프장 3번 홀 근처에 숨어 기다리고 있다가 용돈을 벌었다. 선수가 코스에서 벗어난 공을 치면, 달려나가서 공을 가져온 후 다음에 오는 선수에게 싸게 팔았다. 하지만, 어느 날 나는 결코 잊지 못할 교훈을 배우게 되었다.
(B) 처음에는 일이 순조롭게 풀렸다. 공이 코스 밖으로 커브를 그리더니 수풀 속으로 들어갔다. 나는 또 돈을 벌 수 있겠다고 생각했다. 나는 공이 떨어졌다고 생각한 곳으로 **sprint**했으나 그곳에 갔을 때 공을 찾을 수 없었다. 나는 재빨리 수풀 속을 찾아보다가 마침내 공을 찾아냈다. 그러나 때는 너무 늦었다! 공을 집어 들려고 몸을 구부렸을 때 큰 그림자가 내 위로 **creep**했다. 손에 훔친 공을 든 채로 잡힌 것이다. 나는 무척 죄책감을 느끼는 표정을 하고 부끄러워하며 몸을 돌려 내 앞에 우뚝 선 남자를 쳐다봤다. 그는 나의 가장 위대한 영웅, 베이브 루스였다.
(A) 나는 당황해서 미소를 지으며 기어들어가는 목소리로, "베이브 아저씨"라고 말했다. 그는 그때 나이가 많았지만, 내 평생 들어본 것 중 가장 모욕적인 말들을 퍼부을 힘은 아직 남아 있었다. 나의 상처받기 쉬운 어린 영혼은 부서져 버렸다. 어떻게 나의 영웅 '베이브' 가 그렇게 행동할 수가 있단 말인가? 나에게는 생각할 수도, 있을 수도 없는 일 같았다. 그러나 몇 년이 지난 후, 나는 그날 내가 배운 뼈아픈 교훈을 이해하게 되었다. 우리가 아무리 우상화하더라도 영웅들 또한 우리처럼 그냥 인간일 뿐이다. 어린 시절의 순수함을 잃기는 결코 쉽지 않지만, 이 역시 삶의 평범한 일부분일 뿐이다.

6. ① 골프장에서 돈 버는 법   ② 무적의 야구선수, 베이브 루스   ③ 나의 방대한 야구 수집품
④ 나의 어릴 적 영웅에 대한 추억   ⑤ 역할 모델을 가지는 것의 중요성

fascination 매혹, 매력 있는 것 | **undeniable** 누구도 부인할 수 없는, 명백한 | **great** 위인, 명사(名士) | **pocket money** 용돈 | **bend down** 허리를 굽히다 | **guilt** 죄책감 | **tower over** ~보다 매우 높이 서 있다 | **embarrassment** 당황 | **mean** 상스러운, 비열한; 인색한; ~을 의미하다 | **insult** 모욕(적 언동); ~을 모욕하다, 욕보이다 | **fragile** 상처받기 쉬운; 깨지기 쉬운 | **idolize** ~을 우상화하다 | **innocence** 순수함

---

guess it! **sprint** ⓑ (전력 질주하다)   **creep** ⓑ (슬며시 접근하다)
obsession ⓐ (완전히 사로잡힌 생각)

수능직결구문   1. He still had the energy to shout the <u>**meanest**</u> list of insults that I had ever heard.
▶ 최상급 표현 뒤에 〈주어+have[has, had]+ever+p.p.〉를 붙이면 '지금까지 가장 ~한'의 뜻으로 최상급의 의미가 더욱 강조된다. 참고로 have[has, had]는 생략되기도 한다.

2. Heroes, <u>however much we idolize them</u>, are simply people just like the rest of us.
아무리 우리가 그들을 우상화하더라도
▶ 〈however+형용사[부사]+주어+동사〉는 '아무리 ~하더라도'라는 뜻이다.

핵심 POINT REVIEW   p.160

 1 (1) 먼저 (2) the
4 대명사 **5** 마지막

 A 2→1→3
해설 1의 One user를 받는 것이 3의 He이고 1, 3은 2의 내용에 대한 구체적인 사례이므로 2→1→3의 순서가 적절하다.
해석 1 한 이용자가 "첫 주에는 잠을 자지 않았어요."라고 말했다.
2 많은 사람들은 인터넷 게임을 단지 따분해서 시작하고, 실시간 게임을 한다는 흥분은 매력적이다.
3 그는 너무 오랜 시간 게임을 해서 종종 일출을 보곤 했다.

B 3→2→1
해설 2는 시간 흐름상 3 뒤에 와야 하며, 1은 2의 내용과 역접의 내용을 이끌므로 3→2→1의 순서가 적절하다.
해석 1 그러나 다른 국가들에서는 이미 축구나 야구 같은 인기 있는 스포츠가 있으므로 NFL은 그리 성공을 거두고 있지는 않다.
2 이제 NFL은 미국 외부에서 인기를 얻으려고 하고 있다.
3 1920년대 초에 시작된 이래로, 전미 축구 리그(NFL)는 미국에서 주로 인기가 있어 왔다.

등급 Up! 어휘 · 어법테스트   p.161

A 1 flying
해설 주어 자리이므로 주어 역할을 할 수 있는 동명사 flying이 옳다.
해석 나는 시험 조종사로서의 내 직업을 사랑하지만, 새로운 증명되지 않은 항공기를 조종하는 것은 긴장될 수 있다.

2 themselves

해설 주어 '일원들(the members)'이 한 ask(묻다)의 동작이 그들 자신에게 가해질 때에는 목적어 자리에 재귀대명사를 쓰기에 themselves가 옳다.

해석 집단의 믿음이 사람들로 하여금 폭력적인 행동을 저지르도록 하기 시작했을 때, 일원들은 그들의 대의를 지지하는 것이 애쓸 가치가 있는지 그들 자신에게 물어보아야만 한다.

B 1 economical

해설 천 기저귀를 쓰면 돈이 절약돼 더 '경제적인' 것이 문맥상 자연스러워서 economical이 옳다. economic은 '경제(학)의'란 뜻.

해석 천 기저귀는 건강에 더 좋고, 더 <u>경제적이고</u>, 환경에 더 좋을 것이다.

2 sensible

해설 핵폭탄은 전 행성을 파괴할 것이기 때문에 이것을 사용하는 것은 '분별 있는' 것이 아니라는 내용이 자연스러워서 sensible이 옳다. sensitive는 '민감한'의 뜻.

해석 핵폭탄의 사용은 <u>분별 있는</u> 것이 아닌데, 왜냐하면 그것들을 사용하는 전쟁은 아마 전 행성을 파괴할 것이기 때문이다.

3 considerable

해설 issue(문제)를 수식하기에 문맥상 considerable이 적절하다. considerate는 '이해심이 있는'의 뜻.

해석 외교 정책은 지난해 격렬한 대통령 선거에서 <u>중요한</u> 문제였다.

C ③

해설 계속적 용법의 관계대명사로, 선행사가 most common people로 사람이기에 who로 고쳐야 한다.

해석 산업혁명과 함께 사람들의 삶은 엄청난 변화를 겪었다. 19세기 이전에는 한 장의 셔츠를 생산하는데 몇 주가 걸릴 수 있었다. 모두 손에 의해 양모는 직물 짜는 실로 변하고, 그 후 염색되고, 직물로 만들어지고, 그리고 바느질되어야만 했다. 기계와 함께 셔츠를 생산하는 데 걸리는 시간은 갑자기 며칠로 줄었다. 그러나 혁명은 대부분의 보통 사람들의 노동 시간을 줄이지 못했고, 이 사람들은 자신들이 하루에 18시간까지 또는 그 이상 일한다는 것을 깨달았다. 이제 재봉사와 목수와 같은 기능공들은 그들이 이전에 일했던 것보다 훨씬 더 긴 시간을 일해야만 했고, 단지 장사를 계속하기 위해 상품을 더 싸게 팔아야만 했다. 다른 변화는 온 마을이 공장 주변에 세워지기 시작했고 가족에게 일자리, 집, 학교, 교회와 상점, 즉 한 장소에서 모든 것을 제공했다는 것이었다.

UNIT 11 요약문 완성하기

해답 ④

p.164

해석 사람들은 본의 아니게 종종 무례하다고 여겨지는 경우가 있다. 자신만의 생각에 완전히 빠져 있으면, 자신에게 인사하려는 사람의 행동을 보지 못한다. 그들은 친구가 있음을 알아채지 못한 채, 바로 옆을 지나칠 수 있다. 콘택트렌즈를 착용하지 않았거나 정말 근시안인 사람들은 정말로 보지 못한다. 친구가 정말로 당신을 무시하고 있다고 믿기 전에 그 친구가 다른 데 정신이 팔려 있거나 시력이 나쁠지도 모른다는 것을 고려해 보는 것이 중요하다. 내가 알고 있던 어떤 우정은 몇 달 동안이나 긴장 상태였다. 한 친구가 단지 안경을 끼지 않아 한 치 앞도 볼 수 없었던 다른 친구에게 무시를 당하고 있다고 생각했기 때문이었다.

↓

우리는 어떤 사람의 행동의 (A) <u>이유</u>에 대해서 (B) <u>성급한</u> 결론을 내리는 것을 피하기 위해 신중히 생각해야 한다.

A 누군가의 행동의 '무엇'에 대해 '어떤' 결론을 내리는 것을 피하기 위해 신중히 생각해야 한다는 내용일 것이다.

B **1** ①   **2** ③, ⑤

C It is

D ④

해답 **1** ② **2** ① **3** ④ **4** ⑤ **5** ⑤ **6** ④

1

핵심 SKiLLNOTE ❷ ③ (상황이 악화되어서 성공 가능성이 있다는 것은 논리적으로 맞지 않음) ❸ 없음

해답 ②   p.166

해설 요약문에서 누군가가 (A) 때문에 당신의 안을 반대하면, 상황이 (B)함을 설명함으로써 자신을 방어하라고 했다. (A) 상대방이 반대하는 이유가 과거의 실패 때문임을 글의 앞부분에서 추론할 수 있다. (B) 자신을 방어하는 방법이 글의 후반부에 나온 times change and the situation today is necessarily different를 지적하는 것이므로 빈칸에는 changed가 들어가야 옳다. improved에 해당하는 내용은 이 글에 없다.

해석 당신은 몇 번이나 안을 제시했다가 누군가가 "우리가 과거 2005년에 그렇게 해봤는데, 그것이 우리에게 가져다준 것을 보세요. 아무것도 없어요. 그런데 그것에 든 비용이 …"라고 말하는 것을 들어 보았는가? 이전의 유사한 노력들에 대해 알게 되는 것은 준비의 일부분으로서 가슴 아픈 일이 아니다. 그리고 그런 공격을 받았을 때 당신은 당신의 현재 안과의 유사성을 **embrace**한다. 이것은 당신이 이미 이러한 반대를 고려해 봤음을 보여주기에 충분하다. 당신은 당신의 핵심을 설명하기 위해 아주 세세하게 들어갈 수 있지만, 그것은 또 다른 덫이 될 수 있다. 공격하는 사람은 계속 문제를 제기할 수 있고, 당신은 올바른 세부사항을 알지 못할지도 모른다. 그러므로 논박될 수 없는 것을 지적해라, 시대는 변하고 오늘의 상황은 필연적으로 다르다. 그것은 정말로 그렇게 간단하니… 그것을 간단하게 유지해라.

> 만일 누군가가 (A) 과거의 실패 때문에 당신의 안을 반대한다면, 상황이 (B) 바뀌어서 성공의 가능성이 있다고 설명함으로써 자신을 방어해라.

present ~을 제시[제공]하다 | **preparation** 준비, 대비 | **objection** 이의, 반대 | **trap** 덫 | **point to** ~을 지적하다 | **circumstance** 상황, 환경 | **stabilize** 안정되다; ~을 안정시키다

---

guess it! **embrace** ⓑ (~을 수용하다)

2

핵심 SKiLLNOTE ❷ 없음 ❸ the majority ~ and kindness

해답 ①   p.167

해설 (A) 낯선 사람을 돕는 유아 대상의 실험을 예시로 들며 다른 사람들의 행복과 안녕을 비는 것을 본문에서 altruism이라 하였으므로 Unselfish가 적절하다. (B) 그러한 이타적인 행동이 유아에게서도 보이고, 사람들의 상호작용의 대부분이 인간의 예의범절과 친절에서 비롯된다고 하였으므로 '타고난' 본능이라고 표현되는 것이 적절하다.

해석 18개월 된 유아를 대상으로 한 최근의 실험에서 한 독일 연구원은 차례대로, 각 유아 가까이에 서서 아이가 그를 보고 있는 것을 확인한 후, 그가 사용하던 지우개를 '실수인 척' 떨어뜨렸다. 그는 실험 결과에 매우 놀랐다. 실험에 참여한 36명의 유아 중 35명이 바로 즉시 지우개를 주워 그에게 돌려줌으로써 그를 도와줬기 때문이다. "이 아이들은 너무 어려서 말을 거의 할 줄 모르지만, 한 명을 제외하고는 모두 낯선 사람을 도와주려는 의지를 강하게 보였고 보상을 바라지 않았습니다."라고 연구원이 말했다. 낯선 사람을 위해 열려 있는 문을 잡고 있는 것과 같이 아무런 대가를 바라지 않고 도와주는 것을 **altruism**이라 한다. 뉴스는 전쟁과 범죄로 가득할지 모르지만, 우리가 매일, 일상적으로 나누는 다른 사람과의 상호작용은 대부분 인간의 **courtesy**와 친절에서 비롯된다.

> 다른 사람의 행복과 안녕을 비는 (A) 이타적인 마음은 인간의 (B) 타고난 본능 중 하나이다.

toddler 유아, 아장아장 걷는 아이 | **in turn** 번갈아 가며, 차례로 | **accidentally** 실수로; 우연히 | **stun** ~을 매우 놀라게 하다 | **in return** 그 대가[답례]로 | **interaction** 상호작용 | **be motivated by** ~에서 비롯되다

guess it! **altruism** ⓑ (이타주의) **courtesy** ⓐ (예의범절)

수능직결구문 Yet all but one displayed a clear desire to help a stranger and did not expect a reward.

　ⓐ ~을 제외하고

　▶ 여기서 but은 '~을 제외하고'란 뜻으로 except로 바꿔 쓸 수 있다. 주로 'any-/every-/not-/all-' 등으로 시작하는 어구와 함께 쓰인다.

　cf. I don't want to share my childhood memory with anyone but my best friend Su-yeon.

　(나는 나의 가장 친한 친구인 수연이 말고는 다른 누구와도 어린 시절의 기억을 공유하고 싶지 않다.)

3

핵심 SKiLLNOTE ❷ ③ (직업, 돈, 사회적 지위는 단지 (A)이고, 인생 자체가 진정한 (B)라는 요약문으로 보아 (B)의 자리에는 부정적인 단어가 들어갈 수 없음) ❸ 없음

해답 ④ 　　**p.**168

해설 요약문을 통해 이 글은 직업, 돈, 사회적 지위와 삶 그 자체에 대해 각각 어떻게 설명했는지를 찾아야 함을 알 수 있다. 교수님의 말에서, 직업, 돈, 사회적 지위는 곧 유리잔을 뜻하고, 삶은 차를 뜻하며, 유리잔은 '마시기 위해 필요한' 것이고 차가 '가장 중요한 것'이라고 하였으므로 (A)에는 '유용한', (B)에는 '보물'이 가장 적절하다.

해석 오랜 친구들과 나는 대학 은사님인 존스 박사님을 깜짝 방문했고, 교수님은 우리를 반갑게 맞아주셨다. 그러나 우리의 대화는 곧 스트레스가 심한 직업, 너무 많은 주택 담보 대출, 더 부자인 지인들에 대한 부러움에 대한 불평불만으로 넘어갔다. 교수님은 주방으로 가 아이스티와 **assortment**의 유리잔을 가지고 오셨다. 모든 사람이 각자 잔에 차를 따른 후, 교수님은 다음과 같이 말씀하셨다. "자네들이 말하는 이 모든 질투와 스트레스는 무엇 때문인가? 나는 자네들 모두 크리스털 잔을 가져가는 것을 보았네. 아무도 가격이 저렴해 보이는 잔을 가져가지 않았어. 차가 가장 중요한 것이 아닌가? 만약 우리의 삶이 차라면, 직업, 돈, 사회적 지위는 잔이라네. 나는 유리잔 자체가 아니라 마시기 위해 유리잔이 필요하다네. 만약 내가 잔에 너무 많은 신경을 쓰게 된다면, 내가 진정으로 원하는 모든 것인 맛있는 차의 진가를 결코 알지 못할 걸세."

⬇

> 직업, 돈, 사회적 지위는 단지 (A) 유용할 뿐이고 삶 그 자체가 진짜 (B) 보물이라는 것을 잊지 말아야 한다.

pay a visit 방문하다 | **delighted** 기쁜 | **acquaintance** 지인(知人), 아는 사람 | **status** 지위, 신분 | **appreciate** ~의 진가를 알아보다; ~을 감상하다; ~에 감사하다 | **merely** 단지, 고작

---

guess it! **assortment** ⓑ (여러 종류)

수능직결구문 I need the glass not for itself but **for drinking**.

　▶ 〈not A but B〉는 'A가 아니라 B인'이란 뜻의 상관접속사로 B를 강조할 때 쓴다. 이때 A와 B는 문법적으로 대등한 형태여야 하므로 drink는 for itself와 문법적으로 대등한 형태인 for drinking이 되어야 한다.

4

해답 ⑤   p.169

해설 이중화법이 '어떤' 표현인지와 그것의 목적을 찾아야 한다. (A) 이중화법은 진실을 숨겨 말의 의도를 이해하지 못하게 사용되는 것이고 글에서 구체적으로 제시된 이중화법의 예에서 볼 수 있듯이 그것은 직접적이라기보다 간접적으로 표현하는 것이므로 '모호한' 표현이라고 할 수 있다. (B) 이중화법은 사람들이 고분고분하도록 도와준다고 했으므로 사람들을 '통제하려는' 목적이 적절하다.

해석 '이중화법'은 진실을 숨겨 아무도 그 말이 진정으로 의도하는 바를 이해하지 못하게 하기 위해 사용되는 언어이다. 이중화법은 정치적으로 효과적인 도구인데, 이는 사람들이 고분고분하도록 도와주기 때문이다. 이중화법은 부도덕할지 모르나 불법이 아니라서 정부와 기업체에서 널리 이용된다. 예를 들어, 한 기업이 수백 명의 직원을 해고하여 경비를 줄이려고 계획하고 있지만, 공식적인 발표로는 '수익성 향상을 위한 대규모 인사 **restructuring**'이라고만 언급한다. 또 다른 예로 한 군대가 마을을 폭격하고 남녀노소를 죽였지만, 정부의 **press**는 그렇게 말하지 않는다. 대신에, 언론은 '테러리스트의 수뇌부 파괴' 또는, '민주주의로 인도하는 과정'이라고 말한다.

"이중화법"은 독자나 청중을 (B) 통제하려는 목적으로 사용되는, 의도적으로 (A) 모호한 표현을 뜻한다.

obedient 고분고분한, 순응하는, 복종하는 | **immoral** 부도덕한 | **illegal** 불법의 | **announcement** 발표, 공표 | **personnel** 직원, 사원; 직원의, 인사의 | **profitability** 수익성 | **bomb** ~을 폭격하다; 폭탄 | **headquarter** 본부, 본사 | **progress** 과정, 경과, 진행; 발전, 진보 | **democracy** 민주주의 | **intentionally** 의도적으로 | **for the purpose of** ~의 목적으로

guess it!   **restructuring** ⓐ (구조조정)   **press** ⓑ (언론)

5

해답 ⑤   p.170

해설 특정 메시지에서 변하지 않는 것과 사람들의 반응이 달라지게 하는 것이 무엇인지를 각각 찾아야 한다. 같은 사실을 말하는 메시지를, 다른 수치를 이용하여 적절히 표현하면 사람들에게 미치는 영향이 달라지는 예를 설명하고 있으므로 (A)에는 '사실', (B)에는 '수치'가 적절하다.

해석 **surgeon**이 환자에게 어떤 수술에서 10%의 사람들은 살아나지 못한다고 말하든지 90%의 사람들은 살아남는다고 말하든지 간에, 정보는 동일하다. 그러나 환자에게 미치는 영향은 매우 다르다. 10%가 사망한다는 말을 들은 환자의 위험부담이 더 큰 것처럼 보인다. 어떤 정보를 선택적으로 제공하는 것을 'framing'이라고 부른다. framing이 통하는 다른 예로는 "40%는 효과가 없습니다."라고 말하는 대신 "60%의 효과가 있습니다."라고 말하면, 고객들이 신약(新藥)을 더 빨리 써보려고 한다는 것이다. 또한, 150달러짜리 코트를 '세일! 50달러를 깎아 드립니다.'라고 표시한 X라는 가게가 똑같은 코트에 항상 100달러라는 가격을 매기는 Y라는 가게보다 손님을 훨씬 더 많이 끌어 모은다.

특정 메시지에 대한 (A) 사실은 변하지 않지만, 다른 (B) 수치가 제시되면 그에 대한 사람들의 반응은 달라진다.

operation (병에 대한) 수술; 작동, 작용 | **selective** 선택적인 | **attract** (손님·관객 등을) 끌어 모으다; ~을 유혹하다 | **response** 반응 | **present** ~을 제시[제공]하다 | **numerical value** 수치 *cf.* numerical 수의, 수와 관련된

수능직결구문   Being selective about the kind of information you give is called "framing."

　　　　　　　　　　　　　　　　주어　　　　　　　　　　　　　　　　　　동사

　　　▶ 〈동명사구(Being selective＋전명구)〉가 주어 역할을 하고 있다.

6

핵심 SKiLLNOTE ❷ ②, ⑤ (우리는 우리 자신의 것을 '무시하거나 동일시하는' 경험과 성격을 지닌 사람들을 가장 '질투한다'란 내용은 논리적으로 맞지 않음) ❸ We're most ~ ourselves lack.

해답 ④　　p.171

해설 우리가 '어떠한' 인생경험과 성격을 지닌 사람에게 '어떻게 되는지'를 찾아야 한다. 우선 글의 중반에 For example 이전의 문장이 주제문일 가능성이 높으므로 확인한다. 우리는 우리에게 부족한 부분을 가진 사람들에게 가장 끌린다는 것이고 이어지는 예시가 이를 뒷받침하고 있으므로 이를 적절히 말바꿈한 ④가 정답.

해석 우리 모두는 소중한 삶의 경험과 그 경험이 남긴 발자취가 가득 담긴 '보이지 않는 가방'을 들고 다닌다. 동시에 우리는 다른 사람들이 들고 다니는 보이지 않는 가방을 보고 그들과 우리의 유사점과 차이점을 구별하는 무의식적 능력을 갖추고 있다. 우리는 종종 우리 자신에게 부족한 부분으로 채워진 보이지 않는 가방을 가진 사람들에게 가장 끌린다. 예를 들어, 많은 관계에서 한 사람은 **argument**를 하는 동안 큰소리를 내는 반면, 다른 사람은 조용하게 싸움을 잠재운다. 한 사람은 수줍음이 많고, 다른 사람은 활달해서 서로 함께 있으면 각자의 극단적인 성격에 균형을 맞출 수가 있다. 우리 삶의 배우자는 종종 우리가 **psychologically**하게 완전해지는 가장 좋은 기회일지도 모른다.

↓

> 우리는 자신의 것을 (B) 보충해주는 인생경험과 성격을 지닌 사람에게 가장 많이 (A) 끌린다.

significant 소중한, 중요한; 상당한 | **mark** 흔적, 표식; ~을 표시하다 | **unconscious** 무의식의 | **identify** ~을 구별하다, 확인하다; ~을 동일시하다 | **drawn to A** A에 관심이 가는 | **outgoing** (성격이) 활발한 | **extreme** 극단적인 면; 극단적인 | **whole** 완전한; 전체의 | **complement** ~을 보완[보충]하다; 보충물

수능직결구문   For example, in many relationships, one partner may make all the noise during arguments while **the other** quietly calms the storm.

　　　▶ 문맥상 두 사람의 관계에서 일어나는 일을 설명하고 있으므로 둘 중 나머지 하나를 지칭하는 the other가 알맞다. another는 여러 개 중 또 다른 하나를 나타낸다.

　　　cf. As a recent graduate, you have a great opportunity to be accepted into an internship without spending years in another MBA program. (최근 졸업한 학생으로 당신은 또 다른 MBA 프로그램에 몇 년을 소비하지 않아도 인턴십 프로그램에 참여할 좋은 기회를 얻을 것입니다.)

A ④

해설 주제문의 의미에 의거, 컴퓨터는 문맥을 '이해할' 수 없기 때문에 완벽한 컴퓨터 번역은 '난제'로 표현되는 것이 적절하다.

해석 요약문: 지난 몇 년간의 노력에도 불구하고 완벽한 컴퓨터 번역은 여전히 (A) 난제로 간주된다. 왜냐하면 컴퓨터는 완전히 문맥을 (B) 이해할 수 없기 때문이다.

주제문: 문맥이 없으면, 정확한 컴퓨터 번역은 대개 불가능하다.

B ⑤

해설 어른은 과거를 동경하고, 아이는 미래를 소망하므로 이를 적절히 나타낸 것은 ⑤.

해석 요약문: 행복은 현재에서 발견되는 경우가 거의 없다. 과거의 것으로 (A) 기억되거나, 미래의 일부로 (B) 기대된다.

본문: 어른의 생각으로는 열두 살짜리 아이는 급여나 직업적인 승진을 걱정하지 않는다. 그래서 어른은 어릴 때가 자유의 시간이다. 그러나 아이는 어른이 되기를 항상 소망한다. 아이는 미래에서 자유를 찾는다.

A 1 ② need → needed

해설 컴퓨터가 참가자들을 위해 필요 되기에 수식받는 명사 computers와 need가 수동 관계이므로 과거분사 needed로 고쳐야 한다.

해석 그 게시판의 고지는 매주 모임의 시간 및 장소와 참가자들을 위해 필요한 컴퓨터의 개수를 보여준다.

2 ② spends → spend

해설 관계대명사 that이 이끄는 절의 선행사는 복수명사 electric motors이고 주격 관계사절 내의 동사의 수는 선행사에 일치시키므로 복수 동사 spend로 고쳐야 한다.

해석 이 새로운 모델은 디젤 연료와 에너지를 더 효율적으로 변환하고 소비하는 전기 모터에서 동력을 얻는다.

B 1 generate

해설 문맥상 관심을 '일으키다'가 자연스러워서 generate가 옳다. celebrate는 '~을 축하하다'란 뜻.

해석 마케팅 부서는 새로운 광고가 새 상품에 관한 관심을 일으킬 것을 바란다.

2 extend

해설 문맥상 체류 기간을 '늘리다'가 자연스러워서 extend가 옳다. extend는 '(기간을) 늘리다, 연장하다'의 뜻이고 expand는 '(정도 · 크기 · 용적 등을) 넓히다'의 뜻.

해석 만약 체류 기간을 늘리고 싶다면, 12시 전에 프런트에 통보해주세요.

3 lying

해설 문맥상 해변 위에 '누워 있다'가 자연스러워서 lie(눕다)의 동명사형인 lying이 옳다. laying은 '~을 놓다, 눕히다'의 뜻인 lay의 동명사형.

해석 나는 휴가를 따뜻한 태양 속에서 해변 위에 누워 있는 것 이외에는 아무것도 하지 않으면서 보낼 작정이다.

C ⑤

해설 (A) 관계대명사 절의 동사는 선행사에 수를 일치시키는데 여기서는 선행사 people이 복수이므로 복수 동사 are가 옳다.

(B) 관계대명사 that 앞에는 전치사를 쓸 수 없으므로 which가 옳다.

(C) 〈too ~ to-v〉 구문에서 주어와 to-v의 목적어가 일치하면 목적어를 생략해야 하고, 〈so ~ that+S+can't〉로 전환할 때는 반드시 목적어를 써야 한다. 이 문장에서 주어는 the obstacles로 to deal with의 목적어와 일치하므로 them이 생략된 to deal with가 옳다. (참고로 but 이하의 문장을 전환해보면 but perhaps the obstacles they faced were too many to deal with. = but perhaps the obstacles they faced were so many that they couldn't deal with them.이다.)

해석 우리가 새로운 지인을 만들 때마다, 처음에 받는 질문 중의 한 가지는 "무엇을 하십니까?" 즉, 바꿔 말하면, "당신의 직업은 무엇입니까?"이다. 이것은 우리가 생계를 위해서 무엇을 하는지를 우리의 정체성의 근본적인 부분으로 여기는 경향이 있기 때문이다. 그렇기 때문에 안정된 일자리를 빼앗긴 사람들의 괴로움을 숙고하는 것은 슬프다. 사람들은 왜 일자리를 찾지 못할까? 거기에는 많은 이유가 있다. 지역적으로 이용 가능한 직업이 없을지도 모르고, 또는 그들이 적임자인 직업은 먹고 살기에 돈벌이가 되지 않을지도 모르고, 또는 심지어 그들이 '직업을 가질 만큼 충분히 유능하지 않다'고 믿도록 배웠을지도 모른다. 많은 사람은 열심히 노력했고 어떤 사람들은 직업을 가졌을지도 모르지만, 아마도 그들이 직면한 장애물은 너무 많아서 대처할 수 없었다.

UNIT 12 심경·글의 분위기 파악하기

해답 1 ①   p.176

해석 그녀의 과민증이 그녀를 고통스럽게 하고 있었다. 그녀는 커튼이 쳐 있지 않은 높은 창문을 무의식적으로 다시 한 번 쳐다보았다. 어둠이 내리면서, 그녀는 바깥의 거대한 나무가 가지를 흔드는 것을 막 알아차릴 수 있었다. 비가 창문으로 날아들었다. 아, 왜 그녀는 평온함을 가지지 못할까? 두 남자, 그녀의 남편과 아들은 왜 오지 않는 것일까? 그녀는 커다란 스카프를 두르고 잠시 망설였다. 그녀는 문을 열고 뒤로 걸어 나왔다. 어디에도 빛이 보이지 않았다. 그녀는 귀를 기울여 들어보았지만, 어둠을 제외하고는 아무것도 들을 수 없었다. "제임스! ― 숀!" 그녀가 소리쳤지만, 어둠 속에선 아무것도 나오지 않았다.

A 밤이 돼도 남편과 아들이 돌아오지 않아 she가 그들을 찾으러 집을 나선 상황
B 1 ②   2 ②
C ①

해답 1 ⑤   2 ⑤   3 ③   4 ⑤   5 ③   6 ②

1

핵심 SKiLLNOTE ❶ 자신만 채점된 과제물을 받지 못한 상황 → 선생님이 자신의 글을 낭독하셨고 아이들이 자신의 글을 들으며 재미있어하는 상황 ❷ [본문] 밑줄 부분 참조

본문

Two days passed before Mr. Fleagle returned the graded papers, and he returned everyone's but mine. I was sure I was about to be disciplined by Mr. Fleagle when I saw him lift my paper from his desk and strike the desk for the class's attention. 'Now boys,' he said, "I want to read you an essay. This is titled 'The Art of Eating Spaghetti.'" And he started to read. My words! He was reading my words out loud to the entire class. What's more, the entire class was listening. Listening attentively. Then somebody laughed, then the entire class was laughing, and not in contempt and ridicule, but with openhearted enjoyment. What I was feeling was a great happiness at this demonstration that my words had the power to make people laugh.

해설 등장인물의 심경을 묻는 문제이므로 우선 등장인물이 처한 상황을 파악한다. 교실에서 자신만 채점된 과제물을 받지 못하자 벌을 받을 것을 각오하고 있었으므로 처음에는 '걱정하고' 있었을 것이다. 그런데 뜻밖에도 선생님이 학급 앞에서 자신의 글을 낭독하셨고 아이들이 자신의 글을 들으며 재미있어하자 큰 행복을 느끼고 있으므로 '자랑스러움' 이 적절하다.

해석 이틀이 지나고 나서 플레글 선생님이 채점된 과제물을 돌려주었는데, 선생님은 내 것을 제외하고 모두의 것을 돌려주었다. 나는 플레글 선생님에게 곧 벌을 받게 되리라고 확신하고 있었는데 그때 나는 선생님이 책상에서 내 과제물을 집어 들고 학급의 주목을 위해 책상을 두드리는 것을 보았다. 선생님이 "자 제군들, 내가 제군들에게 과제물을 하나 읽어주고 싶어요. 이것은 '스파게티를 먹는 기술' 이라고 제목이 붙여져 있어요."라고 말했다. 그리고 선생님은 읽기 시작했다. 내 글이다! 선생님은 학급 전체에게 내 글을 큰소리로 읽고 있었다. 더욱이, 전체 학생들이 듣고 있었다. 주의를 기울여 듣고 있었다. 그때 누군가가 웃었고, 그러자 반 전체가 웃고 있었는데, **contempt**와 조롱의 웃음이 아니라 꾸밈없는 즐거움의 웃음이었다. 내 글이 사람들을 웃게 만드는 힘이 있었던 이 시연에서 내가 느끼고 있었던 것은 대단한 행복이었다.

① 무서운 → 부끄러운   ② 신 나는 → 실망한   ③ 부끄러운 → 즐거운
④ 편안한 → 긴장한   ⑤ 걱정하는 → 자랑스러운

discipline ~을 벌하다; 훈육; 징계 | **what's more** 더욱이 | **attentively** 주의[귀]를 기울여서 | **ridicule** 조롱; ~을 비웃다 | **openhearted** 솔직한, 꾸밈없는 | **demonstration** 시범 설명

---

guess it!   **contempt** ⓐ (경멸)

2

핵심 SKiLLNOTE ❶ 어두운 밤에 우울한 남자가 계단에 혼자 쭈그려 앉아 있다. ❷ [본문] 밑줄 부분 참조

본문

He remained motionless in the doorway with his shoulders hanging to his sides. The street lamp's rays floated into the house, lighting the interior just enough to see. The only sound one could hear in the dimness was the buzz of electricity coming from the lamp's bulb. Its light moved into the room, revealing his long and weak body. His gaze followed the thin and strangely shaped shadow cast by his body. He slowly moved his heavy body to the base of the stairs, wishing there were some signs of life other than his own depressing existence. He sat down on the first step. With his elbows resting on his knees and briefcase next to him, he buried his face in his hands. He desperately tried to hear something, but found nothing.

해답 ⑤   p.179

해설 남자는 우울하게 혼자 계단에 쭈그려 앉아 얼굴을 손에 파묻고 소리가 들리기를 간절하게 바라고 있다. 그러나 가로등 전구에서 나는 소리 외에 다른 살아있는 것에서 나는 소리는 계속해서 들리지 않고 있는 것이므로 글의 분위기는 '절망적이고 불쌍한' 이다.

해석 그는 어깨를 늘어뜨린 채로 현관에 가만히 있었다. 가로등 빛이 집안으로 흘러들어와 실내가 겨우 보일 정도로 밝히고 있었다. **dimness** 가운데 들리는 유일한 소리는 가로등 전구에서 나는 윙하고 전류가 흐르는 소리뿐이었다. 가로등 불빛이 방안으로 들어와 남자의 길고 약한 몸을 드러냈다. 그의 눈길은 자기 몸에서 **cast**된 가늘고 이상한 모양의 그림자를 쫓아갔다. 그는 천천히 축 늘어진 몸을 움직여 계단 밑으로 가면서 자신의 우울한 존재 외에 다른 생명의 징후가 있기를 바랐다. 그는 맨 아래 계단에 앉았다. 무릎에 팔꿈치를 얹고 바로 옆에 가방을 둔 채로 그는 얼굴을 손에 파묻었다. 어떤 소리라도 들으려 필사적으로 애썼지만, 아무 소리도 나지 않았다.

① 활기차고 신 나는   ② 편안하고 여유로운   ③ 환상적이고 축제 분위기의
④ 극적이고 낭만적인   ⑤ 절망적이고 불쌍한

motionless 움직이지 않는 | hang (아래로) 늘어지다; ~을 걸다 | float (공중에서) 떠돌다; (물 위에) 뜨다, 떠오르다 | buzz (기계의) 소음, 윙윙거리는 소리 | reveal ~을 드러내다, 나타내다 | gaze 응시, 주시; ~을 뚫어지게 보다 | bury ~을 (덮어서) 숨기다, 파묻다 | desperately 필사적으로, 절망적으로

dimness ⓑ (침침함, 흐림)   cast ⓐ ((빛·그림자 등을) 반사하다)

수능직결구문   1. He remained motionless in the doorway <u>with his shoulders hanging to his sides.</u> **그의 어깨를 늘어뜨린 채로**

2. <u>With his elbows resting on his knees and briefcase next to him,</u> he buried his face in his hands. **그의 팔꿈치를 무릎에 얹고**

▶ 동시동작을 나타내는 분사구문은 주로 〈with+A(목적어)+현재분사 또는 과거분사〉의 형태로 쓰여 'A를 ~한 상태로, A가 ~인 채로' 라는 뜻이 된다.

3

핵심 SKiLLNOTE ❶ 여자가 산에 올라 새봄의 풍경을 만끽하고 있다. ❷ [본문] 밑줄 부분 참조

본문

As the woman, struggling to catch her breath, <u>reached the summit of the mountain</u>, the cool air created a chill through her warm body. Standing there alone, she looked off into the distance and viewed the beautiful vastness of nature. <u>The air was clean and fresh, and the deep blue sky created a beautiful contrast to the scattered white clouds.</u> Calls of wild birds in the distance echoed through the canyons and valleys, and <u>fresh new hatchlings broke out of their shells and immediately began their search for food.</u> <u>New life was blossoming everywhere and in everything.</u> <u>Spring was here and the previously calm and quiet mountains were again alive with the spectacular sights and sounds of nature.</u>

해답 ③   p.180

해설   산에 오른 여자를 비롯하여 등장하는 모든 것의 상태가 생기 넘치고 기운차 있음을 묘사하고 있고 산 자체도 활기를 찾았다고 했으므로 정답으로 적절한 것은 ③.

해석   숨을 돌리려고 애쓰면서 여자가 산 정상에 도착하자 시원한 공기가 따뜻한 몸에 냉기를 느끼게 했다. 그곳에 혼자 서서, 그녀는 먼 곳으로 눈을 돌려 자연의 아름다운 광활함을 보았다. 공기는 맑고 상쾌했고 짙고 푸른 하늘은 흩어져 있는 하얀 구름과 아름다운 대비를 이뤘다. 먼 산새들의 우짖음이 협곡과 골짜기를 통해 메아리치고, 새로운 **hatchling**은 알을 깨고 나와 바로 먹이를 찾기 시작했다. 새로운 생명이 모든 곳에서 **blossom**하고 있었다. 봄은 여기에 와있어, 이전에는 고요하고 조용하던 산이 눈부신 광경과 자연의 소리로 다시 활기를 찾았다.
① 따분하고 지루한   ② 평화롭고 고요한   ③ 생기 넘치고 기운찬   ④ 외롭고 침울한   ⑤ 무섭고 끔찍한

struggle to *do* ~하려고 애쓰다, 분투하다 | **catch A's breath** 한숨 돌리다, 헐떡이다 | **summit** 정상, 꼭대기 | **chill** 냉기, 한기 | **look off** 딴 곳으로 눈을 돌리다 | **vastness** 광활함, 막대함 | **scatter** ~을 흩뿌리다; 뿔뿔이 흩어지다 | **echo** 반향하다, 울려 퍼지다 | **canyon** 깊은 협곡 | **valley** 골짜기, 계곡 | **alive** 활발한, 살아 있는

hatchling ⓐ (갓 부화한 새끼)   blossom ⓑ (번영하다, 꽃 피다)

핵심 SKiLLNOTE ❶ 새 풋볼 시즌이 시작된 경기장에서 기대감에 부풀어 있다. **❷ [본문]** 밑줄 부분 참조

본문

He stood still, <u>admiring the scene</u>. He had been a fan through good times and bad. Sitting in his seat, <u>he remembered feeling the sensation of victory</u>. When his team brought home the national championship, and through that horrible season when they failed to win a single game, his loyalty never wavered, but remained strong and true. <u>Today was the start of a new season, which meant four months of roller-coaster emotions.</u> <u>His life would be influenced by every yard lost or gained</u> during the games. <u>He felt great energy in the air moving through the stadium</u>; <u>it had come alive</u>. <u>Life was breathing into it with the commencement of another football season.</u>

해답 ⑤　　　　　　　　　　　　　　　　　　　　　　　　　　　　　　　　　　　　**p.181**

해설 풋볼 팬이 시즌 첫날 경기장에서 앞으로 벌어질 경기들에 대한 기대감에 부풀어 있는 모습을 묘사하고 있으므로 정답은 ⑤.

해석 그는 그 장면에 감격하며 서 있었다. 그는 좋은 때나 나쁜 때나 팬이었다. 그는 자리에 앉아서 승리감을 느꼈던 때를 기억하고 있다. 그의 팀이 전국대회 우승을 안겨줬을 때나 단 한 경기도 이기지 못하던 그 끔찍한 시즌에도 내내 그의 팀에 대한 신의는 결코 **waver**되지 않았고 항상 강하고 진실했다. 오늘은 새 시즌 첫날이었고 이것은 앞으로 넉 달 동안은 롤러코스터를 타듯 극심한 감정 기복을 겪을 것을 의미한다. 그의 삶은 경기 중 뺏고 뺏기는 매 야드에 따라 달라질 것이다. 그는 공기 중에서 에너지가 경기장을 스치고 가는 느낌이 들었다. 경기장이 생기로 가득했다. 또 다른 풋볼 시즌의 **commencement**와 함께 경기장에 삶이 숨 쉬고 있었다.

① 난처하고 혼란스러운　② 느긋하고 평온한　③ 긴장되고 불편한　④ 지루하고 짜증 나는　⑤ 흥분되고 열광적인

stand still 가만히 서 있다 **| admire** ~에 감격[감탄]하다; ~을 존경하다 **| sensation** 기분; 감각, 느낌 **| championship** 우승, 패권 **| loyalty** 신의, 충성, 충절 **| influence** ~에 영향을 미치다; 영향(력) **| yard** 야드 (3피트)

᧒uess it! **waver** ⓑ (흔들리다, 동요하다)　**commencement** ⓐ (시작, 개시)

수능직결구문 When his team brought home the national championship, and through that horrible season when they failed to win a single game, his loyalty never wavered, but remained strong and true.
→ His strong and true **loyalty** never changed.

핵심 SKiLLNOTE ❶ 기대에 부풀어 수업에 들어갔지만 소란스러운 학생들을 보고 있는 상황 **❷ [본문]** 밑줄 부분 참조

본문

Each time the bell rings, I make my way down the long corridor, and <u>with each step I take the eagerness builds</u>. <u>I am still captivated by my job</u> after all these years of doing the same thing. This time when I entered the classroom, though, the students were out of control. <u>All the positive anticipation I had as I approached the room vanished in an instant.</u> A bunch of boys were grouped together at an open window holding a string with something attached to it, and three girls were chatting away on their cell phones. <u>I was so frustrated that I felt like pulling my hair out.</u> <u>My teaching materials dropped from my hands and crashed onto my desk.</u>

해답 ③   p.182

해설 학생들을 가르치러 갈 때의 기대감과 달리, 소란스러운 학생들을 보고 절망감과 분노를 묘사하고 있으므로 정답은 ③.

해석 벨이 울릴 때마다 나는 긴 복도를 따라 걷는다. 발을 뗄 때마다 의욕이 솟는다. 몇 년 동안이나 똑같은 일을 반복해왔지만 나는 아직도 내가 하는 일에 **captivate**되어 있다. 그러나 이번에 내가 교실로 들어섰을 때 학생들은 통제 불능 상태였다. 교실로 오는 동안 품었던 모든 긍정적인 기대가 일순간에 **vanish**했다. 한 무리의 남학생들은 열린 창가에 모여서 뭔가 달린 줄을 잡고 있었고, 세 명의 여학생은 휴대전화로 수다를 떨고 있었다. 나는 너무 실망하여 머리카락을 잡아 뽑고 싶은 심정이었다. 수업 자료가 내 손에서 교탁 위로 큰 소리를 내며 떨어졌다.

① 불안한 → 긴장이 풀린   ② 굳게 결심한 → 조급한   ③ 희망에 찬 → 화가 난
④ 유쾌한 → 부끄러운   ⑤ 신이 난 → 걱정하는

corridor 복도 | **eagerness** 열의, 열망 | **out of control** 통제 불능 | **anticipation** 예상, 기대; 희망 | **approach** ~에 다가가다 | **in an instant** 눈 깜짝할 사이에; 즉시 | **attach A to B** A를 B에 달다 | **chat away** 수다 떨다, 잡담하다 | **pull out** ~을 뽑다, 빼다 | **material** 자료; 재료 | **crash** 큰 소리를 내다; 와르르 무너지다

---

 captivate ⓑ (~의 마음을 사로잡다)   **vanish** ⓐ (사라지다)

수능직결구문 All the positive anticipation I had as I approached the room vanished in an instant.
              주어   동사

    ▶ 명사 anticipation을 수식하는 관계대명사절 (that) I had에 부사절 as I approached the room이 이어져 주어가 길어진 경우이다.

6

핵심 SKiLLNOTE ❶ 주인공이 숲에서 나무를 하다 점심을 먹으며 휴식을 취하고 있는 상황 ❷ [본문] 밑줄 부분 참조

본문

My days spent working alone in the forest were never long, but I always brought with me a lunch of bread and cheese. When I got tired I usually sat among the pine trees that I had cut down, and ate my lunch. <u>In the forest, I made no haste.</u> I read the newspaper in which I had wrapped my food, while <u>a gentle breeze refreshed me and butterflies danced among the nearby flowers.</u> I think of myself as a friend of the pine trees, rather than their enemy, even though I have chopped some of them down.

해답 ②   p.183

해설 핵심 SKiLLNOTE 참조

해석 내가 숲에서 홀로 일하며 보낸 시절은 결코 길지 않았지만, 항상 점심으로 먹을 빵과 치즈를 가지고 다녔다. 피곤해지면, 나는 보통 베어낸 소나무들 사이에 앉아 점심을 먹었다. 숲에서 나는 전혀 서두르는 법이 없었다. 내가 음식을 쌌던 신문을 읽는 동안 부드러운 산들바람이 나를 **refresh**하게 해주었고 가까이 있는 꽃들 사이로 나비가 춤을 추었다. 내가 비록 소나무 몇 그루를 **chop**했더라도, 나는 나 자신을 소나무의 적이라기보다 친구라고 생각한다.

① 긴장되고 스릴있는   ② 차분하고 평화로운   ③ 활기차고 신 나는   ④ 재미있고 유머러스한   ⑤ 단조롭고 지루한

pine tree 소나무 | **cut down** (나무를) 베다, 자르다 | **make haste** 서두르다 | **wrap** ~을 싸다; ~을 포장하다 | **breeze** 산들바람 | **think of A as B** A를 B로 생각하다 | **enemy** 적, 적대자

---

guess it!   **refresh** ⓐ (~을 상쾌하게 하다)   **chop** ⓑ (~을 베다)

핵심 **POINT** REVIEW

 핵심 Point

A **3** 공통   C 전체

 리뷰 테스트

1– C – c **2**– B – b **3** – A – a
4– C – c **5**– B – a **6** – A – b
7– C – b **8**– A – a **9**– B – c

등급 **Up!** 어휘 · 어법테스트

A 1 ✕ by → in 또는 within
해설 by는 《완료의 시한》 '~까지는(not later than)' 의 뜻으로 뒤에 완료 시점이 온다. 문맥상 '4일 후에' 가 되려면 전치사 in이 와야 한다. 또는 '4일 이내에' 도 가능하므로 '~ 이내의' 란 뜻이 있는 within으로 고쳐야 한다.
해석 당신이 구매한 물건은 4일 이내에 당신의 집 주소로 배달될 것이다.

2 ○
해설 미래에 실현 가능성이 희박한 가정 · 상상일 때는 조건절에 〈If+S+should+V〉를, 주절에 명령법을 쓸 수 있으므로 옳다.
해석 만약 당신이 엘리베이터 안에 갇히게 된다면, 전화를 사용해서 구급대원에게 전화하세요.

B 1 turn down
해설 문맥상 제안을 '거절하다' 가 자연스러워서 turn down이 옳다. break down은 '물건을 부수다, 해체하다' 란 뜻.
해석 이 제안을 <u>거절한다면</u>, 당신은 더 나은 제안을 얻을 수 없을지도 모른다.

2 look into
해설 문맥상 이야기에 대해 '조사하다' 가 자연스러워서 look into가 옳다. refer to는 '언급하다' 란 뜻.
해석 경찰들은 그 이야기에 대해서 회의적이었지만, 어쨌든 그것을 <u>조사할</u> 것이라고 말했다.

3 voluntarily
해설 문맥상 소년이 선생님을 돕겠다고 '자발적으로' 제안했다가 자연스러워서 voluntarily가 옳다. urgently는 '긴급히' 란 뜻.
해석 소년은 방과 후에 늦게까지 남아 선생님이 교실을 청소하는 것을 돕겠다고 <u>자발적으로</u> 제안했다.

C ⑤
해설 (A) 문맥상 '사회적인' 삶이 자연스러워서 Social이 옳다. sociable은 '사교적인' 의 뜻.
(B) 브라질에서는 대인관계를 가장 중요하게 여기기 때문에 문맥상 자기 자신에게 많은 시간을 소비하는 것은 '비정상의 (abnormal)' 가 옳다. normal은 '정상의' 란 뜻.
(C) 삶이 천천히 움직이고 항상 정각에 올 필요를 느끼지 못하기 때문에 늦는 사람들에게도 '관대하다' 가 문맥상 옳다. general은 '일반적인' 의 뜻.
해석 브라질에서의 삶은 천천히 움직이고, 대인관계가 가장 중요한 일이다. 돈이나 경력보다 더 중요한 것이다. 사회적인 삶은 친구들, 친척들, 그리고 결혼식이나 부활절 같은 특별한 날을 중심으로 돌고, 자기 자신에게 많은 시간을 소비하는 것은 <u>비정상으로</u> 여겨진다. 도시에서 살고 일하는 사람들은 정오에 사무실을 떠나서 긴 점심과 낮잠을 위해 자신의 아파트로 돌아간다. 상점과 사무실은 가족이 점심을 함께 먹을 수 있도록 정오에 2시간 동안 닫는다. 사람들은 늦는 다른 사람들에 대해 <u>관대하다</u>. 왜냐하면, 누구도 언제나 정각에 올 필요를 느끼지 못하기 때문이다. 그들은 단지 도착하는 때에 도착한다. 중요한 것은 인생을 즐기는 것이다.

UNIT 13 실용문·도표 해결하기

1 해답 ③   p.190

해석 Hillsdale 도서관 독서 챌린지 대회

멋진 상을 위해 독서하세요!

11월 1~25일

• 절차

얼마나 많은 책을 읽을 것인지를 정하세요. (최소 열 권)

독서일지에 책 제목과 읽은 시간을 기록하세요.

• 서평 보상

기록하는 독후감마다 복권 추첨에 들어가는 티켓 한 장을 받게 됩니다.

• 독서 시상 파티! 11월 27일 오후 4시에서 6시

시상, 증서(수여), 아이스크림과 서평 복권 추첨이 열리는 파티와 함께 독서한 시간을 기념하세요!

• 등록!

Hillsdale 도서관을 방문하셔서 등록하고 독서를 시작하세요!

월요일에서 목요일까지, 도서관 이용시간인 오후 2시에서 6시 사이에 들르십시오.

2 해답 ③   p.190

해석 학교입학률 변화

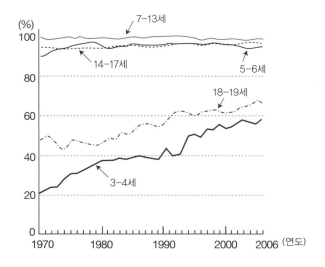

위 그래프는 1970년에서 2006년까지 3세에서 19세의 나이에 해당하는 인구의 연령집단별 학교입학률의 변화를 보여준다. ① 2006년에는 모든 연령집단의 입학률이 50%를 넘었다. ② 모든 연령집단 중에서, 7세에서 13세 사이 청소년들의 입학률은 도표에 포함된 전체 기간 동안 가장 높았다. ③ 모든 연령집단 중에서, 1970년에서 2006년 사이에 5세에서 6세 어린이들의 입학률이 가장 많이 증가했다. ④ 1980년에서 1990년까지 입학의 전반적인 변화는 18세에서 19세의 청소년들보다 14세에서 17세 사이 청소년들이 더 낮았다. ⑤ 매년, 모든 연령집단 중에서도 3세에서 4세 사이의 어린이들의 입학률이 가장 낮은 것으로 나타난다.

A 1 독서 시상 참가 안내

   2 1970년부터 2006년까지 3세에서 19세 사이 연령집단별 입학률의 변화

                                                                                                                                                       79

B 1 ①F ②F ③T ④F ⑤F
　　2 ①T ②T ③F ④T ⑤T

해답　**1** ④　**2** ④　**3** ⑤　**4** ②　**5** ②　**6** ⑤

1

핵심 SKiLLNOTE ❶ 미래의 작가상 수상을 위한 출품 안내

해답 ④　　　　　　　　　　　　　　　　　　　　　　　　　　　　p.192

해설 본문 참조

해석 미래의 작가

젊은 공상 과학 소설가들에게 관련 분야에 이름을 알릴 기회를 드립니다.

상금: 5천 달러, 천 달러, 7백5십 달러, 5백 달러

① 시상 가능한 수: 4

출품 안내: 응모작은 길이 만 7천 단어 이하의 산문 작품이어야 합니다. 시와 어린이들을 겨냥한 작품은 고려할 수 없음을 유감스럽게 생각합니다. 모든 종류의 공상 과학 작품과 ② 판타지는 환영합니다. ③ 응모작은 우편으로 보내주시거나 아래 제시된 웹사이트에 제출해 주셔야 합니다.

지원 시기와 장소: ④ 제출물은 3월 1일까지 수령되어야 합니다. http://www.writersofthefuture.com/enter-contest

지원 자격: 콘테스트는 ⑤ 장편소설이나 중편, 또는 3편이 넘는 (초과하는) 단편을 직업적으로 발행하지 않은 분들만 참여하실 수 있습니다.

exposure 드러냄; 노출 | **award** (부상이 딸린) 상; 수여; ~을 수여하다 | **entry** 응모[참가](작); 입장 | **prose** 산문(체) | **up to** ~까지 | **submit** ~을 제출하다 | **submission** (서류·제안서 등의) 제출(물) | **eligibility** 자격; 적임

2

핵심 SKiLLNOTE ❶ 한 화재 보험 회사의 사고 및 비상사태 유형별 전화 수신 건수

해답 ④　　　　　　　　　　　　　　　　　　　　　　　　　　　　p.193

해설 ④ 건물 화재 관련 전화는 15건, 굴뚝 화재 관련 전화는 5건이므로 3배가 많은 것이다.

해석 화재 보험 회사의 사고 유형별 전화 수신 건수

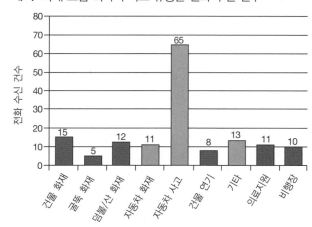

위의 도표는 한 화재 보험 회사가 한 해 동안 응답한 전화 건수를 보여주고 있으며 그 수를 사고와 비상사태의 유형별로 비교하고 있다. 총 150건의 전화가 걸려왔다. ① 도표가 보여주고 있듯이, 화재 보험 회사가 응답한 전화의 절대다수가 자동차 사고와 관련된 것이었다. ② 이는 전체 전화 수의 3분의 1 이상을 **account for**한다. ③ 이 회사는 자동차 사고 관련 전화보다 정확히 50건 적은 수의 건물 화재 관련 전화를 응답했다. ④ 건물 화재 관련 전화는 굴뚝 화재 관련 전화보다 4배 많았다. ⑤ 자동차 화재 관련 전화 수는 의료지원 관련 전화 수와 같았다.

emergency 비상사태 | **in total** 총, 모두 합하여 | **indicate** ~을 보이다, 나타내다; ~을 가리키다, 지적하다 | **in[with] relation to A** A에 관하여 | **regarding** ~에 관해서는 | **numerous** 많은, 다수의 | **equal** ~와 같다; ~와 맞먹다, 필적하다 | **assistance** 지원, 협조

guess it! **account for** ⓑ (~을 차지하다)

수능직결구문 <u>As</u> the chart indicates, the clear majority of the calls that the fire company responded to were in relation to automobile accidents. ⓒ (~하듯이)
ⓐ <u>As</u> we were sitting down to dinner, the phone rang. (~할 때)
ⓑ <u>As</u> it was getting late, we decided to go home. (~하므로)
ⓒ This fish isn't cooked <u>as</u> I like it. (~하듯이)

3

핵심 SKiLLNOTE ❶ 1970년에서 2000년 사이의 미국 대학의 이학석사 수여자 중, 미국 시민과 외국 국적 인과의 비교

해답 ⑤   **p.194**

해설 ⑤ 해당 미국 시민의 수는 1990년에 비해 95년에는 증가하였고 2000년도에는 1990년보다 더 하락했으므로 해당 기간에 수치가 유지되었다고 보기 어렵다.

해석 이학석사 수여 총계와 미국 시민 & 외국 국적 인(人) 비교

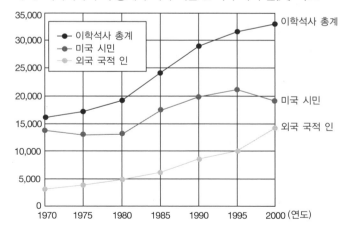

위의 그래프는 1970년부터 2000년까지 미국 대학교로부터 수여된 공학계열 이학석사의 수를 보여준다. ① 총 이학석사 자료는 (도표에) 지정된 기간 동안 전반적으로 수여된 학위 수가 대략 2배가 되었음을 보여준다. ② 1970년 수여된 이학석사 중 5천 개 이하가 외국 국적 인에게 수여되었다. ③ 또한, 1985년에서 1990년 기간 동안 외국 국적 인에게 수여된 학위는 내내 만 명 미만인 상태였다. ④ 그러나 외국 국적 인에게 수여된 학위의 수는 1970년대 이후로 꾸준히 증가했다. ⑤ 더구나, 이학석사 학위를 받은 미국 시민의 수가 증가하는 경향은 1990년대 초에 시작하여 십 년 동안에 걸쳐 **sustain**되었다.

Master of Science 이학석사 | degree 학위; 범위; 정도 | engineering 공학 | overall 전반적으로; 전체의 | double 두 배가 되다 | specify ~을 조건으로서 지정하다; ~을 명기하다 | national 국민(의) | steadily 꾸준하게 | extend (시간이) 걸치다, 계속되다; (기간을) 늘이다 | decade 십 년 | earn (노력을 통해) ~을 얻다

---

guess it! **sustain** ⓐ (~을 유지하다)

수능직결구문 Moreover, beginning in the early 1990s and extending throughout that decade, a trend of increasing numbers of US citizens earning MS degrees **was** sustained.

▶ 주어는 a trend이므로 단수동사인 was가 되어야 맞다.

4

핵심 SKiLLNOTE ❶ 1980년, 1990년, 2000년의 성별에 따른 고용 상태의 비교

해답 ②　　　　　　　　　　　　　　　　　　　　　　　　　　　　　　p.195

해설 ② 해당 기간 동안에 증가 내지는 유사한 비율을 보이므로 감소했다고 보기 어렵다.

해석 성별에 따른 고용 상태

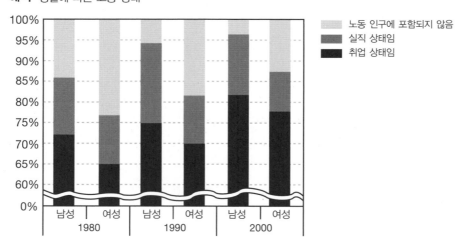

위의 그래프는 1980, 1990, 2000년도의 남성과 여성의 고용 상태를 비교한 것이다. "비(非) 노동인력"이란 어린이들, 노인들 그리고 이와 유사하게 정규 고용시장에서 **exclude**되는 이들을 말한다. ① 여성과 남성 모두 고용률은 2000년에 어느 때보다 높았다. ② 1980년에서 2000년까지 전반적으로 실직 남성의 퍼센트가 감소했다. ③ 정규 노동인력에 포함되지 않는 사람의 전체 퍼센트는 1980년부터 1990년, 그리고 1990년부터 2000년까지 떨어졌다. ④ 3년 모두 남성 고용률은 전체 남성의 5분의 3가량보다 절대 낮아지지 않았다. ⑤ 그리고 1980년에서 2000년까지, 노동인력에서 여성의 참여는 10퍼센트 이상 증가하였다.

employment 고용 | status 상태, 현상; 지위, 신분 | labor force 노동인력; 노동력 | refer to A A를 의미하다; A라고 부르다 | the elderly 노인들 | drop 감소하다 | participation 참여, 관여

---

guess it! **exclude** ⓑ (~을 제외하다)

수능직결구문 It shows that employment rates for both women and men were higher in 2000 than ever before.
= It shows that employment rates for both women and men were the **highest** in 2000.

핵심 SKiLLNOTE ❶ 주거 및 가정용 가전제품 등의 에너지 소비량 비교

해답 ②   p.196

해설 ② 온수와 난방에 소비되는 비율을 합하면 19%이므로 5분의 1을 밑돈다.

해석 주거용 에너지 소비량

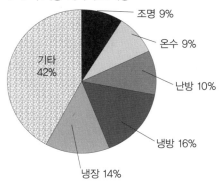

- 조명 9%
- 온수 9%
- 난방 10%
- 냉방 16%
- 냉장 14%
- 기타 42%

위의 파이 그래프는 조명, 온수, 난방, 냉방, 냉장, 그리고 '기타' (텔레비전, 컴퓨터, 오븐 등)의 가정 에너지 소비량의 전형적인 분담 비율을 보여주고 있다. ① (그래프에서) 볼 수 있듯이, 냉방과 냉장이 소비되는 에너지의 30퍼센트를 차지한다. ② 주거용 에너지의 5분의 1 이상이 온수와 난방에 소비된다. ③ 조명은 전체 가정용 에너지에서 냉장보다 더 적은 부분을 차지한다. ④ 난방으로 소비되는 에너지는 전체 소비되는 에너지의 10분의 1과 같다. ⑤ 가정용 에너지를 가장 많이 소비하는 단일 항목은 냉방이다.

residential 주거의; 주택에 알맞은 | **consumption** 소비(량) | **typical** 전형적인 | **share** 분담비율, 부분 | **household** 가구, 세대; 가족 | **heating** 난방 | **refrigeration** 냉장 | **consume** ~을 소비하다 | **equal to A** A와 같은, 동등한

6

핵심 SKiLLNOTE ❶ 의약품 소개와 사용법 안내

해답 ⑤   p.197

해설 본문 참조

해석 효과 빠른 가려움증 완화 크림

사용: 비누, 세제, 화장품 등으로 인한 피부 염증과 연관된 ① <u>가려움증을 일시적으로 완화시켜줍니다.</u>

경고:

- ② <u>외용으로만 사용하세요.</u>
- 이 제품을 사용하실 때는 ③ <u>눈과의 접촉을 피하십시오.</u>
- ④ <u>상태가 악화되거나, 증상이 7일 넘게 계속되거나 수일 내로 재발하면 사용을 멈추고 의사와 상담하십시오.</u> 의사와 상담하지 않고 다른 어떤 제품도 사용을 시작하지 마십시오.
- 어린이의 손에 닿지 않게 하십시오. 삼켰을 경우 즉시 의사의 도움을 받으십시오.

사용법:

- 성인과 2세 이상의 어린이: ⑤ <u>환부에 매일 3~4회를 넘지 않게 바르십시오.</u>
- 2세 미만의 어린이: 사용하지 마시고 의사와 상담하십시오.

itch 가려움; 가렵다 | **relief** (고통 등의) 경감, 완화; 안도 cf. relieve (고통 등을) 없애주다; 안도하게 하다 | **temporarily** 일시적으로, 임시로 | **irritation** 염증; 짜증(나게 함) | **detergent** 세제 | **cosmetic (**주로 복수로) 화장품 | **external** 외부의; 피부용의 | **persist** (없어지지 않고) 계속되다; 끈질기게 계속하다 | **keep out of** ~을 피하다 | **swallow** ~을 삼키다 | **apply** (약 등을) 바르다; 신청하다 | **affect** ~에 (질병이) 발생하다; ~에 영향을 미치다 | **not more than** ~보다 많지 않은, 많아야 ~ (= at most)

핵심
Point   **A 1** 제목 / 소제목   **B 1** 제목   **2** 선택지

A 1 proving
해설 전치사 with의 목적어는 명사여야 하므로 동명사인 proving이 옳다.
해석 검찰 측 변호사는 의심할 여지 없이 죄를 입증하는 데 책임이 있다.

2 its
해설 명사 supports 앞에 한정사가 와야 하므로 소유격 its가 옳다.
해석 건물이 무너졌는데, 왜냐하면 그것의 토대가 건물 무게를 지탱하지 못했기 때문이다.

3 where
해설 the new 이하가 완전한 구조이므로 관계부사 where가 옳다. 관계대명사 뒤에는 불완전한 구조가 온다.
해석 나는 이전의 약속 때문에 우리 회사의 새로운 사장님이 첫 번째 연설을 하는 의식에 참석하지 않았다.

B 1 superstitious
해설 with strong 이하의 내용으로 유추해보면 나이지리아인은 매우 '미신적인' 것이 문맥상 자연스러워서 superstitious가 옳다. suspicious는 '의심하는'의 뜻.
해석 나이지리아 사람은 아주 종교적일 뿐만 아니라 또한 매우 미신적이라, 부두교, 마법, 유령과 흑마술에 대한 강한 믿음을 가지고 있다.

2 prohibition
해설 문맥상 공공장소에서의 흡연을 공식적으로 '금지'한 것이 흡연율의 하락과 관련이 있으므로 prohibition이 옳다. permission은 '허가'란 뜻.
해석 지난해 공공장소에서 금연하라는 공식적인 금지 이후에 흡연율이 하락했으며, 훨씬 더 하락할 것으로 예상된다.

C ①
해설 '팀 버너스 리라는 이름이 지어진 남자'로 수식받는 명사 man과 name의 관계가 수동이므로 과거분사 named로 고쳐야 한다.
해석 오늘날, 월드 와이드 웹은 우리 일상생활의 중요한 일부이다. 그러나 얼마 전까지만 해도 이것은 생각일 뿐이었다. 팀 버너스 리라는 이름의 한 남자가 프랑스의 핵물리학 실험실에서 일하고 있었을 때 웹을 개발했다. 그의 교육 배경은 물리학이었지만, 그는 컴퓨터 프로그램을 개발하는 것을 매우 즐겼다. 옥스퍼드대에서 공부를 끝내자마자, 버너스 리는 소프트웨어 엔지니어로서 2년 동안 매우 성공적으로 일했다. 그 이후 그는 프랑스로 옮겨가 그가 마침내 웹을 개발할 회사를 위한 고문으로 일하기 시작했다. 그가 첫 번째 웹 브라우저를 개발했을 때는 그가 이 회사에서 (일하기) 시작하고 10년이 지나서였다.

해답 ④ (unselfish → selfish)   p.202

해석 전통적인 미국인들은 담장이 미국의 풍경에 어울리지 않는다고 생각했다. 이런 관념은 풍경에 관해 쓴 19세기 미국 작품에 ① 반복적으로 나타났다. 작가마다 잇따라 '깨진 병 조각이 박힌, 모욕적으로 불친절한 영국인들의 벽돌담'을 심하게 ② 비난했다. 미국의 초창기 교외 지역의 모습에 커다란 영향을 끼쳤던 초기 조경 건축가인 프랭크 J. 스콧은 풍경에서 담장을 ③ 없애려고 부단히 노력했다. 1870년에 쓴 글에서 그는 자연이 대가 없이 주는 은총에 대한 우리 이웃들의 시야를 좁히는 것은 ④ 이기적이지 않으며 → 이기적이며 비민주적이라고 주장했다. 사실상 오늘날 미국의 어떤 교외를 운전해가든 모든 잔디밭이 ⑤ 개방과 환영의 표시로 도로까지 맞닿아 나와 있는데, 이는 그런 견해들이 얼마나 완벽히 승리를 거두었는지를 보여주는 것이다.

A 전통적으로 미국인들은 담장이 미국적 풍경에 어울리지 않는다는 견해를 가졌다는 것

B **1** T **2** T **3** T **4** F **5** T

해답 **1** ⑤   **2** ⑤   **3** ③   **4** ⑤   **5** ⑤   **6** ②

1

핵심 SKiLLNOTE ❶ 가로등의 강렬한 불빛이 새의 개체 수를 감소시킨다는 내용

해답 ⑤ (less → more)   p.204

해설 가로등 불빛으로 인해 새의 개체 수가 감소된다는 내용으로서, 새들이 하루를 너무 일찍 시작하여 기진맥진하게 되므로 포식자에게 잡힐 가능성이 더 많다고 해야 적절하다.

해석 한 연구에 따르면, 마을과 도시의 강렬한 가로등 불빛은 새의 개체 수를 감소시키는 원인이 될 수 있다고 한다. 연구진들은 화학적 공해 및 소음 공해와 비교할 때, 빛 공해는 더 **subtle**해서 그 영향이 마땅히 받아야 할 ① 주목을 아마도 받고 있지 않는 것 같다고 말한다. 그 연구 결과는 ② 인공적인 빛이 마을과 도시의 숲 속에 서식하는, 다섯 종의 지저귀는 새에 끼치는 영향을 살펴본 연구로부터 도출되었다. 그 연구에 따르면 가로등은 새들의 수면 패턴을 ③ 방해하고 새들이 너무 이른 아침에 지저귐을 시작하게 한다. 그들은 푸른박새, 울새, 검은새가 마을과 도시에서 너무 일찍 (하루를) 시작해 ④ 기진맥진하며, 따라서 날이 지날수록 포식자에게 잡힐 가능성이 더 ⑤ 적다고 → 많다고 한다.

overpowering 아주 강한 | **glare** 번쩍이는 빛, 섬광 | **A contribute to B** A가 B의 원인이 되다 | **in comparison to A** A와 비교하여 | **chemical** 화학의; 화학 물질 | **deserve** ~을 받을 만하다, 마땅히 ~할 만하다 | **findings** (조사, 연구 등의) 결과 | **artificial** 인공의, 인위적인 | **species** (생물의) 종(種) | **disrupt** ~을 방해하다 | **blue tit** 푸른박새 | **robin** (유럽산) 울새 | **blackbird** (유럽산) 검은새 | **exhausted** 기진맥진한 | **predator** 포식자, 포식 동물

ⓖuess it!   subtle ⓑ (미묘한)

수능직결구문   The research suggests that **the street lights** are disrupting the sleep patterns of songbirds and **(are) forcing** them to start the dawn chorus too early in the morning.

▶ 문맥상 '새들이 너무 이른 아침에 지저귐을 시작하게 하는 것(force them to start the dawn chorus too early in the morning)'의 주체는 that절의 주어인 the street lights이다. 즉 the street lights를 공통의 주어로 하는 are disrupting과 (are) forcing이 대등하게 연결된 형태. 반복되는 be동사는 생략하고 쓸 수 있다.

2

해답 ⑤ (rarely → often 혹은 frequently) p.205

해설 긴 운송 과정이 필요 없는 지역 농산물을 사는 것이 좋고, 가공식품은 줄여야 하는데 가공식품의 성분들이 먼 지역으로부터 운송되는 일이 자주 있기 때문이라고 해야 적절하다.

해석 몸에 좋은 것이 환경에도 좋다. 그 지역에서 나온 농산물을 사는 것이 가장 좋다고 한다. 그러나 지역에서 나온 것이라 하더라도 식품이 장기간 냉장 보관된다면 ① 더 좋다고 할 수는 없는데, 이는 에너지를 많이 소비하기 때문이다. 해당 지역에서 갓 수확한 채소와 과일은 매연을 내뿜는 트럭과 비행기, 배에서의 긴 운송 과정을 ② 피한다. 그것들은 또한 ③ 더 많은 영양소를 보유하며 방부제를 필요로 하지 않는다. 가능하다면 언제든 햇빛을 받고 자란 과일과 채소를 살 수 있도록 인근에서 무엇이 제철인지 알아보아라. 그것들은 가열된 온실에서 재배된 농산물보다 ④ 더 적은 배기가스를 방출한다. 마지막으로 가공식품을 줄여라. 더 많은 탄소를 배출하는 것은 인공 감미료, 첨가물, 방부제가 들어간 식품을 제조하는 것의 부작용인데, 왜냐하면 이 화학적 성분들은 ⑤ 드물게 → 자주 먼 지역으로부터 제조업자들에게 운송되기 때문이다.

produce 생산물, (특히) 농작물; 생산하다 | **refrigerate** (음식 등을) 냉장하다 | **fume-spewing** 매연을 내뿜는 | **retain** ~을 보유하다, 유지하다 | **nutrient** 영양소, 영양분 | **preservative** 방부제 | **locality** 인근 | **ripen** 익다, 숙성하다 | **generate** ~을 발생시키다, 만들어내다 | **emission** 배출(물), 배기가스 | **cut back on** ~을 줄이다 | **processed food** 가공 식품 | **carbon** 탄소 | **side effect** 부작용 | **sweetener** 감미료 | **additive** 첨가물 | **ingredient** (요리 등의) 재료, 성분 | **rarely** 드물게, 좀처럼 ~하지 않는 | **manufacturer** 제조업자

수능직결구문

1. But local isn't better if the food is refrigerated for long periods, **which** uses up energy.
   ▶ 관계대명사 that은 계속적 용법으로 쓰일 수 없다. 또한, 네모 안에 올 관계대명사는 '식품이 장기간 냉장 보관되는 것'을 가리키므로, 구나 절을 받을 수 있는 관계대명사 which가 정답이다.

2. Producing more carbon emissions **is** a side effect of making foods with artificial sweeteners, additives, and preservatives, ~.
   ▶ 동명사 Producing이 이끄는 구(Producing ~ emissions)가 주어이다. 구나 절은 단수 취급하므로 is가 정답.

3

해답 ③ (bigger → smaller) p.206

해설 목표 때문에 좌절하고 낙담하는 것을 피하기 위해 단기 목표 설정과 달성으로 성취감을 얻는 것을 대안으로 제시하고 있으므로, 더 작은 업적을 성취하여 자신감을 쌓으라는 내용이 되어야 한다.

해석 가끔씩 모두가 당신이 성취하고자 하는 모든 일에 목표를 세우라고 당신을 다그치는 것만 같다. 목표는 때때로 당신에게 도움을 주기도 하지만, 다른 경우에는 당신을 그저 좌절하게 하거나 낙담하게 할 수도 있다. 목표는 ① 나쁘며 목표를 세워선 안 된다고 말하려는 건 아니지만, 목표에 감정적으로 애착을 둬선 안 된다는 점을 깨달을 필요가 있다. 대안이 될 수 있는 접근법은 더 단기적인 목표를 연속적으로 세워서 ② 성취감을 얻는 것이다. ③ 더 큰 → 더 작은 feat들을 성취함으로써 자신감을 쌓아라. 그러다 성과를 초과해 내면 기분 좋은 놀라움이 될 것이다! 일종의 ④ 최종 결과를 마음속에 가져야 하지만, 그것을 매일의 과업으로 조갤 수 있다. 이렇게 하면 당신이 매일 완성하는 과업들이 결국에는 대단한 일들로 변화될 것임을 알기에, 어떤 큰 계획이든 다루기가 훨씬 ⑤ 더 쉬워진다.

occasionally 가끔 | **accomplish** ~을 성취하다 | **frustrate** ~을 좌절시키다 | **be attached to A** A에 애착을 가지다; A에 붙어 있다, 딸려 있다 | **alternative** 대안이 되는; 대안 | **approach** 접근(법); 다가가다 | **sense of achievement** 성취감 | **overproduce** 과잉 생산하다 | **end result** 최종 결과 | **task** 일, 과업

guess it! **feat** ⓐ (위업, 업적)

수능직결구문 This makes any big project a lot easier for you to handle, knowing that the tasks [you complete every day] / will eventually turn into great things.

▶ the tasks가 관계사절 you complete every day의 수식을 받는다. the tasks와 you 사이에 목적격 관계대명사가 생략된 형태. 전체 문장은 〈주어(This)+동사(makes)+목적어(any big project)+목적보어(a lot easier for you to handle)+분사구문(knowing ∼ things))의 구조이다.

4

핵심 SKiLLNOTE ❶ 겸손해야 마음이 평화롭다는 내용

해답 ⑤ (negative → positive)   p.207

해설 자랑을 늘어놓을 때보다 자랑을 삼가고 겸손할 때 오히려 사람들의 인정을 더 받게 된다는 내용으로, 겸손이 긍정적인 결과를 가져온다는 것이므로 ⑤를 positive로 고쳐야 한다.

해석 겸손과 내면의 평화는 손잡고 간다. 당신이 당신 자신을 남들에게 증명하기 위해 애쓰라고 덜 강요될수록, 내적으로 ① 평화롭게 느끼기가 더 쉽다. 사실, **bragging**은 당신이 어떤 것을 잘할 때 당신이 받는 긍정적인 관심을 약화시킨다. 당신이 타인에게 당신 자신을 증명하려고 더 많이 노력하면 할수록, 그들은 더 많이 당신을 ② 피하고 당신 뒤에서 당신의 **brag**하려는 불안정한 욕구에 대해 말할 것이다. 하지만 역설적이게도, 당신이 인정을 추구하는 것에 대해 덜 신경 쓸수록, 당신은 ③ 더 많은 인정을 받는 것 같다. 다음번에 당신이 **brag**할 기회를 얻게 될 때는 그 유혹에 ④ 저항해라. 나중에 당신의 친구들이 무슨 일이 있었는지를 깨닫게 되면, 그들은 당신의 겸손함에 깊은 감명을 받을 것이다. 당신은 겸손을 실천하는 것으로부터 더 많은 ⑤ 부정적인 → 긍정적인 피드백과 관심을 받게 될 것이다.

humility 겸손 | **inner** 내적인 | **go hand in hand** 손잡고 가다; 밀접히 연관되어 있다 | **compel A to *do*** A가 ∼하기를 강요하다 | **weaken** (세력 등을) 약화시키다; 약화하다 | **talk behind one's back** ∼ 뒤에서 말하다, ∼을 험담하다 | **insecure** 불안정한 (↔secure) | **ironically** 역설적이게도 | **approval** 인정; 찬성; 승인 | **resist** ∼에 저항하다 | **temptation** 유혹 | **be impressed with[by]** ∼에 깊은 감명을 받다

guess it! **brag** ⓑ (자랑하다)

5

핵심 SKiLLNOTE ❶ 욕구가 시각을 왜곡할 수 있다는 내용

해답 ⑤ (more → less)   p.208

해설 우리의 욕구가 현실에 대한 시각을 왜곡한다는 내용인데, 갈증을 느낀 사람들이 실제보다 물병이 더 가까이 있다고 추정했다고 했으므로 무언가를 원하면 실제보다 물리적으로 덜 떨어져 있다고 인식한다는 내용이 되어야 한다.

해석 우리 대부분은 우리가 사물을 있는 그대로 본다고 생각하지만, 한 연구는 우리의 욕구가 현실에 대한 시각을 왜곡할 수 있다는 점을 시사한다. 그 연구에서는 욕구가 ① 지각에 영향을 미치는지 확인하기 위해 일련의 실험이 실시되었다. 한 실험에서 참가자들은 그들이 앉아 있는 곳에서 물병이 얼마나 멀리 떨어져 있는지 ② 추정해야 했다. 자원자들 중 절반에게 실험 전에 물을 마실 수 있게 허락해주었다. 나머지 사람들에게는 짠 프레첼을 먹여서 매우 ③ 갈증이 나게 했다. (실험) 결과에서 갈증을 느낀 참여자들은 실제보다 물병이 더 가까이 있다고 추정한 반면, 나머지 다른 참여자들은 거리를 더 ④ 정확히 판단했다. 이것은 무언가를 강렬히 원하면 실제보다 물리적으로 ⑤ 더 → 덜 떨어져 있다고 인식하게 될 수도 있다는 점을 나타낸다.

assume (사실일 것으로) 추정하다 | **distort** (사실 등을) 왜곡하다; ∼을 일그러뜨리다 | **experiment** 실험 | **perception** 지각, 인식 | **estimate** ∼을 추산하다, 추정하다 | **pretzel** 프레첼 (매듭이나 막대 모양의 짭짤한 비스킷) | **accurately** 정확히 | **indicate** ∼을 나타내다, 보여주다 | **perceive** ∼을 감지하다, 인지하다

해답 ② (earlier → later)   p.209

해설 일부 독자들이 글을 읽는 속도가 느린 이유에 대한 내용이다. 내용을 다시 되돌아가서 읽는 것은 독서 속도를 느리게 하며 불필요하다고 했으므로, 잘 이해하지 못한 것이 이후의 문맥에서 설명될 것이라는 내용이 되어야 한다.

해석 분당 약 250단어의 속도로 글을 읽는 보통의 독자는 페이지당 20번쯤 내용을 다시 읽으려고 (앞으로) 되돌아갈 것이다. 적당한 독서 속도는 분당 500에서 700단어 정도이지만, 어떤 사람들은 1000단어 이상을 읽을 수 있다. 무엇이 차이를 만드는가? 내용을 다시 읽으려고 되돌아가는 것은 독서 속도를 달팽이의 속도만큼이나 ① 느리게 할 수 있는 습관이다. 그리고 그것은 대개 불필요한데, 왜냐하면 당신이 잘 이해하지 못한 무엇이든 ② 이전의 → 이후의 문장에서 더 충분히 설명될 것이기 때문이다. 게다가 가장 느린 독자들이 가장 ③ 자주 내용을 다시 읽는다. 느린 독서는 정신이 배회할 시간을 주고, 빈번히 다시 읽는 것은 집중력의 ④ 부족뿐만 아니라 이해 능력 면에서의 자신감 부족도 나타낸다. 가장 느린 독자들이 가지고 있는 또 하나의 습관은 모든 단어를 속으로 읽는 것이다. 이렇게 함으로써 그들은 자신의 독서 속도를 자신의 ⑤ 말하기 속도에 너무나 가깝게 매어 놓는다.

backtrack 되돌아가다 | **snail's pace** 달팽이 걸음, 매우 느림 | **wander** 배회하다, 헤매다 | **reflect** ~을 나타내다, 반영하다; (거울 등에 상을) 비추다 | **comprehension** 이해력

수능직결구문   Slow reading gives the mind time to wander, / and frequent re-reading reflects **a lack** not only **of** concentration but also **of** confidence in one's comprehension skills. **해석 밑줄 부분 참조**
▶ 첫 번째 절은 〈주어(Slow reading)+동사(gives)+간접목적어(the mind)+직접목적어(time to wander)〉의 구조. 두 번째 절은 〈주어(frequent re-reading)+동사(reflects)+목적어(a lack ~ comprehension skills)〉의 구조. a lack 뒤에 of로 시작하는 두 개의 전명구가 〈not only ~ but also …〉로 연결되었다.

핵심 POINT REVIEW   p.210

   3 반대되는

   ② active → inactive
해설 신체 건강과 두뇌 사이에 연관성이 있다는 것이므로 신체적으로 활동적인 아이들이 그렇지 않은 아이들보다 더 큰 해마를 가지고 있다는 내용이 되어야 한다.
해석 연구자들은 9세에서 10세 어린이들의 신체 건강과 두뇌 사이의 연관성을 발견하였다. 그 연구는 해마, 즉 뇌 깊숙이 자리한 구조에 초점을 두었는데, 그 이유는 그것이 학습과 기억에 ① 중요하다고 알려져 있기 때문이다. 과학자들은 대부분의 ② 활동적인 → 활발하지 않은 아이들과 비교할 때 가장 건강한 어린이들은 각각 평균보다 큰 해마를 가지고 있다는 것을 발견하였다. 그 발견이 시사하는 것은 운동이 해마의 ③ 크기를 증가시킬 수 있다는 것이다. 더 큰 해마는 공간 추론과 그 밖의 인지 과제에 있어 ④ 더 나은 수행과 관련이 된다. 과학자들은 아주 어렸을 때부터 어린이들에게 운동할 것을 ⑤ 장려하는 것은 어린이들이 장차 학교에서 더 잘해내도록 도울 수 있다고 생각한다.

등급 Up! 어휘·어법테스트   p.211

A **1** momentous
해설 decision을 수식하기에 문맥상 '중대한' 이 자연스러워서 momentous가 옳다. momentary는 '순식간의' 란 뜻.
해석 적절한 상황을 몇 년 기다린 후에, 드디어 남편과 나는 아이를 가질 중대한 결정을 했다.

2 preventing

해설 문맥상 조기 진단은 병을 '예방하는' 비결이라는 내용이 자연스러워서 preventing이 옳다. produce는 '~을 생산하다'란 뜻.

해석 조기 진단은 심각한 병을 <u>예방하는</u> 비결이기에, 만약 아프다고 의심되면 당신은 즉시 의사의 진찰을 받아야만 한다.

B 1 amazed

해설 내가 놀란 것이므로 수동적 의미라서 amazed가 옳다. amazed는 형용사적으로 쓰여 '깜짝 놀란'의 뜻이다.

해석 나는 내가 태어난 작은 도시로 돌아와서 이곳이 조금도 변하지 않았다는 것을 알고 놀랐다.

2 living

해설 한정적 용법(명사에 직접 붙어 그 명사를 한정)으로 쓰인 living이 옳다. alive와 같이 접두사 a-가 붙은 형용사는 서술적 용법(보어가 되어 주어나 목적어를 설명)으로만 쓰인다.

해석 태양의 강한 광선을 여과하는 대기가 없다면, 모든 생물은 존재할 수 없을 것이다.

C ③

해설 (A) 〈it's time to *do*〉는 '~할 시간(때)이다'라는 뜻으로 to leap이 옳다.

(B) 문장의 주어가 failure이므로 단수동사 means가 옳다.

(C) 'you ~ life'가 타동사 accomplish의 목적어가 빠진 불완전한 구조이므로 복합관계대명사인 whatever가 옳다. 완전한 구조 앞에는 복합관계부사가 온다.

해석 언제 새가 첫 번째 비행을 할 준비가 되는지 아무도 알려주지 않는다. 새는 나뭇가지에서 뛰어내려 하늘을 날 때가 언제인지 다만 본능적으로 느낄 뿐이다. 어린 새들은 어떻게 날 수 있는지 모른다. 그들은 다만 날 수 있다는 것을 안다. 그들의 자신감은 성공이 뒤따를 것을 아는 순간까지 쌓인다. 결국, 이런 경우에 실패는 나중에 치명적인 낙하가 아마도 일어날 것임을 의미한다. 날기를 배울 때, 새들은 어떤 교육을 받거나 시도를 연습하지 않지만, 그들은 거의 실패하지 않는다. 그렇기에 당신이 인생에서 무엇을 성취하려고 시도하든 간에 자기 자신에게 확신을 가지는 것이 성공의 비결이 될 것이다.

UNIT 15 최신 장문 유형 대비

해답 1 ①

p.214

해석 새해나 추수감사절 같은 어떤 큰 명절에도, 스트레스를 가져오는 순간이 있다. 이러한 스트레스는 대부분, 특별한 음식을 준비하고 친척들을 위한 선물을 사는 데에서 오는 압박감에서 비롯된다. 그러나 또 다른 스트레스가 있으니, 누군가는 이것을 '친척 피로감'이라 부를지도 모르겠다. 이것은, 명절에나 우리를 방문하는 낯선 삼촌들, 숙모들, 그리고 사촌들과 함께 또다시 우리의 시간을 참고 보내야만 하리라는 것을 깨닫는 순간 일어난다. 우리 중 많은 사람들에게 이는 하나의 커다란 도덕적 테스트이다.

우리는 모두 가족의 절대적 중요성을 알고 있다. 명절은 개개인이 가정을 공고히 하는 데 좋은 시간이다. 이것은 특히 명절을 축하할 때가 오면 우리가 친척들과 시간을 나눠야 한다는 것을 의미한다. 대가족은 쉽게 말해 좋은 것이기 때문에 그런 거북한 친척들도 포함되어야 한다. 삼촌과 숙모 그리고 나머지 모든 친척들에게 주의를 기울이는 것은 우리가 우리 아이들에게 전하는 메시지, 즉 누군가와 관계가 있다는 것은 중요하다는 것을 강조한다.

A 문맥

B This occurs when we realize that once again we are going to have to put up with spending our time together with unfamiliar uncles, aunts and cousins, whom we never see until they visit us for a holiday.

Skill 연계마무리

해답 1 ④   2 ④   3 ③   4 ④   5 ④   6 ①   7 ⑤

1-2

핵심 SKiLLNOTE 해설 참조

해답 1 ④   2 ④   p.216

해설 1 첫 번째 단락에서는 우리가 싸게 사는 것에 몰두한 나머지 연료비, 주차요금, 시간을 지불한다는 것, 두 번째 단락에서는 할인 때문에 필요한 것 이상으로 사서 버리게 되는 일, 그리고 세 번째 단락에서는 두 번째 단락의 경우와 유사한 사례, 즉 사람들이 케첩을 접시에 남기는 일을 설명하고 있다. 이들을 종합하면 가능한 모든 것을 취하려는 마음 때문에 발생하는 결과들이므로 이를 제목으로 적절히 표현한 것은 ④.

2 빈칸에는 하인즈 씨가 돈을 벌게 된 이유에 해당하는 어구가 들어가야 하는데, 두 번째 단락에서 설명한 예의 또 다른 예라고 하였으므로, 사람들이 필요 이상으로 케첩을 취하여 버리는 실수 때문에 하인즈 씨가 부유해졌다는 내용이 되어야 한다. 그러므로 정답은 ④.

해석 사람들은 일반적으로 뭔가를 살 때 정가보다 값을 적게 낸 것을 상당히 자랑스러워한다. 이것이 우리들 대부분이 굳이 할인가격에 사려고 하는 이유이다. 싸게 사는 것이 잘못은 아니지만, 때때로 우리가 도를 넘지는 않는지 생각해 봐야 한다. 예를 들어, 어떤 남자가 자전거를 하나 사려고 한다. 그는 최저 가격으로 자전거를 사기 위해, 서로 다른 세 지역의 서로 다른 두 군데 쇼핑몰에서 세 개의 상점에 들른다. 물론, 결국 그가 몇 달러 정도는 절약하게 될지도 모른다. 그러나 연료비와 주차요금에 관해선 어떻게 할 건가? (쇼핑하는 데) 소비해 버린 시간은 (아깝지 않은가)?

게다가 우리는 필요한 것 이상으로 사게 되는 일도 있다. 나의 경우에, 아빠가 할인한다는 이유로 엄청나게 큰 소갈비 한 상자를 사 오신 적이 있었다. 그것이 꼭 나쁜 생각은 아니었지만, 우리 집 냉동실에는 그 갈비를 넣을 만한 공간이 없었다. 우리는 일주일 내내 매일 밤마다 갈비를 먹었지만, 결국엔 거의 반 상자 정도를 **discard**해야만 했다!

우리 아빠의 실수를 돌이켜 볼 만한 또 다른 예로, 케첩으로 유명한 거대 기업의 설립자인 H. J. 하인즈 씨의 말을 들 수 있다. 그는 "나는 내가 만든 케첩을 먹는 사람들 덕분에 부유해진 것이 아니라, 그들이 접시에 남긴 케첩 덕분에 돈을 벌었습니다."라고 말했다. 그러므로 다음번에 당신이 쇼핑할 때엔, 하인즈 씨가 한 이 말을 기억하라.

1 ① 인생을 즐기고 할인행사를 놓치지 마라.   ② 만일의 경우를 대비해서 저축해라.
③ 새로운 물건을 사는 대신 재활용해라.   ④ 가능한 모든 것을 취하려는 본능과 싸워라.
⑤ 할인행사가 항상 답은 아니다. 재앙이 될 수도 있다.

2 ① 그 사람들이 얼마면 살 만한 여유가 있는지 아는 것   ② 세계 최고의 케첩
③ 우리 회사 케첩을 제공하는 모든 식당   ⑤ 고기와 감자튀김을 먹는 사람들

pleased with oneself 매우 자랑스러운 | **go out of one's way to do** 일부러(고의로) ~하다 | **wonder** ~이 아닐까 생각하다; ~을 이상하게 여기다 | **Let's say (that)** 예를 들어 ~라고 가정하다 | **end up ~ing** 결국 ~하는 것으로 끝나다 | **what about ...?** ...은 어떻게 되어도 괜찮은가?; (제안) ...은 어떤가? | **parking fee** 주차요금 | **on sale** 할인된 | **freezer** 냉동실 | **eventually** 결국 | **look at** ~을 돌이켜보다, 고찰하다 | **founder** (최초) 설립자, 창설자 | **make one's fortune** 부유해지다

---

guess it!   **discard** ⓐ (~을 버리다)

수능직결구문   1. He might end up saving a few dollars, but what about the fuel costs and parking fees? 해석 **밑줄 부분** 참조
▶ 이 문장에서의 조동사 might는 '~일지도 모른다'라는 현재 · 미래에 대한 불확실한 추측으로 may보다 정도가 약한 의미. 과거에 대한 불확실한 추측은 〈might have p.p.〉를 사용한다.

2. That's not necessarily **such** a bad idea, but there wasn't enough room for the ribs in our freezer.
▶ so와 such는 모두 '그렇게'라는 의미의 부사적 용법으로 쓰일 수 있지만, such는 〈such+a/an+형용사+명사〉의 어순으로 사용되고 so는 〈so+형용사+a/an+명사〉가 되어야 한다. 위 문장을 다음과 같이 고쳐 표현할 수 있다.
= That's not necessarily **so bad an idea**, but there wasn't enough room for the ribs in our freezer.

핵심 SKiLLNOTE 해설 참조

해답 **3** ③　**4** ④

p.218

해설 3 바로 앞에서, 낚시를 하지 않을 때 물고기는 크게 성장할수록 덜 잡아먹힌다고 했으므로, 낚시를 하면 크게 성장할수록 더 잡아먹힐 것이다. 이 때문에 전반적으로 물고기들이 작아지고 있다는 내용이 뒤이어 등장하므로 궁극적으로 의미하는 바는 ③이다.

4 빈칸 문장은 글의 맨 끝에 위치하여 우리가 앞으로 어떻게 해야 한다는 주장 내용이 들어가는 것이므로 글 전체의 주제문일 가능성이 크다. 이전 단락들의 내용을 종합하면 인간의 남획으로 큰 물고기 개체 수가 없어지고 있다는 것이고 마지막 단락은 이러한 이유 때문에 발생하는 결과(물고기들이 더 느리고 더 작게 성장하여 사람들에게 잡아먹히지 않도록 적응한다는 것)에 대한 설명이 이어지고 있다. 암컷들도 크게 성장해야 번식을 더 잘한다고 했으므로, 빈칸에는 큰 물고기를 잡지 말아야 한다는 내용과 연결되는 것을 찾으면 된다.

해석 낚시에 관련된 유명한 말로 "아깝게 놓친 게 얼마나 큰지 네가 봤어야 하는데!"라는 말이 있다. 그러나 요즘엔 큰 물고기를 보는 일이 드물다. 전반적으로 물고기들이 작아지고 있기 때문이다. 큰 물고기들에게 무슨 일이 있었던 걸까?

바다, 호수, 강에서 인간이 낚시를 하지 않으면, 물고기는 크게 성장할수록 덜 잡아먹히는 것 같다. 그러나 사람들이 낚시 할 때, 그 반대의 현상이 일어난다. 이것은 가장 큰 고기가 수산 업계에서 가장 높은 가치가 있기 때문이다. 아슬아슬하게 멸종위기에 처한 참다랑어를 예로 들어 보자. 200킬로그램의 한 마리 참다랑어는 일본 수산시장에서 약 20만 달러의 가치가 있다. 이 때문에 사람들이 계속해서 참다랑어를 잡는 것이다. 상어 역시 지느러미와 다른 여러 부위 때문에 상당한 가치가 있어서, 많은 종류의 상어들 역시 멸종위기에 처해 있다. 또한, 많은 어린 물고기들이 완전히 성장할 기회를 얻기도 전에 잡히고 죽는다.

이러한 이유 때문에, 시간이 지나면서 물고기 개체군은 더 느리게 그리고 더 작게 성장함으로써 큰 물고기 구성원들을 잃는 것에 적응한다. 결국, 가장 느리게 그리고 가장 작은 크기로 성장하는 물고기가 사람들로부터 가장 덜 잡아먹히게 된 것이다. 그러나 암컷 물고기가 더 크게 성장할수록 더 잘 **reproduce**하게 된다는 것이 발견되었다. 우리는 아마 큰 물고기들을 낚싯 바늘에서 놓아주기 시작해야만 할 것이다.

4 ① 머지않아 물고기를 잡기　② 큰 물고기는 어떠한 것이든 먹기　③ 작은 물고기들을 찾기
⑤ 모든 종류의 암컷 물고기에게 먹이를 주기

get away ~에서 도망치다; ~에서 떠나다 | **rare** 드문, 희귀한 | **prized** 가치 있는, 중요한 | **critically** 아슬아슬하게, 위태롭게; 비판적으로 | **endangered** 멸종위기에 처한, 위험에 처한 | **worth** 가치가 있는 | **highly** 매우, 상당히; 비싸게, 고액에 | **fin** (물고기의) 지느러미 | **face** (사실 등에) 직면하다; ~을 직시하다 | **extinction** ((생물)) 멸종; 폐지, 종결 | **population** ((생태)) 개체군, 집단; 개체 수 | **adapt to ~ing/A** ~하는 것에/A에 적응하다 | **fully-grown** 충분히 성장한

---

*g*uess it!　**reproduce** ⓐ (번식하다)

수능직결구문　Consider the critically endangered bluefin tuna: [**a single 200-kilogram fish is worth around $200,000 in Japanese fish markets**], which(=and this) is the reason why people keep on catching them.

▶ 관계대명사 which가 계속적 용법으로 쓰여서 'a single ~ fish markets'까지의 문장 전체를 받고 있다. 계속적 관계대명사 which를 〈접속사+this[that]〉으로 바꿔 쓸 수 있다.

핵심 SKiLLNOTE 해설 참조

해답 5 ④ 6 ① 7 ⑤

p.220

해설 5 (A)는 첫 교직을 시작했을 때 워크숍에 참가한 경험을 설명하고 있는데, 발표 내용은 기억이 나지 않는다는 내용으로 끝난다. 그 뒤에는 워크숍의 휴식시간에 나눈 수학 교수와의 대화인 (D)가 이어져야 하고, 계속해서 수학 교수와 나눈 대화인 (B)가 뒤에 나와야 한다. 마지막으로, 수학 교수와의 대화를 통해 수업 아이디어를 얻은 필자가 아침 수업에 어떻게 했는지를 서술한 (C)가 나오는 것이 적절하다.

6 커피 마실 때 잠깐씩 멈추는 시간을 적절히 이용함으로써 학생들이 강의 내용을 더 잘 이해하게 되었다는 것이므로 정답은 ①.

7 수학 교수는 수업 시간에 자신의 말이 너무 빨라서 커피를 마셨다고 했으므로 ⑤는 내용과 일치하지 않는다.

해석 (A) 내가 처음 교직을 시작했을 때, 신임 교수들을 위한 워크숍에 초대받았다. 대학에서 강의하는 대부분의 사람들과 마찬가지로, 나는 무엇을 가르칠지를 배우는 데에 오랜 시간을 보냈지만, 그 내용을 어떻게 가르칠지를 배우는 데에는 전혀 시간을 갖지 못했다. 아무튼, 내가 있는 대학은 숙련된 교수들과 일주일을 보내는 것이 그 점을 보충해 주기를 바라는 듯했다. 나의 동료 교수들은 교실에서 그들이 사용하는 교구에 관한 잘 정련된 강의를 했다. 그들의 발표는 재미있었지만, 그들이 말했던 것은 하나도 기억이 안 난다.

(D) 내가 확실히 기억할 수 있는 한 가지 일은 휴식시간에 일어났다. 나 자신이 혼자 있음을 깨닫고, 근처에 서 있는 수학 교수에게 몸을 돌렸다. 나는 그에게 가장 좋아하는 교수 도구가 무엇이었는지 물었다. "커피 한 잔이요." 그가 말했다. 나는 그가 그것을 어떻게 사용하는지 물었다. "글쎄요." 그는 말했다. "저는 교실에서 너무 많이, 너무 빨리 말해요. 학생들은 때때로 제 말을 이해하는 데 어려움이 있지요. 그래서 저는 이따금 학생들이 생각해보길 원하는 것을 말했을 때, 말을 멈추고 커피를 한 모금 마셔요. 그렇게 하는 것이 내가 방금 말한 것을 (학생들이) **sink in**할 수 있게 하죠."

(B) 우리가 다음 강연에 참석하도록 부름을 받았을 때, 그는 컵을 내려놓았고 나는 그 속에 커피의 흔적이 전혀 없다는 것을 알아차렸다. 나는 그것이 다소 이상하다고 생각해서 그렇게 말했다. "의사가 제게 커피를 끊으라고 해서요."라고 그가 설명해 주었다. "그래서 전 항상 빈 컵을 사용했지요. 아무런 차이가 없어요." 나는 이 아이디어를 내 수업에서 시도해 보기로 했지만, 빈 컵을 가지고는 아니었다.

(C) 나는 다음번 월요일 아침 수업에 커피 한 잔을 가지고 갔다. 그것은 도움이 되었다. 내가 커피를 마실 때 잠깐 멈추는 것이 학생들에게 내가 했던 말을 생각해 볼 시간을 주었을 뿐 아니라, 내게도 다음에 무슨 말을 할지 생각해 볼 시간을 주었다. 나는 내가 방금 했던 말에 대해 학생들이 어떻게 반응하고 있는지 보기 위해 교실을 둘러보는 데에, 내가 잠시 멈추는 시간을 사용하기 시작했다. 학생들의 주의력이 흩어지는 것을 보게 되면, 나는 그들을 다시 집중시키기 위해 노력했다. 내가 설명했다고 생각했던 어떤 개념을 학생들이 이해하기 어려워하면, 나는 또 다른 예를 제시해주었다. 나의 강의는 덜 정돈되고 덜 멋진 것이 되었지만, 학생들은 내 말을 더 잘 이해하는 것 같았다.

somehow 아무튼; 어떻게 해서든지; 어쩐지 | **make up for** ~을 보충하다, 보완하다 | **colleague** (직업상의) 동료 | **well-crafted** 정교하게 만들어진 | **trace** 흔적, 자취; ~을 추적하다 | **odd** 이상한; 홀수의; 외짝의 | **make a[no] difference** 차이가 있다[없다] | **wander** 헤매다; 떠돌다 | **puzzle over** (문제 등을) 이해하려고 애쓰다, 고심하다 | **concept** 개념; 관념 | **organized** 조직된; 계획된 | **brilliant** 훌륭한, 멋진 | **have trouble ~ing** ~하는 데 어려움을 겪다 | **(every) once in a while** 이따금, 때때로 | **take a sip** 한 모금 마시다

---

guess it! **sink in** ⓑ (충분히 이해하다)

수능직결구문

1. I had spent a long time learning what to teach, but (**I had spent**) none learning how to teach it.

   ▶ 앞 절과 뒤 절의 주어와 동사는 I had spent로 같다. 이처럼 등위접속사로 연결된 절에서는 반복되는 표현의 생략이 자주 일어난다. 의미상 none은 no time이며, 〈spend+시간/돈+~ing〉는 '~을 하는 데에 시간/돈을 쓰다'라는 의미.

2. I asked him **what** his favorite teaching tool was. "A cup of coffee," he said. I asked him **how** he used it.

   ▶ 관계대명사 what은 선행사를 포함한 관계대명사로 뒤에 이어지는 문장이 불완전하다. his favorite teaching tool was 뒤에 보어 자리가 비어 있으므로 what이 정답. 관계부사 how 뒤에는 완전한 문장이 이어진다.

②

해설 one thing은 뒤에 이어지는 내용으로 미루어 보아, 본부 위치임을 알 수 있다. 즉 산맥으로 갈라진 두 개의 마을이 자체적으로 대행사를 운영하였으나 그것이 하나로 합쳐지면 두 지역 중 어느 곳에 위치할지가 중요한 문제라고 했으므로 이에 주의를 기울였을 것이다.

해석 몇 년 전, 우리는 두 개의 지역 사회 자원봉사 단체가 합병하는 것을 도와줄 것을 요청받았는데, 그 단체들은 과거에 분리된 두 대행사보다 더 영향력 있고 재정이 더 나은 하나의 대행사를 세우기 위해 함께 합칠 것을 원했다. 양쪽 모두 지방의 단체들이었으며 전통적으로나 지리적으로 산맥에 의해 분리되어 있었다.

우리는 두 단체들이 목표를 세우고, 정책을 발전시키며 조직 구조를 세우도록 돕기 위해 두 단체와 함께 일했다. 그러는 동안, 젊은 전무이사가 성공적인 합병을 자신의 주된 책임으로 간주하고는 특별히 한 가지 사항에 대해 주의를 기울였다. 산맥의 양쪽은 커다란 마을이 있었다. 이전의 대행사들은 각각의 이사진과 별개의 직원들, 그리고 오랜 지역적 유대를 가지고 있었다. 전무이사는 새로운 합작 대행사 본부가 어디에 위치할 것인지의 문제가 잠재적 폭탄이 될 문제일 뿐만 아니라 중요한 문제가 되리라는 것을 이해했다.

등급 Up! 어휘 · 어법테스트

p.223

A 1 confident

해설 문맥상 당신이 만족할 것이라고 우리는 '확신'한다는 내용이 자연스러워서 confident가 옳다. confidential은 '기밀의'란 뜻.

해석 우리는 당신이 우리가 제공하는 서비스 수준과 부품의 품질에 만족할 것이라고 <u>확신</u>한다.

2 unexcused

해설 문맥상 이번에만 '이유 없는' 결근을 모르는 체한다는 내용이 자연스러워서 unexcused가 옳다. excused는 '이유 있는'의 뜻.

해석 사장님은 당신의 <u>이유 없는</u> 결근을 이번 한 번만 모르는 체할 것이다. 그러므로 다시는 이런 일이 일어나지 않게 해라.

B 1 exposed

해설 선행사 those가 노출 '되는' 것이므로 수동태가 쓰여 exposed가 옳다.

해석 몇몇 사람들은 다음의 증거의 생생한 특징에 감정이 상할 수 있으므로, 범죄현장 사진에 노출된 적이 없었던 사람들은 마음의 준비를 하십시오.

2 early

해설 '~만큼 …하다'의 비교급은 〈as+원급+as〉로 쓰이므로 부사의 원급인 early가 옳다.

해석 많은 학생은 가능한 한 일찍 숙제를 시작하는 것의 중요성을 간과한다.

3 agreed

해설 문장의 동사가 와야 할 자리이므로 agreed가 옳다. to agree는 준동사이다.

해석 회의에 참석한 사람들은 변화가 만들어져야 한다는 사실에 동의했다.

C ③

해설 see는 지각동사일 때 〈see A v(-ing)〉의 형태로 쓰여 'A가 ~하는 것을 보다'란 뜻인데, 동사원형 또는 현재분사가 들어가는 목적보어 자리이므로 give and receive 또는 giving and receiving으로 고쳐야 한다.

해석 어떤 사람들은 심각한 부상이 권투보다 경마, 하키, 그리고 럭비와 같은 스포츠에서 더 흔하다고 주장한다. 그것이 사실이든지 아니든지, 가장 열광적인 권투 팬조차도 겨루는 단 하나의 목적이 다른 사람에게 신체적인 피해를 입히는 것은 권투가 유일한 스포츠임을 인정해야만 한다. 만약 당신이 지금까지 권투 경기를 본 적이 있다면, 당신은 거의 틀림없이 권투 선수들이 머리에 강타를 주고받는 것을 보았을 것이다. 당신이 깨닫지 못했을지도 모르는 것은, 권투 선수의 글러브를 낀 주먹이 강한 힘으로 상대의 머리에 돌진했을 때, 상대의 뇌는 갑자기 그리고 세차게 두개골에 부딪힌다. 시간이 흐르면서, 이런 행동은 '얻어맞고 비틀거리는 증후군'이라고 알려진 뇌 손상의 한 형태를 가져오는데, 이것은 직업 권투 선수의 무려 15퍼센트나 되는 사람들에게 영향을 미치는 심각한 질환이다.

memo memo memo

쎄듀 초등 커리큘럼

	초1	초2	초3	초4	초5	초6
구문			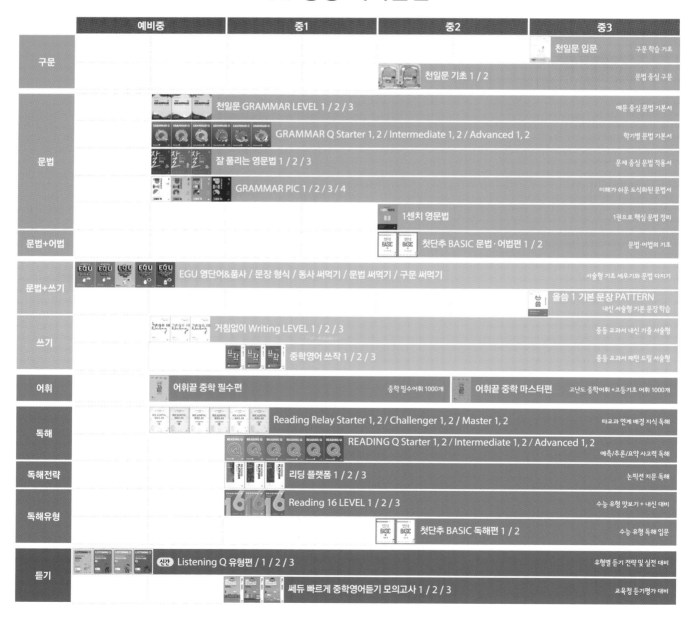 초등코치 천일문 SENTENCE 1 / 2 / 3 / 4 / 5			
				1001개 통문장 암기로 완성하는 초등 영어의 기초		
문법				초등코치 천일문 GRAMMAR 1 / 2 / 3		
					1001개 예문으로 배우는 초등 영문법	
어휘			초등코치 천일문 VOCA & STORY 1 / 2			
			1001개의 초등 필수 어휘와 짧은 스토리			
	패턴으로 말하는 초등 필수 영단어 1 / 2			문장 패턴으로 완성하는 초등 필수 영단어		
ELT	Oh! My SPEAKING 1 / 2 / 3 / 4 / 5 / 6			핵심 문장 패턴으로 더욱 쉬운 영어 말하기		

쎄듀 중등 커리큘럼

	예비중	중1	중2	중3
구문				천일문 입문 — 구문 학습 기초
		천일문 기초 1 / 2		문법 중심 구문
문법	천일문 GRAMMAR LEVEL 1 / 2 / 3			예문 중심 문법 기본서
	GRAMMAR Q Starter 1, 2 / Intermediate 1, 2 / Advanced 1, 2			학기별 문법 기본서
	잘 풀리는 영문법 1 / 2 / 3			문제 중심 문법 적용서
	GRAMMAR PIC 1 / 2 / 3 / 4			이해가 쉬운 도식화된 문법서
			1센치 영문법	1권으로 핵심 문법 정리
문법+어법			첫단추 BASIC 문법·어법편 1 / 2	문법·어법의 기초
문법+쓰기	EGU 영단어&품사 / 문장 형식 / 동사 써먹기 / 문법 써먹기 / 구문 써먹기			서술형 기초 세우기와 문법 다지기
				올씀 1 기본 문장 PATTERN — 내신 서술형 기본 문장 학습
쓰기	거침없이 Writing LEVEL 1 / 2 / 3			중등 교과서 내신 기출 서술형
		중학영어 쓰작 1 / 2 / 3		중등 교과서 패턴 드릴 서술형
어휘	어휘끝 중학 필수편	중학 필수어휘 1000개	어휘끝 중학 마스터편	고난도 중학어휘 +고등기초 어휘 1000개
독해	Reading Relay Starter 1, 2 / Challenger 1, 2 / Master 1, 2			타교과 연계 배경 지식 독해
	READING Q Starter 1, 2 / Intermediate 1, 2 / Advanced 1, 2			예측/추론/요약 사고력 독해
독해전략	리딩 플랫폼 1 / 2 / 3			논픽션 지문 독해
독해유형	Reading 16 LEVEL 1 / 2 / 3			수능 유형 맛보기 + 내신 대비
		첫단추 BASIC 독해편 1 / 2		수능 유형 독해 입문
듣기	[신간] Listening Q 유형편 / 1 / 2 / 3			유형별 듣기 전략 및 실전 대비
		쎄듀 빠르게 중학영어듣기 모의고사 1 / 2 / 3		교육청 듣기평가 대비